गांधी मेरे भीतर

गांधी मेरे भीतर

राजकिशोर

वाणी प्रकाशन

वाणी प्रकाशन

4695, 21-ए, दरियागंज, नयी दिल्ली 110 002

शाखा

अशोक राजपथ, पटना 800 004

फ़ोन: +91 11 23273167 फ़ैक्स: +91 11 23275710

www.vaniprakashan.in

vaniprakashan@gmail.com

GANDHI MERE BHEETAR

by Raj Kishore

ISBN : 978-93-5000-218-6

Gandhian Thought

प्रथम संस्करण 2010

आवृत्ति 2014

मूल्य : ₹ 375

हर्ष प्रिंटर्स, दिल्ली-110 093 में मुद्रित

वाणी प्रकाशन का लोगो मक़बूल फ़िदा हुसेन की कूची से

प्रिय बेटी
अस्मिता के लिए

अनुक्रम

गांधी मेरे भीतर

महात्मा गांधी से मुझे बहुत कष्ट है। सच तो यह है कि जितना कष्ट उनसे है, उतना किसी और से नहीं। सोते-जागते जब भी उनकी याद आती है, आत्मा पर असह्य बोझ-सा महसूस होता है। ऐसा लगता है, जैसे मैं उस तरह जी कर जिस तरह जी रहा हूँ कोई पाप कर रहा हूँ। महापुरुष और भी हैं जिनकी जीवनी पढ़ कर मैं प्रेरित हुआ हूँ या जिनसे कुछ सीखा है। लेकिन उनसे डर नहीं लगता। मसलन आंबेडकर को पढ़ कर खुद पर नहीं, हिन्दू समाज पर ग्लानि होती है। बर्ट्रेंड रसेल की याद आती है, तो दुख होता है कि मेरे पास उनके जैसी जानकारी और तार्किक दिमाग क्यों नहीं है। इसी तरह शॉ और लोहिया का विट मुझे भला लगता है। पर इनकी निकटता से मेरी आत्मा कोई कचोट महसूस नहीं करती। कबीर के दोहे और पद मधुर लगते हुए भी जैसे मेरे अस्तित्व को चिढ़ाते हैं। लेकिन मैं यह मान कर अपने को तसल्ली दे लेता हूँ कि अनन्त मे धूनी रमाना मेरे बस की बात नहीं है।

मार्क्स बहुत अच्छे लगते हैं, पर उन्हें पढ़ते हुए अपने वर्तमान जीवन को ले कर तुरंत किसी चुनौती का एहसास नहीं होता। शोषण की यह व्यवस्था खत्म होनी चाहिए, यह बात मन में बार-बार आती है, पर इसके लिए मैं अकेला क्या कर सकता हूँ? मध्यवर्गीय जीवन जीते हुए भी मार्क्सवादी हुआ जा सकता है, इसके असंख्य उदाहरण चारों ओर दिखाई देते हैं। मार्क्सवादी होना नैतिक से ज्यादा राजनीतिक मामला नजर आता है। लेकिन इतिहास और भूगोल, दोनों स्तरों पर गांधी मेरे यानी मेरी पीढ़ी के भारतीयों के सबसे निकट हैं, इसलिए उनका दबाव सबसे ज्यादा महसूस होता है।

वैसे भी गांधी मानो कुछ और ही चीज हैं। वे तत्काल जीवन व्यवहार में परिवर्तन की माँग करते हैं। गांधी को छोड़ कर मुझे कोई ऐसा व्यक्तित्व दिखाई नहीं देता जिसने ठीक उसी तरह जिया हो जिस तरह वह सोचता था कि आदमी को जीना चाहिए। बाकी सभी महापुरुषों में कुछ न कुछ कमी नजर आती है। ऐसा लगता है, वे अपने लिए कम और दूसरों के लिए ज्यादा कह रहे हैं। लेकिन गांधी? उन्होंने ऐसी कोई बात नहीं कही, जिस पर वे खुद अमल नहीं कर रहे हों। जीवन का कोई भी ऐसा क्षेत्र नहीं है जिसके लिए उनके पास कुछ व्यावहारिक संदेश न हो। यही मेरा सिरदर्द है।

कथनी और करनी में फर्क होने पर पहले दुख होता था, अब शर्म आती है। कोई व्यक्ति कठिन या असंभव-सी बात कहता है, तो उससे तर्क करने का मन करता है। लेकिन जब गांधी कहते हैं, तो कोई भी बात असंभव नहीं लगती। मन में खयाल आता है कि जब गांधी जी ने इसे संभव कर दिखाया, तो मुझे मुश्किल क्यों होनी चाहिए? उदाहरण के लिए, जब डॉक्टर ने उच्च रक्तचाप के कारण कस्तूरबा के लिए नमक खाने पर रोक लगा दी, तो वे बिफर पड़ीं। डॉक्टर के जाने के बाद उन्होंने गांधी जी से कहा कि तुमने चीनी तो पहले से ही छुड़वा रखी है, अब मुझे नमक भी छोड़ना पड़ेगा। फिर खाने में स्वाद क्या रह जाएगा? चाहे जो हो, मैं तो नमक कभी नहीं छोड़ूँगी। गांधी जी ने बहुत समझाया। लेकिन वे नहीं मानीं। इस पर गांधी जी कुछ देर के लिए बाहर गए और लौट कर कस्तूरबा से बोले -- ठीक है, तुम नमक छोड़ो या नहीं, मैं साल भर के लिए नमक छोड़ रहा हूँ। अब कस्तूरबा निरस्त्र हो गईं। पति फीकी सब्जी खाए और पत्नी की सब्जी में नमक पड़ा हो, यह कैसे हो सकता है? सो कस्तूरबा को भी नमक छोड़ना पड़ा। यह प्रेम की शक्ति थी, जिसके चलते महात्मा कोई भी त्याग कर सकता था।

जहाँ तक मेरा सवाल है, कभी-कभी लगता है कि मुझमें न किसी और के प्रति प्रेम है, न अपने आपसे कोई वास्तविक लगाव है। अन्यथा क्या कारण है कि मैं साधारण से साधारण त्याग भी नहीं कर पा रहा हूँ? पत्नी बहुत चाहती है कि मैं सिगरेट पीना छोड़ दूँ। डॉक्टर कई बार कह चुके हैं। एक बार तो एक डॉक्टर नाराज भी हो गए थे। मैं रोज प्रतिज्ञा करता हूँ कि कल सुबह से या यह पैकेट खत्म हो जाने के बाद सिगरेट छोड़ दूँगा। इसके चलते सप्ताह में दो-तीन दिन सिगरेट पीना कम हो जाता है। फिर पुरानी बीमारी लौट आती है। मैं अपने आप पर शर्मिन्दा होता हूँ, खुद को कोसता हूँ, इस बार पहले से ज्यादा मजबूती से संकल्प करता हूँ, पर तलब उठते ही समर्पण कर देता हूँ।

मिठाई खाने का मामला भी ऐसा ही है। मुझे सात-आठ साल से मधुमेह है। मिठाई खाना सख्त मना है। लेकिन मौका मिलते ही मिठाई पर इस तरह टूट पड़ता हूँ जैसे मुझे कोई देख न रहा हो। त्यौहारों के मौसम में तो अति हो जाती है। इसके लिए बार-बार पत्नी से डाँट खाता हूँ। अब तो बेटी भी मुझ पर हँसती है। पर अपनी आदत नहीं छोड़ पाता। दो हफ्ता पहले मैंने अपने एक मित्र परिवार के सामने प्रतिज्ञा कर ली कि आज से मिठाई बंद। कई दिनों तक इस पर टिका रहा। एक दिन पत्नी ने प्रेमवश यह कहकर एक मिठाई खिला दी कि कभी-कभी खाने में कोई हर्ज नहीं है। उसके बाद मानो मेरी आत्म-वर्जना टूट गई। मैंने कई बार अपने मन से मिठाई खा ली। गांधी जी के प्रभाव से, इसे घरवालों से छिपाया नहीं। लेकिन नहीं छिपाने से क्या गलत सही हो जाता है? फिर मैं यह दावा कैसे कर सकता हूँ कि

गांधी से मुझे बहुत प्रेरणा मिलती है? क्या खाक प्रेरणा मिलती है, अगर मैं छोटी-छोटी बातों में भी दृढ़ नहीं रह पा रहा हूँ? मैं जानता हूँ कि सिगरेट न पीने और मिठाई न खाने के लिए गांधी जैसे महात्मा से प्रेरणा लेने की कोई जरूरत नहीं है। यह काम तो कोई भी ऐसा व्यक्ति कर सकता है, जिसमें थोड़ा-सा संयम हो। अगर मैं यह मामूली-सा संयम नहीं पाल पा रहा हूँ, तो मेरे लिए धिक्कार ही धिक्कार है! मैं किस मुँह से गांधी को पढ़ता हूँ और किस मुँह से लिखता हूँ कि आज अगर कहीं रास्ता है, तो वह गांधी के आस-पास है! यह जरूर है कि गांधी जी की मानसिक संगत में रहते हुए मैं अपनी कई बुराइयों से मुक्त होने की दिशा में बढ़ा हूँ। क्रोध, ईर्ष्या, द्वेष आदि अब बहुत कम सताते हैं। जब मैं सुनता हूँ कि अमुक दो लाख पा रहा है या तमुक विदेश जा रहा है या फमुक ने शानदार गाड़ी ले ली है, तो मन बिलकुल नहीं कचोटता। दूसरों की सहायता करने में आनंद आने लगा है। अपने बारे में कम, समाज के बारे में ज्यादा सोचता हूँ। भाषा में अहिंसा को साधने की कोशिश कर रहा हूँ। दूसरों पर कम हँसता हूँ, अपने पर ज्यादा। लेकिन यह सब राजमहल में चूड़ा खाने जैसा लगता है। यह व्यथा हमेशा सताती रहती है कि इन मामूली परिवर्तनों से क्या होनेवाला है? अगर गांधी कभी स्वप्न में मुझसे रिपोर्ट माँगें, तो मैं क्या जवाब दूंगा?

सादगी एक गुण है, पर गांधी जी के विचार से यह आवश्यकता भी है। जिस देश के लोग सादगी से नहीं रह सकते, वहाँ कोई भी अर्थव्यवस्था काम नहीं कर सकती। सादगी से लगाव न होने का मतलब है, भीतर कहीं लालच कुलाँचें भर रहा है और लालच, सच में, सभी बुराइयों की जड़ है। फिर, सादगी का संबंध सौंदर्य बोध से भी है। रचाया हुआ सौंदर्य नजरों को भाता है, लेकिन हमेशा नहीं। जब इस सुंदरता की व्यक्तिगत और सामाजिक लागत याद आती है, तो यह कुरूप नजर आने लगती है। सादगी सुघड़ता ही नहीं, शक्ति भी है। सिद्धांत के तौर पर और उससे भी ज्यादा आदतवश सादगी का पालन करनेवाला आदमी भय पर सहज ही काबू पा लेता है। उसकी निर्भयता ज्यादा टिकाऊ होती है। गांधी जी को जहाँ तक समझ पाया हूँ, सादगी जीवन का एक केंद्रीय सूत्र है। जिसने सादगी की भावना खो दी या अर्जित ही नहीं की, उससे कोई बड़ा काम नहीं हो सकता। वह दिन-रात कामनाओं के भँवर में गोते खाता रहेगा। जो लोग सामाजिक जीवन जीते हैं, उनके लिए तो सादगी से रहना और भी जरूरी है। इस मोर्चे पर मैं अपने को दिवालिया तो नहीं पाता, पर बहुत मजबूत भी नहीं पाता।

जब तक मैं दिल्ली नहीं आया था, मेरे जीवन में काफी सादगी थी। इसका एक कारण यह था कि मेरी आमदनी कम थी। एक कारण, एकमात्र कारण नहीं, क्योंकि किशोरावस्था के कुछ जिज्ञासु और लालच-सने दिनों को छोड़ कर विचलन,

विलासिता या फिजूलखर्ची के लिए कोई तड़प मैंने अपने भीतर नहीं पाई। इसी कारण मैं न पद की होड़ में पड़ा न पैसा कमाने की वासना मुझे जकड़ सकी। दिल्ली आने के कई वर्षों तक कलकत्ता का यह प्रभाव मेरे भीतर अक्षत रहा।

लेकिन अब पाता हूँ कि मैं कई प्रकार की अनावश्यक सुविधाओं के मकड़जाल में घिर गया हूँ। निजी कार के बिना भी अच्छी तरह आना-जाना किया जा सकता है, यह अच्छी तरह जानते हुए भी ऐसा लगता है कि काफी दिनों तक उससे छुटकारा नहीं है। व्यक्तिगत जीवन में एअरकंडीशनिंग का विरोधी मैं अब भी हूँ, पर उसका मोह छोड़ा नहीं जाता। कपड़ों तथा निजी उपभोग सामग्री पर खर्च बहुत कम किया जा सकता है, पर यह भी मात्र कार्य-सूची का अंग बन कर रह गया है। थैले, कलम, स्टेशनरी आदि पर मैं जो पैसे फूँक देता हूँ, उससे कई उपयोगी काम किए जा सकते हैं। मेरी एक बड़ी समस्या समय की बरबादी है। मैं जितने ज्यादा घंटे सोता हूँ, उसे ले कर अपराध भावना हमेशा बनी रहती है। इसका एकमात्र सकारात्मक पहलू यह है कि उतने घंटे कोई गलत काम करने से बचा रहता हूँ। आलसी आदमी न पाप कर सकता है, न पुण्य। सादगी अगर एक बुनियादी मूल्य है, तो यह नींद, आराम, सुख, गति सभी चीजों पर लागू होता है। दरअसल, यह मूल्य किसी भी क्षेत्र में अतिवाद के खिलाफ एक कारगर तावीज है। पिछले कुछ वर्षों में मैंने अपने कई अतिवादों से मुक्ति पाने की कोशिश की है और कुछ में थोड़ी-बहुत सफलता भी पाई है, पर दिन में बीसियों बार यह दिखाई पड़ जाता है कि मुझे अभी दूर, बहुत दूर जाना है।

गांधी जी के सेक्स संबंधी विचारों से मैं कभी सहमत नहीं हो पाया। उन्होंने जैसा यौन जीवन जिया, उसकी मैं आलोचना नहीं करता। यह उनकी मान्यताओं का एक मूलभूत हिस्सा था। संयम के उनके प्रयोगों को ले कर, जिन्हें नासमझी के कारण सेक्स के प्रयोग कहा जाता है, मुझमें उत्सुकता जरूर है, पर मैं उन प्रयोगों का निरादर नहीं करता। मैं जानता हूँ कि महात्मा के ज्ञान और अनुभव के सामने हम लोग उनके पैरों की धूल भी नहीं हैं, इसलिए उन पर शक करने की बात भी मन में नहीं आती। लेकिन ब्रह्मचर्य को वे जीवन में जितना केंद्रीय स्थान देते थे, वह मुझे एक असंभव माँग लगती है। गांधी जी ने स्वयं लिखा है कि ब्रह्मचर्य का व्रत लेने के बाद चार बार उनका मन, जिसे साधने के लिए उन्हें अपने ऊपर जबरदस्त नियंत्रण बनाए रखना पड़ता था, वासना से विचलित हुआ। हो सकता है, गिनती करने में उनसे कुछ भूल भी हुई हो।

मैं इस विषय में अपने को ले कर किसी भी तरह का दावा करने की स्थिति में नहीं हूँ। मुझे अपनी कमजोरियों का पता है। इनके कारण मुझे काफी दुख उठाना पड़ा है। मेरी पत्नी सहज ही क्षमाशील नहीं होती, तो मेरी गृहस्थी टूट सकती थी। यह सच है कि विवाह के बाद मैंने कोई अनैतिक आचरण नहीं किया। लेकिन दोस्ती

की प्रगाढ़ता में काफी दूर तक बहा। अब मुझे लगता है कि यह भी ठीक नहीं था, क्योंकि इरादे में भले ही कोई मलिनता न रही हो, पर व्यवहार के स्तर पर गोपनीयता तो थी ही। किसी भी स्त्री या पुरुष का अन्य पुरुषों या स्त्रियों से जो भी संबंध बने, उसमें गोपनीयता का कोई तत्त्व नहीं होना चाहिए, नहीं तो व्यर्थ का तूफान पैदा हो सकता है। संबंधों में वास्तविक खुलापन तभी आ सकता है जब जीवन में भी खुलापन हो। यह बात बहुत महत्त्वपूर्ण नहीं है कि दैहिक संबंध हुए या नहीं। वासना की शुरुआत कल्पना से होती है। वहाँ संयम खो देने पर आगे का रास्ता और रपटीला हो जाता है। यह रपटीलापन मेरे लिए कम दुख का कारण नहीं है। अपनी इसी पृष्ठभूमि के कारण और जमाने के हालात देखते हुए, जहाँ कदम-कदम पर, अखबार में, टीवी पर, रेडियो पर, पोस्टरों और होर्डिंगों में कामुकता को जगाने और बढ़ानेवाला वातावरण बनाया जा रहा है, दिनों-दिन पवित्रतावाद की तरफ मेरा वैचारिक झुकाव बढ़ रहा है। मुझे लगता है कि यह फ्रायड को याद रखने का सही समय नहीं है।

फ्रायड पर पूँजीपतियों ने कब्जा कर लिया है। वे उसके बहाने से हमारा आत्मिक विनाश करने पर तुले हुए हैं। इस चुनौती के सामने अतिरेकी तो नहीं, पर संतुलित पवित्रतावाद निश्चय ही एक कारगर औजार का काम कर सकता है। जब हम अन्य दृष्टियों से भी स्वस्थ समाज बनाने की दिशा में अग्रसर होंगे, तब नर-नारी संबंधों को भी उदार और जानदार बनाने के कार्यक्रम पर अमल किया जा सकता है। अन्य मामलों में संरक्षणशील रहते हुए सिर्फ एक मामले में क्रांतिकारी इच्छाओं का जोर मारना प्रतिक्रियावाद का ही एक रूप है। इसीलिए जिस यौन क्रांति का पहले मैं समर्थन करता था, उसके पीछे, भारत की वर्तमान परिस्थिति में, मुझे देहवाद का ज्वार नजर आता है।

दरअसल, यौन क्रांति सामाजिक क्रांति का एक छोटा-सा हिस्सा है। अपनी इस दृष्टि के लिए मैं गांधी जी का ऋणी हूँ। इस पर मैं स्वयं कितना अमल कर पाता हूँ, यह मेरे लिए हमेशा परीक्षा में बैठने की तरह उद्विग्नतापूर्ण होता है।

लेकिन मैं यह सब क्यों लिख रहा हूँ? क्या मैं गांधी जी की 'आत्मकथा' की नकल करना चाहता हूँ? क्या मैं सार्वजनिक रूप से अपनी कमियों की चर्चा कर किसी प्रकार की श्रेष्ठता का दावा कर रहा हूँ? अगर ऐसा है, तो मुझसे बढ़ कर नीच कोई और नहीं हो सकता। दरअसल, गांधी को जानने की प्रक्रिया अपने भीतर से ही शुरू होती है। वे लगातार आत्मपरीक्षण के 'मोड' में रहते थे। यह कुछ-कुछ लेखक होने की नियति की तरह है, जो निर्द्वंद्व हो कर कुछ भी भोग नहीं सकता। भोक्ता होने के साथ-साथ वह दर्शक और आलोचक भी होता है। कायदे से हर आदमी को ऐसा ही जीवन जीना चाहिए। इसी रास्ते से सत्य से साक्षात्कार होता है या हो सकता है। पहले मैं गांधी के प्रसंग में जो कुछ लिखता था, वह एक प्रकार से सामाजिक चर्चा थी, जिसका आत्मानुभव से कुछ भी लेना-देना नहीं था। वह महज विचार था।

लेकिन गांधी जी कोई प्रोफेशनल विचारक नहीं थे। वे विचारशील जरूर थे और मैं दावा कर सकता हूँ कि अच्छा जीवन जीने के लिए यह काफी होता है। गांधी जी की विचारशीलता ही उन्हें कर्तव्य की प्रयोगशीलता का रास्ता दिखाती थी। उन्होंने अपने जीवन को 'सत्य के प्रयोग' माना है। सत्य की दिशा में पहला कदम सच बोलना है। उसके बाद ही सत्य के गहनतर रूपों से मुठभेड़ होती है। इसीलिए मैं इस साहस के मूल्य को समझ पाया हूँ कि मुझे अपने जीवन को ज्यादा से ज्यादा पारदर्शी बनाना चाहिए। यह नोट इसी दिशा में एक छोटा-सा कदम है।

गांधी जी के अनुसार, सत्य जीवन की प्रयोगशाला में ही मिलता है। आँखें बंद कर ध्यानस्थ होना ऋषियों के लिए जरूरी होगा, हमारे लिए वांछनीय यह है कि हम अपनी सक्रियताओं में ही सत्य का संधान करें। व्यक्ति और समाज के लिए सही रास्ता क्या है, यह जानने के लिए गांधी जी ने अपने व्यक्तिगत जीवन में और सामाजिक-राजनीतिक जीवन में तरह-तरह के प्रयोग किए। इनमें से कुछ सफल हुए, कुछ नहीं। अपनी विफलताओं का जितना मार्मिक वर्णन खुद गांधी जी कर गए हैं, कोई और क्या करेगा। फिर भी वे निश्चेष्ट कभी नहीं हुए। इसीलिए मुझे अगर गांधीवाद अच्छा लगता है, तो मैं अपनी इस परख को व्यक्तिगत और सामाजिक प्रयोगों के माध्यम से ही सत्यापित कर सकता हूँ।

जाहिर है, यह चुनौती बहुत ही भारी है। इसके बारे में सोचते ही मन काँपने लगता है और पैर लड़खड़ाने लगते हैं। लेकिन सोचने-विचारने के बाद यह कोई असंभव चुनौती नहीं लगती। इस चुनौती का सामना करने में मैं बिलकुल विफल रहा, तो यही साबित होगा कि मैं कमजोर, कायर और ढोंगी हूँ। लेकिन तब भी मैं यही कहूँगा कि मैं चलने में असमर्थ रहा तो क्या, सत्य का रास्ता यही है, यही है, यही है। आमीन।

अगर बूढ़ा ही सही था

दूसरी बड़ी लड़ाई का समय था। ग्रेट ब्रिटेन और उसके मित्र देश जर्मनी के फासीवाद से संघर्ष कर रहे थे। यह ऐसा संघर्ष था जिसमें लोकतांत्रिक देशों का पक्ष न लेना किसी भी सभ्य व्यक्ति के लिए संभव नहीं था। सारी दुनिया मान रही थी कि हिटलर की फासीवादी साम्राज्य लिप्सा को युद्ध के द्वारा ही परास्त किया जा सकता है। उस कठिन घड़ी में, जब सभ्यता परीक्षा पर थी, महात्मा गांधी की सलाह क्या थी? यह उनकी भी परीक्षा थी। युद्ध और हिंसा के उस वातावरण में अहिंसा के अविचलित अनुयायी के पास अगर दुनिया के लिए कोई अहिंसक नुस्खा नहीं था तो इससे यही साबित होता है कि अहिंसा को कुछ खास परिस्थितियों में ही अपनाया जा सकता है – सभी परिस्थितियों में नहीं।

'हरिजन' के 6 जुलाई, 1940 अंक में महात्मा गांधी का लेख छपा : 'प्रत्येक ब्रिटन के नाम।' लेख ब्रिटेन के लोगों से अपील के रूप में लिखा गया था। उस लेख के कुछ अंश हैं : 'प्रत्येक ब्रिटन से, वह इस वक्त जहाँ कहीं भी हो, मैं यह अपील करता हूँ कि वह राष्ट्रों के बीच संबंध के निर्णय तथा अन्य मामलों में युद्ध के स्थान पर अहिंसा की प्रणाली को स्वीकार करे। आपके राजनीतिज्ञों ने घोषणा की है कि यह युद्ध लोकतंत्र को बचाने के लिए है। (इस युद्ध का) औचित्य सिद्ध करने के लिए और भी बहुत-से कारण बताए गए हैं। आप उन्हें अच्छी तरह जानते हैं। मेरा यह कहना है कि युद्ध की समाप्ति के बाद, उसकी समाप्ति चाहे जिस रूप में हो, लोकतंत्र का प्रतिनिधित्व करने के लिए कोई भी लोकतंत्र बचा नहीं रहेगा।'

'मैं सशस्त्र टकरावों का अंत करने की अपील करता हूँ – इसलिए नहीं कि आप इतने थक गए हैं कि और लड़ नहीं सकते, बल्कि इसलिए कि युद्ध अपने आपमें गलत है। आप नाजीवाद को खत्म करना चाहते हैं। नाजीवादी तौर-तरीकों को अपना कर आप इसे कभी खत्म नहीं कर सकेंगे। आपके सैनिक विध्वंस का वही काम कर रहे हैं जो जर्मनीवाले कर रहे हैं। एकमात्र फर्क यह है कि आपके द्वारा किया जानेवाला विध्वंस जर्मनी के द्वारा किए जानेवाले विध्वंस जितना संपूर्ण नहीं है। अगर ऐसा है तो आपके द्वारा किया जाने वाला विध्वंस शीघ्र ही अगर उससे ज्यादा नहीं तो वैसी ही संपूर्णता प्राप्त कर लेगा। किसी भी अन्य तरह से आप यह

युद्ध जीत नहीं सकते। दूसरे शब्दों में, आपको नाजियों से ज्यादा निर्दय होना पड़ेगा। कोई लक्ष्य चाहे जितना न्यायपूर्ण हो, उसके लिए एक-एक मिनट पर होनेवाली अविचारपूर्ण मानव हत्या नहीं की जा सकती। मेरा सुझाव यह है कि उस लक्ष्य को न्यायपूर्ण नहीं कहा जा सकता जो आज की जा रही अमानवीयताओं की माँग करता हो।

'मैं चाहता हूँ कि आप नाजीवाद से हथियारों के बगैर, या मैं सैनिक शब्दावली को बचाए रखना चाहूँ तो अहिंसक हथियारों से, लड़ें। मैं चाहूँगा कि आपके पास जो भी हथियार हैं, आप उन्हें फेंक दें, क्योंकि वे आपको या मानवता को बचाने के लिए बेकार हैं। आप श्री हिटलर और श्री मुसोलिनी को आमंत्रित करें कि उन देशों से, जिन्हें आप अपनी संपत्ति मानते हैं, जो कुछ भी लेना चाहें, वे ले जा सकते हैं। उन्हें अपने सुंदर द्वीप पर, उसकी बहुत-सी सुंदर इमारतों के साथ, कब्जा कर लेने दें। आप उन्हें यह सब दे देंगे, लेकिन अपनी आत्माएँ और अपने दिमाग नहीं देंगे। अगर ये महाशय आपके घरों पर कब्जा करना चाहें तो आप उन्हें खाली कर देंगे। अगर वे आपको बाहर निकलने से रोकते हैं, तो आप अपने पुरुषों, स्त्रियों और बच्चों का कत्ले-आम होने देंगे, लेकिन उनकी अधीनता स्वीकार नहीं करेंगे।'

यह एक कठोर अपील थी – इतनी कठोर कि युद्धोन्माद के उन दिनों में इस पर विचार करना भी मुश्किल जान पड़ता था। अहिंसा को पहले भी आजमाया गया था, लेकिन इस पैमाने पर कभी नहीं। फिर भी अपील इतनी तर्कयुक्त और मार्मिक थी कि पूरी तरह अनसुनी नहीं की जा सकती थी। आज भी उस अपील का महत्त्व है। गांधी की भविष्यवाणी सही निकली है। हिंसा के रास्ते पर चलते हुए ही ब्रिटेन उस मुकाम पर पहुँचा है जहाँ उसे इराक पर अमेरिकी आक्रमण का समर्थन करते हुए शर्म नहीं आती। यह लोकतंत्र नहीं है – ब्रिटेन में भी नहीं और संयुक्त राज्य अमेरिका में भी नहीं।

लेकिन असली किस्सा यह नहीं है। असली किस्सा यह है कि इंग्लैंड के दो व्यक्तियों ने, जो गांधी जी के प्रशंसक थे, उनकी इस अपील पर गौर किया। उनका कहना था : 'प्रत्येक ब्रिटेनवासी पर आपकी अपील का एकदम तुरंत कोई असर नहीं पड़ सकता। सामान्य आदमी से यह उम्मीद करना असंभव है कि उसके पास जितनी भी समझदारी हो, वह पूरी तरह से पीछे मुड़ जाएगा – वस्तुतः समझदार से भी यह उम्मीद करना असंभव है, जैसा कि आप कहते हैं, जब तक अहिंसा में उसका हार्दिक विश्वास न हो। आपके द्वारा बताए गए रास्ते पर एक नई दुनिया का निर्माण करने का समय युद्ध के बाद आएगा। वे महसूस करते हैं कि आपका रास्ता ही सही रास्ता है, लेकिन उनका कहना है कि इसके लिए अंतहीन तैयारी और प्रशिक्षण और बड़े नेतृत्व की जरूरत है – जिनमें से एक भी उनके पास नहीं है।'

असली किस्सा शायद यह भी नहीं है। असली किस्सा वह टिप्पणी है जो गांधी जी ने यह पूरा पत्र उद्धृत करते हुए 21 जुलाई 1940 के 'हरिजन' में लिखी। गांधी जी ने लिखा : 'अपील इस इच्छा से की गई थी कि उसका परिणाम अभी तुरंत पैदा हो। यह परिणाम किसी गणितीय गणना से नहीं आ सकता। अगर विश्वास जम जाए, तो कार्रवाई आसान हो जाती है। लोगों का दिमाग दबाव में ही किसी दिशा में काम करता है। अपील का वांछित परिणाम नहीं निकला है, यह दिखाता है कि या तो मेरे शब्दों में शक्ति नहीं है या ईश्वर की कोई योजना है जिससे हम अपरिचित हैं। यह अपील एक चिंताग्रस्त हृदय से निकली है। मैं इसे दबा नहीं सकता था। इसे किसी तात्कालिक वजह से नहीं लिखा गया था। मुझे पक्का विश्वास है कि यह एक ऐसे सत्य को प्रकाशित करता है, जिसका महत्त्व शाश्वत है।...यदि अभी से जमीन तैयार नहीं की जाती है तो युद्ध की विषादपूर्ण समाप्ति के बाद एक नई व्यवस्था विकसित करने के लिए हो सकता है समय न बचे।'

इस पूरे प्रसंग में तत्त्व की बात यह है कि अगर अहिंसा में किसी व्यक्ति की आस्था है तो इस पर अमल करने का कार्यक्रम वह भविष्य के लिए स्थगित नहीं कर सकता। भविष्य वर्तमान का ही विस्तार है। अगर वर्तमान में हम ऐसे रास्ते पर चल रहे हैं जिसके बारे में हमारा मानना है कि वह ठीक नहीं है तो इस रास्ते पर चलते हुए हम भविष्य के ऐसे किसी बिंदु पर कभी नहीं पहुँच सकेंगे जहाँ से सही रास्ते पर चलना सुगम जान पड़े। लंबे समय तक जमी रहने वाली बुराई आदत बन जाती है और किसी भी आदत को झटकार कर फेंक देना मुश्किल होता है। फिर, यह कभी नहीं सुना गया कि बीमारी आज है और उसका इलाज अगले साल शुरू किया जाएगा।

मजे की बात यह है कि आज गांधीवादियों की एक बड़ी फौज तैयार हो गई है जिनका दावा है कि वर्तमान चुनौतियों का सामना करने का रास्ता वही है जो गांधी जी ने दिखाया था और उस पर नहीं चला गया तो धरती तबाह हो जाएगी। यह दिलचस्प है कि गांधी जी जब जीवित थे, गांधीवाद की प्रशंसा करनेवालों की संख्या बहुत कम थी। गांधी के प्रशंसक अनगिनत थे – भारत में ही नहीं, भारत के बाहर भी। भारत में तो काफी समय तक करोड़ों लोग उनकी बताई राह पर चलते रहे। लेकिन उनसे नाखुश लोगों की संख्या भी बहुत कम न थी। किस विचारधारा के लोग उनसे असहमत नहीं थे! सनातनधर्मी उनके खिलाफ थे, क्रांतिकारी उनका विरोध करते थे, सुभाषपंथी उनकी आलोचना करते थे, कम्युनिस्ट उनके शत्रु थे, आंबेडकर उन्हें ढोंगी मानते थे, समाजवादियों को उनका दर्शन अधूरा प्रतीत होता था, धारा सभा के जरिए परिवर्तन लानेवालों की नज़र में वे अधीर रेडिकल थे, जिन्ना उन्हें सिर्फ हिंदुओं का नुमाइंदा कहते थे, अंग्रेज शासकों के लिए वे एक जटिल पहेली थे; और तो और, जवाहरलाल नेहरू, वल्लभभाई पटेल और चक्रवर्ती राजगोपालाचार्य

जैसे उनके सहयोगी उनके ग्राम-स्वराज को भरपूर शक की निगाह से देखते थे और उनकी अहिंसा को मात्र एक रणनीति मानते थे।

फिर भी लंबे समय तक कांग्रेस और देश में गांधी जी की ही चली। यह चलना कितना धोखादेह था, जब स्वतंत्रता की घड़ी नजदीक आ गई और बड़े पैमाने पर हिंदू-मुसलमान युद्ध शुरू हो गया। भारतीय मनुष्य इतनी बड़ी संख्या में पहली बार वहशी हुआ था। कोई भी क्रूरता उसके लिए अगम्य नहीं थी। उन्माद और हिंसा का यह नृत्य देख कर गांधी जी अपने लंबे जीवन में पहली बार विचलित हो गए और उनका आशावाद कमजोर पड़ने लगा। यही वह समय था जब उन्हें पहली बार लगा कि वे अकेले हैं। कांग्रेस ने उनकी बात सुनना छोड़ दिया था। नेहरू और पटेल जैसे गांधी के सबसे करीबी नेताओं ने अलग राह पकड़ ली थी। खून में तैरते-उतराते देश को लग रहा था कि बुड्ढा पागल है। गोडसे जैसे व्यक्तियों की निगाह में वे देश के दुश्मन थे।

कोई भी सूर्य एकबारगी नहीं डूबता। अँधेरा होने के पहले लाली छाई रहती है। गांधी की हत्या के बाद कई दशकों तक गांधीय आदतें बनी रहीं। काफी लोग खद्दर पहनते रहे, कुछ चरखा भी कातते रहे। कुछ लोग हरिजन कल्याण में लगे, कुछ को गोसेवा भली लगी। गांधी जी ने ग्रामोद्योग का जो देशव्यापी तंत्र बनाया था, वह भी हाँफते-हाँफते ही सही, पर चल रहा था। बुनियादी शिक्षा के प्रतीक-केंद्र दम तोड़ रहे थे, लेकिन जिंदा थे। हिंदी प्रचार के लिए बनाई गई संस्थाओं में पहले जैसीं निष्ठा नहीं रही थी, पर उनकी सक्रियता कायम थी। कुछ लोग सांप्रदायिकता के विरुद्ध काम कर रहे थे। मद्यपान को बुरा माना जाता था और सभी सरकारों में एक मद्‌य-निषेध विभाग भी था। लेकिन यह सब उस महात्मा के चोले के चीथड़े थे। उनकी आत्मा उनके साथ ही कूच कर गई थी। कोई ऐसी चीज दिखाई नहीं देती थी जिससे रू-ब-रू हो कर गांधी की नहीं, उनके काम की, उनके तौर-तरीकों की याद आए, जिससे युवक-युवतियों को प्रेरणा मिले कि हाँ, रास्ता यह है; इस पर चल कर हम अपने प्रश्नों का उत्तर और अपनी समस्याओं का समाधान पा सकते हैं। युवा पीढ़ी के पास बची रही लाठी के सहारे चलनेवाले एक कमजोर-से बुड्ढे की छवि और दो अक्तूबर की वार्षिक छुट्टी। गांधी मर गया, गांधी जिंदाबाद!

हाँ, गांधी जिंदाबाद। आज गांधी के आलोचक घट गए हैं। दलित नेताओं और नक्सलवादियों को छोड़ कर प्रायः सभी गाँधी के प्रशंसक हैं – कम्यूनिस्ट भी। आरएसएस को गांधी पहले भी नहीं भाते थे, आज भी नहीं। पर उसके विरोधी गांधी के गुन गाते नहीं थकते। 'हिंद स्वराज' की महिमा का बखान शुरू हो गया है। लेकिन यह गांधी का बौद्धिक पुनरागमन है। आचरण के स्तर पर वे आज पहले से ज्यादा बेगाने हैं। दुनिया को कहा जा रहा है कि गांधी के रास्ते पर चलो। लेकिन इस रास्ते पर खुद चला नहीं जाता – एक डग भी नहीं। गांधी ने भविष्य का

कर्तव्यशास्त्र तैयार नहीं किया था। वे आज और अभी के उपासक थे। उन्हें जो भी ठीक लगता था, उस पर तुरंत वे अमल करने लगते थे।

गांधी जी बौद्धिक या बुद्धिजीवी नहीं थे। वे सत्य के अन्वेषी थे और यह अन्वेषण हमेशा आचरण के माध्यम से होता था। उनके पास इतना समय नहीं था कि कई दशकों तक चिंतन-मनन करते रहें, जगह-जगह भाषण देते रहें और तब एक्शन में आएँ। उनका मानना था कि ईश्वर को विचार के जरिए नहीं, कर्म के जरिए ही पाया जा सकता है। गांधी के नए प्रशंसकों के पास धीरज का अपार भंडार है। उन्हें गांधी का कोई ऐसा काम नजर नहीं आता जिसे तुरंत अपनाया जा सके। गांधी ने कहा : मेरा जीवन ही मेरा संदेश है। इनका कहना है : हमारा संदेश ही हमारा जीवन है। करबद्ध निवेदन यह है कि अगर बुड्ढा ठीक कहता था, तो उसके कहे पर चल कर दिखाओ – उसके कहे को दुहरा-तिहरा कर नहीं। हिंद स्वराज कहने से नहीं, करने से नजदीक आएगा।

गांधी कलम का संदेश

लेखकों और पत्रकारों को कलम का सिपाही, कलम का मजदूर, कलमजीवी, कलमवीर आदि-आदि कहा जाता है। पत्रकार विनम्रतावश अपने को कलमघसीट कहते हैं, जो अंग्रेजी के पेन-पुशर का सटीक अनुवाद है। अब कम्प्यूटर तेजी से कलम का स्थान लेता जा रहा है। अनेक पत्रकार कबीर की तरह, लेकिन एक भिन्न अर्थ में, यह दावा कर सकते हैं कि मसि-कागद छूयो नहिं, कलम गही नहिं हाथ। लेकिन बहुत-से लेखक-पत्रकार अभी भी कलम ही चलाते हैं। साथ ही, अभी भी बहुत-से काम कलम से ही होते हैं। कम्प्यूटर का प्रयोग कितना ही व्यापक क्यों न हो जाये, कलम तो रहेगी। कुछ लेखकों को सुन्दर और महँगी कलमों का शौक होता है। कई बड़े गर्व से बताते हैं कि उन्हें पहली पारकर कलम किस उम्र में मिली थी। ऐसा लगता है कि लैपटॉप, पामटॉप और कोई नया टॉप आने के बाद भी अच्छी और महँगी कलमों का, जैसे खूबसूरत और महँगी घड़ियों का, शौक हमेशा बना रहेगा। कुछ ऐसे भी होंगे जो कपड़े साधारण पहनेंगे, खाना भी साधारण खाएँगे, लेकिन जेब में रखेंगे कोई महँगी कलम ही। लेकिन यह दूसरी बात है। मैं यहाँ जिस चीज की ओर ध्यान आकर्षित करना चाहता हूँ, वह कलम की तकनीक के बारे में है, जिसके साथ उसका अर्थशास्त्र भी जुड़ा हुआ है।

निबवाली कलम की उम्र लंबी रही है। उसके पहले सरकंडे की कलम का इस्तेमाल होता था। गणेश जी की कलम शायद मोरपंखी की थी। लेकिन गांधी जी ने जिस कलम से हजारों या शायद लाखों चिट्ठियाँ लिखीं, वह कलम-दावातवाली कलम ही थी। हम सभी ने बचपन में इसी कलम का इस्तेमाल किया है। यह कलम सस्ती पड़ती थी और निब बदलते हुए एक कलम को साल-दो साल भर या उससे ज्यादा भी चलाया जा सकता था। उसके बाद आया फाउंटेनपेन। यह एक दर्ज़ा बेहतर था। अब कलम के साथ दावात रखने की मजबूरी खत्म हो गई। मेरा खयाल है, फाउंटेनपेन सभ्यता का एक सुंदर उपहार है। उससे हस्तलिपि भी अच्छी बनती है। लेकिन बॉल पेन ने उसका जनाजा निकाल दिया। इस कमबख्त ने हमारे जीवन में उत्सव की तरह प्रवेश किया और दैनंदिनी की तरह छा गया। बॉल पेन में सुविधा भी बहुत है। फर्राटे से लिखो और रिफिल खत्म हो जाए, तो उसे निकाल

कर फेंक दो और उसकी जगह नई रिफिल डाल दो। बॉल पेन अभी भी अपनी उसी मस्ती के साथ चल रहा है। लेकिन इस बीच तरह-तरह की कलमें आ गई हैं, जैसे जेल पेन, रोलर पेन आदि। ये सभी बॉल पेन की ही भाई-बहनें हैं। इनकी रिफिल भी लगातार बदलनी पड़ती है। कुछ कलमों की तो रिफिल मिलती भी नहीं। लिखते रहो, स्याही खत्म हो जाए तो फेंक दो। यूज एंड थ्रो। आजकल दुकान में जाओ, तो निबवाली कलम मुश्किल से दिखाई पड़ती है। गनीमत यह है कि वह अभी भी बची हुई है। पोस्टमार्टम रिपोर्ट लिखी जा चुकी है, पर रोगी जिंदा है, अगरचे वह लंबी-लंबी साँसें ले रहा है। मेरा प्रस्ताव यह है कि इस रोगी को जीवन दान मिलना चाहिए। नहीं तो कलमों के कचरे से ही एक दिन इस धरती का आँगन भर जाएगा और दिनकर के कुरुक्षेत्र के एक पात्र की तरह हम पछताएँगे कि नर का बहाया रक्त, हे भगवान मैंने क्या किया।

आजकल हम जिन कलमों का इस्तेमाल करते हैं, वे स्वयं कचरा नहीं हैं, पर कचरा जरूर पैदा करती हैं। जिंदगीरहित रिफिल, जो फेंक दिए जाने पर दशकों या शताब्दियों तक जमींदोज होने के लिए तैयार दिखाई नहीं देते। प्लास्टिक या लोहे की खपत माँगनेवाली कलम की बॉडी, जो अपनी उपयोगिता खो देने के बाद भी निश्चिह्न होना नहीं चाहती। प्लास्टिक की हुई, तो उसके साथ भी वही खतरा है जो प्लास्टिक की थैलियों के साथ है। यह विचित्र है कि प्लास्टिक की थैलियों के प्रति तो जागरूकता पैदा हो गई है और कई राज्यों में नहीं तो कई शहरों में उन्हें प्रतिबंधित कर दिया गया है। लेकिन प्लास्टिक की कलमों तथा अन्य उत्पादों के प्रति मोह बना हुआ है। कल्पना कीजिए, जब पूरा भारत शिक्षित हो जाएगा (हे ईश्वर, वह दिन कब आएगा? आएगा भी कि नहीं?) तब देश भर में कितनी कलमों की जरूरत पड़ेगी? उनमें कितना प्लास्टिक लगेगा, उनके लिए कितनी रिफिलें लगेंगी और इन सबको कहाँ दफनाया जाएगा? दफनाए जाने के बाद ये पंचभूत में कब विलीन होंगी? अंतिम संस्कार के इस महँगे खेल में यूरोप के छोटे-छोटे और समृद्ध देश तो हिस्सा ले सकते हैं, पर हम भारतवासियों को तो नानी याद आ जाएगी। क्या अभी से इसका कुछ उपचार करना आवश्यक नहीं है? या, जब तक प्यास नहीं लगेगी, कुएँ नहीं खोदे जाएँगे?

कोई कह सकता है कि यह आशंका अतिरंजित है। मेरा अपना अनुभव यह है कि बहुत-से मामलों में अतिरंजना के जरिए ही सत्य का साक्षात्कार होता है। बहरहाल, यदि यह अतिरंजना है, तब भी इसका उपयोग है। सौ-पचास झीलों का सूख जाना दुनिया के सभी झीलों के सूख जाने की भविष्यकथा हो सकती है। न हो, तब भी हम ऐसा काम करें ही क्यों जिससे एक झील भी सूख सकती है? खास तौर से तब जब वह काम कतई जरूरी न हो। इस आशंका के विरुद्ध एक और तर्क दिया जा सकता है। यह तर्क है पुनर्चक्रण का। यह पुनर्चक्रण एक यूरोपीय बीमारी

का नाम है। हम किसी चीज का बार-बार और नए-नए तरीके से इस्तेमाल तो कर सकते हैं जैसे त्यागी हुई धोतियों और साड़ियों का बहुविध इस्तेमाल हमारी माँएँ-दादियाँ-नानियाँ करती थीं। बड़ों के उतारे हुए कपड़े छोटे पहनते थे। स्वयं गांधी जी ने अपने जीवन में इसके दर्जनों प्रयोग किए। वे अनेक चिट्ठियाँ इस्तेमालशुदा लिफाफों की खाली जगह पर लिखा करते थे। धोती को फाड़ कर रूमाल बना लेते थे। पर आधुनिक सभ्यता को यह कबूल नहीं है। वह हर चीज नई और ताजा देखना चाहती है। साधन सीमित हैं और वे हमेशा सीमित ही रहेंगे। इसलिए उसने पुनर्चक्रण की टेक्नोलॉजी निकाली है। लेकिन यह टेक्नोलॉजी इतनी महँगी है कि इसका इस्तेमाल अमीर समाज ही कर सकते हैं। गरीब देश ऐसा करने का प्रयास करेंगे, तो उनका भट्ठा बैठ जायेगा। भारत में जहाँ-जहाँ कचरे, पानी आदि के पुनर्चक्रण के प्लांट लगे हैं, उनमें से ज्यादातर फेल हो चुके हैं। इसलिए हमें एक चक्र से ही संतुष्ट रहना चाहिए। ज्यादा बहादुरी नहीं दिखानी चाहिए।

कलम के मामले में भी यह उतना ही सच है। आखिर बॉल पेन, जेल पेन या रोलर पेन से वही काम होता है जो निबवाली कलम से हो सकता है। यह कलम किफायती भी है – स्याही चुक जाए तो फिर डाल दो और लिखते रहो। अगर इस कलम की बॉडी प्लास्टिक की भी हो, तो दीर्घजीवी होने के कारण पर्यावरण का नाश करनेवाला कचरा कम पैदा करेगी। हम चाहें तो इसका नाम गांधी कलम रख सकते हैं। गांधी कलम इसलिए कि यह किफायत की राह दिखाती है और कम से कम में काम चलाने के दर्शन की ओर ले जाती है। मूल सवाल इस या उस कलम का नहीं है। मूल सवाल यह है कि हम उपभोक्तावाद (इस्तेमाल करो और फेंको – यह दृष्टि चीजों पर इस्तेमाल होते-होते जब स्त्री-पुरुषों पर लागू होने लगती है, तब हम इस आधुनिक सभ्यता को ही कोसने लगते हैं। एक समय अरुण शौरी ने कहा था कि संपादकों की स्थिति निरोध जैसी हो गई है। उनका अनुकरण करते हुए हम कह सकते हैं कि कलम की हैसियत भी निरोध जैसी हो गई है), का शिकार होना पसंद करेंगे या छोटी से छोटी चीज की तरफ ध्यान देते हुए उसके निर्दय पंजों से बाहर निकलने की सोचेंगे? उत्पादनकर्ता तो यह चाहेगा ही कि उसका माल ज्यादा से ज्यादा बिके। 'यूज एंड थ्रो' की संस्कृति का राज इसी में छिपा हुआ है। यह उत्पादकता नहीं, उत्पादन बढ़ाने का रास्ता है। ज्यादा उत्पादन यानी ज्यादा आय यानी अधिक जीडीपी। इसी को आर्थिक संवृद्धि कहा जाता है – बिना इस पर विचार किए कि अच्छी चीज वह है जिसका इस्तेमाल ज्यादा दिनों तक और किफायतशारी के साथ किया जा सकता है। गांधी कलम यही काम करती है।

कोई लेखक अपने पूरे जीवन काल में (यहाँ उनकी बात नहीं की जा रही है जो चंद्रधर शर्मा गुलेरी की तरह तीन-चार कहानियाँ लिख कर अमर हो जाना चाहते हैं) अगर निबवाली बीस कलमों का इस्तेमाल करता है, तो वह उतने ही पन्ने रँगने

के लिए रिफिलवाली दो सौ कलमों का इस्तेमाल करेगा। हो सकता है, और ज्यादा ही, क्योंकि सभी रिफिलें अच्छी नहीं होतीं और आठ-दस पन्ने लिखने के बाद ही टें बोल जाती हैं। विचारणीय यह भी है कि रिफिल या जेलवाली कलमों के लिए उच्चतर टेक्नोलॉजी की जरूरत होती है, जब कि निबवाली कलमों का उत्पादन मामूली टेक्नोलॉजी से भी किया जा सकता है। वैज्ञानिकता (और आधुनिकता भी, अगर बुद्धि से इसका संबंध पूरी तरह से टूट नहीं गया है) इसमें नहीं है कि जो काम पाँच रुपए से हो सकता है, वही काम पचीस रुपए से किया जाए। जो बेवजह ज्यादा खर्च करता है, उसे मंद-अकल नहीं तो और क्या कहा जाएगा? जितनी जल्द हम इस बात को पकड़ लें कि उद्योगपति वही होशियार है जो ग्राहकों को बेवकूफ बना कर अपनी जेब भरता जाए, उतनी ही जल्द हम भी अपनी बुद्धि का इस्तेमाल शुरू कर देंगे और उद्योगपतियों के झाँसे में न आ कर अपना चुनाव स्वयं करेंगे।

आजकल 'हिन्द स्वराज' की बड़ी चर्चा है। जिसे देखो, वही गांधी जी के संदेश की चिरंतन प्रासंगिकता का चारण गान किए जा रहा है। इस सिलसिले में गांधी का यह वाक्य भुला दिया जाता है कि मेरा जीवन ही मेरा संदेश है। गांधीवाद को गांधी के बाहर खोजना नादानी है। यह विद्वत्ता की चीज नहीं, बरतने की चीज है। गांधी की प्रशंसा इस बात में नहीं है कि उनके जीवन या विचारों पर कितने सफेद पन्ने स्याह किए गए। जो गांधी की राह पर चलने की यथासाध्य कोशिश करेगा, वही गांधीवादी होने का यत्किंचित दावा कर सकता है। गांधी कलम इसका एक उदाहरण है। अगर हम गांधी कलम के पीछे कार्यरत विचार से सहमत हैं, तो गांधी सड़क, गांधी बस, गांधी रेल, गांधी ऑफिस, गांधी सभागार, गांधी सिनेमाघर, गांधी कार, गांधी अखबार आदि की भी कल्पना कर सकते हैं। यह विचार आग की तरह फैलता है तो भारत में न अतिशय गरीबी रहेगी न अतिशय अमीरी।

आज गांधी कहाँ हैं?

आज गांधी कहाँ हैं? इस प्रश्न का सबसे सीधा उत्तर है : हमारी स्मृतियों में। गांधी युग के बहुत थोड़े-से लोग हमारे बीच हैं। जो हैं, उन्हें देख कर गांधी की खूबियों की याद नहीं आती। कोई खादी का काम करता है, कोई ग्राम निर्माण में लगा है, कोई स्वतंत्रता सेनानी का पेंशन लेता है, तो कोई देश-विदेश में गांधीवाद का प्रचार करता है। बेशक इनमें से कई काम गांधी जी भी करते थे, लेकिन वे संघर्ष और सत्याग्रह भी करते थे और लोगों के बीच जाते रहते थे। जरूरत पड़ने पर उपवास भी करते थे, जिसे आजकल अनशन कहा जाता है। सत्ता से दूर रहते थे और अपनी जीवन शैली में भारत के दरिद्रतम लोगों का प्रतिनिधित्व करते थे। ऐसा एक भी व्यक्ति आज हमारे बीच नहीं है।

फिर गांधी हमारी स्मृतियों में क्यों हैं? क्योंकि उनके जैसा महापुरुष मानव इतिहास में पैदा नहीं हुआ। क्योंकि वे उन चुनिंदा लोगों में हैं, जिन पर हम गर्व करते हैं और हमारी आनेवाली पीढ़ियाँ भी गर्व करती रहेंगी। आज की पीढ़ी को गांधी के बारे में ठीक से बताया नहीं गया है। बताने में खतरा है, क्योंकि जो भी असली गांधी की चर्चा करेगा, वह स्वयं उनकी कसौटी पर थोड़ा भी खरा नहीं उतरेगा। गांधी को पहचाने बिना गांधी के बारे में बताना मुश्किल है। आज कितने लोग यह दावा कर सकते हैं कि वे गांधी को पहचानते हैं? इसलिए हमारी स्मृति में गांधी वैसे ही हैं, जैसे भगवान बुद्ध हैं, ईसा मसीह हैं अथवा राम और कृष्ण हैं।

गांधी की एक धुँधली-सी छवि हमारी आँखों में बसी हुई है, जिसमें वे लगभग नंगे बदन हैं, लाठी का सहारा ले कर चलते हैं और बहुत बड़े महात्मा हैं। यह छवि एक तरह से धार्मिक छवि है या ऐसी ऊँचाई पर पहुँचे हुए आदमी की, जिसके प्रति श्रद्धा तो पैदा होती है, पर हम यह मानते हैं कि उसका हमारे व्यावहारिक जीवन में कोई उपयोग नहीं है। वे एक बुत हैं, एक आइकन हैं, एक प्रतीक हैं – किसी ऐसे बीते हुए स्वर्ण युग की यादगार हैं, जो जरूर महान रहा होगा, पर आज हमारे महान बनने में जिसका कोई योगदान नहीं हो सकता।

अब तो इस पर भी बहस होने लगी है कि क्या उन्हीं के कारण हमें स्वतंत्रता मिली? ऐसे लोगों की संख्या बढ़ रही है, जो मानते हैं कि हमारे स्वतंत्रता संघर्ष में

गांधी का योगदान बहुत ज्यादा नहीं था। स्वयं गांधी ने यह दावा कभी नहीं किया कि वे आजादी दिला रहे हैं। उनका कहना यह था कि जब लोग स्वदेशी को अपना लेंगे और हिंदू-मुसलमान एक-दूसरे के नजदीक आ जाएँगे, तो आजादी अपने आप मिल जाएगी। वे कहते थे कि मैं आजादी के लिए प्रतीक्षा कर सकता हूँ, पर स्वदेशी और सांप्रदायिक एकता के लिए नहीं – इन्हें तो आज ही और अभी हासिल करना हैं। कुछ आधुनिकतावादियों में गांधी के प्रति आकर्षण दिखाई देता है, पर सिर्फ सिद्धांत और विचार के स्तर पर, व्यावहारिक जीवन में वे दूसरों की तरह ही 'आधुनिक' हैं।

धर्मनिरपेक्षता के समर्थकों को इसलिए गांधी याद आते हैं, क्योंकि उनका इस्तेमाल सांप्रदायिकता से लड़ने के लिए किया जा सकता है। इस सेकुलर बिरादरी को गांधी की अन्य शिक्षाओं से कोई मतलब नहीं है।

गांधी को दलित भी याद करते हैं, लेकिन उनका विरोध करने के लिए, उन्हें ब्राह्मणवादी बताने के लिए, उन्हें जूते मारने के लिए। जबकि गांधी के जीवनकाल में उनका सबसे उग्र विरोध सनातनधर्मियों ने ही किया था, क्योंकि वे अस्पृश्यता को हिंदू समाज का सबसे बड़ा कलंक मानते थे और अस्पृश्यता निवारण के लिए आंबेडकर के समानांतर अपने ढंग से कठिन संघर्ष कर रहे थे।

सरकारी तंत्र को गांधी इतने-भर के लिए याद आते हैं कि खास-खास अवसरों पर राजघाट जा कर फूल चढ़ा आया जाए और सौ-पाच सौ-हजार रुपए के नोटों पर उनकी हँसती हुई दंतहीन तस्वीर छाप दी जाए।

कभी-कभी सरकारी भाषाणों में गांधी को पंचायती राज या इस बात के लिए याद कर लिया जाता है कि उन्होंने आखिरी आदमी के कल्याण को सभी कामों की कसौटी माना था।

ऐसा लगता है कि गांधी के मरने के बाद गांधी का सबसे ज्यादा रचनात्मक उपयोग कुछ विदेशियों ने ही किया। इस संदर्भ में मार्टिन लूथर किंग की याद आती है, जिन्होंने अहिंसक तरीकों से अमेरिका में अश्वेत लोगों के मानव अधिकारों के लिए संघर्ष किया और खुद भी गांधी की तरह गोलियों के शिकार हो कर मारे गए। अफ्रीका में डेसमंड टूटू हैं, जिनका जीवन गांधी के काफी नजदीक है। और भी अनेक व्यक्ति और समुदाय हैं, जो गांधी के रास्ते पर चलते हुए जीवन जीते हैं और जरूरत पड़ने पर गांधीवादी तरीके से संघर्ष करते हैं। अर्थशास्त्र के क्षेत्र में जर्मनी के शुमाकर सादगी भरी जिंदगी के बहुत बड़े प्रयोगकर्ता थे। वे गांधीवादी मॉडल की उत्पादन पद्धति की खोज में लगे रहे।

पोलैंड और चेकोस्लोवाकिया की जनता ने गांधी के तरीके से ही रूसी आधिपत्य का विरोध किया और सफलता पाई। गांधी पर शोध करनेवाले विदेशी विद्वानों की

कमी नहीं है, हालांकि उनकी खोज का दायरा मात्र बौद्धिक है। हर साल गांधी पर कोई न कोई नई किताब छप कर बाजार में आ जाती है। जबकि गांधी का कहना था कि मैं विद्वान नहीं हूँ, मैं तो सत्य का संधान इसलिए कर रहा हूँ कि अहिंसा के रास्ते पर चल सकूँ; ऐसी विद्वत्ता का मेरे लिए कोई मोल नहीं है, जिससे मुझे जीने का कोई सूत्र न मिल सके। इनके बावजूद गांधी की एक बड़ी विरासत है, जो उनकी जीवनियों में बिखरी पड़ी है, जो सौ से ज्यादा खंडों में संकलित उनके लेखन में फैली हुई है, जो उनके बारे में लिखित सैकड़ों व्यक्तियों के संस्मरणों में सिमटी हुई है और जिसकी कुछ झाँकी हम वर्धा के उनके सेवाग्राम आश्रम और दिल्ली के गांधी म्यूजियम या एटनबरो की फिल्म में देख सकते हैं।

गांधी ने कम वर्षों में बहुत लंबा जीवन जिया और जीवन का कोई ऐसा क्षेत्र नहीं है, जिसमें उन्होंने सत्य के प्रयोग नहीं किए। आज गांधी की विरासत के कई हिस्सों को हम बड़ी आसानी से छोड़ सकते हैं। ब्रह्मचर्य की महत्ता पर उन्होंने जैसा बल दिया, वह निरर्थक है। यह भी जरूरी नहीं है कि हर आदमी रोज दो घंटे तकली चलाए। इस तरह के बहुत-से गांधीवादी प्रतीक अपना अर्थ खो चुके हैं। लेकिन कौन कह सकता है कि गांधी की अहिंसा के बिना अच्छा जीवन जिया जा सकता है? गांधी के लिए अहिंसा का अर्थ सिर्फ हिंसा का निषेध नहीं था। यह तो उनके लिए प्राणिमात्र से प्रेम का पर्याय था। आज हमारे मन में दूसरों के प्रति कोई प्रेम नहीं है, क्या इसीलिए सारी समस्याएँ पैदा नहीं हो रही हैं? जहाँ प्रेम होगा, वहाँ किसी भी प्रकार की हिंसा कैसे रह सकती है? और जब हिंसा नहीं होगी, तो ऐसी राजनीतिक, सामाजिक और आर्थिक व्यवस्था कैसे बनाई जा सकती है, जो झूठ, मक्कारी, शोषण और बर्बादी पर टिकी हुई है? कोई भी ऐसी व्यवस्था कैसे चल सकती है, जो विषमता पर आधारित हो और जिसमें विषमता बढ़ती जाती हो? पर्यावरण के प्रति हिंसा तभी होगी, जब मानव संबंधों में हिंसा होगी, उत्पादन की पद्धति हिंसा पर आधारित होगी। जो अंतरराष्ट्रीय संबंध स्वार्थ, विषमता, हथियारी ताकत और मानवाधिकारों के उल्लंघन पर टिके हुए हैं, उनमें सत्य और अहिंसा कौन खोज सकता है? जो चीजें जीवन के लिए जरूरी हैं, वे सबको मिलनी चाहिए, इस विचार को मानने के बाद उपभोक्तावाद के लिए गुंजाइश कहाँ रह जाती है, क्योंकि जैसा कि गांधी जी ने बहुत सुंदर और साफ तरीके से कहा, धरती सबकी जरूरतों को पूरा कर सकती है, पर किसी भी आदमी के लालच को पूरा करने में असमर्थ है। गांधी को मानने के बाद भारत में दलित समस्या और विदेश में अश्वेत समस्या कैसे बनी रह सकती है?

यह सच है कि गांधी की शिक्षाओं को टुकड़े-टुकड़े में नहीं देखा जा सकता। वह एक पूरी जीवन पद्धति है, जिसे समझने की शुरुआत तभी हो सकती है, जब हम उसके अनुसार जीने का प्रयास करते हैं। तभी यह निर्णय किया जा सकता है

कि गांधी को कितना छोड़ देना चाहिए और कितना ग्रहण करना चाहिए। यकीन मानिए कि जब दूसरी जीवन पद्धतियों की पोल खुल चुकी होगी, उनका खोखलापन उजागर हो चुका होगा और मानवता में सच्चे व खरे जीवन के लिए आकुलता पैदा होगी, तब जो महापुरुष याद आएँगे, उनमें गांधी का नंबर सबसे ऊपर होगा।

देवताओं के नाम पर

देवताओं के नाम पर भक्तों की लड़ाई कोई नई बात नहीं है। गांधी और आंबेडकर के मामले में यह कुछ स्वाभाविक भी कहा जा सकता है, क्योंकि स्वयं ये देवता भी अपने जीवन काल में आपस में संघर्षरत रहे। गांधी को शिकायत थी कि अपनी तमाम विद्वत्ता और विवेक के बावजूद डॉ. आंबेडकर हिंदू समाज को छिन्न- भिन्न कर रहे हैं, जबकि आंबेडकर को मलाल था कि मिस्टर गांधी के लिए दलित वर्गों का सवाल तनिक भी महत्त्वपूर्ण नहीं है। इसके बावजूद 1932 में पूना समझौता कर आंबेडकर ने गांधी का आमरण उपवास समाप्त करवाने में मदद की और गांधी ने आंबेडकर को हमेशा सम्मान की दृष्टि से देखा। वस्तुतः आंबेडकर के अभियान के कारण ही गांधी दलितों के इतने करीब आ सके और बाद में आंबेडकर ने गांधी के राजनीतिक उत्तराधिकारियों के साथ सहयोग कर देश के संविधान निर्माण में मदद की। देवताओं में सिद्धांत के सवाल पर संघर्ष होता है, तो इसी कारण एक-दूसरे के प्रति सम्मान भी। लेकिन भक्तों के लिए देवता का नाम तो सिर्फ बहाना होता है। उनकी मूर्तियाँ सामने रख कर वे वस्तुतः अपनी लड़ाइयाँ लड़ते हैं। निश्चय ही भक्तों के ये तेवर देख कर देवता जहाँ कहीं भी हों, प्रसन्न नहीं होते होंगे।

मेरठ में आंबेडकर की मूर्ति स्थापित करने पर दलितों और पुलिस के बीच जो हिंसक संघर्ष हुआ और उसके कारण कई दिनों तक पूरे क्षेत्र में जैसा गंभीर तनाव बना रहा, उसकी एक सहज व्याख्या भूमि हड़पो अभियान के रूप में सुलभ है। देवता आकाश में रहते हैं, पर भक्त उन्हें जमीन पर खींच लाना चाहते हैं। भौतिक अभिव्यक्ति के बिना प्रेम शांत नहीं होता। लेकिन मेरठ कांड के पीछे सिर्फ इस प्रकार की भावाभिव्यक्ति नहीं थी, क्योंकि पास में ही डॉ. आंबेडकर की एक और मूर्ति स्थापित है, जिसे कोई नहीं छेड़ता। फिर भी एक नई मूर्ति की जरूरत थी, क्योंकि नजर आवास विकास निगम की जमीन पर थी। बताया जाता है कि कुछ भूमि-प्रेमी इस जमीन पर कब्जा करना चाहते हैं। यह सत्य का एक पक्ष है। लेकिन सत्य का दूसरा पक्ष भी कम महत्त्वपूर्ण नहीं है। सवाल यह है कि सरकारी जमीन पर कब्जा क्या सिर्फ डॉ. आंबेडकर के नाम पर ही होता है? क्या इसके लिए दूसरे देवताओं का भी इस्तेमाल नहीं किया जाता? मसलन यदि उसी भूमि पर कोई

गांधी जी की या गणेश की मूर्ति स्थापित कर देता, तब भी पुलिस क्या इसी चुस्ती के साथ कार्रवाई पर उतर आती? धर्म या महापुरुष के नाम पर सर्वाजनिक भूमि पर कब्जा करना गलत है। लेकिन दलित जब देखता है कि इसके लिए दूसरों को तो माफ कर दिया जाता है, पर उसके साथ सख्ती की जाती है, तो दलित होने का उसका एहसास और तीव्र हो जाता है। यदि अपने-अपने देवताओं के नाम पर या भौतिक प्रयोजनों के लिए सरकारी जमीन पर कब्जा करने की परंपरा को शुरू से ही राज्य और समाज द्वारा निरुत्साहित किया गया होता, तो दलित अपने देवता को उस जमीन पर स्थापित करने की सोचते ही क्यों, जो उनकी नहीं है?

लेकिन मामला सिर्फ इतना ही नहीं हैं। पश्चिमी उत्तर प्रदेश में पिछले कई वर्षों में डॉ. आंबेडकर की दर्जनों मूर्तियों पर हमला किया गया है। जहाँ भी आंबेडकर की मूर्ति लगी होती है, समाज के एक वर्ग को वह अपना अपमान प्रतीत होती है। दूसरी ओर यही कटुता गांधी के प्रति भी दिखाई देती है। सो गांधी की मूर्तियाँ भी तोड़ी जा रही हैं। कुछ वर्ष पूर्व राजघाट पर गांधी की समाधि को अपवित्र करने की कोशिश की गई थी। गांधी अब नहीं हैं। आंबेडकर भी अब नहीं हैं। अतः वे दोनों मान-अपमान से परे हो चुके हैं। लेकिन वह समाज अब भी है, जिसमें उन्होंने काम किया था। इस मूर्ति संघर्ष से यह स्पष्ट है कि वे कटुताएँ भी अभी तक बनी हुई हैं, जिन्हें दूर करन के लिए गांधी ने एक ढंग से और आंबेडकर ने दूसरे ढंग से प्रयास किया था। प्रश्न यह है कि हम गांधी और आंबेडकर के नाम पर एक-दूसरे के साथ लड़ेंगे या इन कटुताओं को समाप्त करने का प्रयास करेंगे?

दिलचस्प यह है कि एक ओर डॉ. आंबेडकर को राजनीतिक स्तर पर बड़े पैमाने पर अपनाया जा रहा है, दूसरी ओर यह प्रेम भाव व्यापक समाज में दिखाई नहीं पड़ता। इस अंतर्विरोध की जड़ें कहाँ हैं? स्पष्ट है कि डॉ. आंबेडकर को स्वीकार करने के मामले में गहरा द्वंद्व है। राजनीतिक दलों का वोट चाहिए। चूँकि आंबेडकर अब दलितों के देवता के रूप में स्वीकृत हो चुके हैं, अतः नेता उनके नाम के साथ इस तरह चिपट रहे हैं, जैसे चीटियाँ गुड़ के साथ चिपटती हैं। इसके पीछे सामाजिक परिवर्तन की प्रेरणा भी होती, तो आंबेडकर के प्रति यह लगाव दलितों के प्रति लगाव में भी दिखाई देता। तब मेरठ में – या कहीं भी – आंबेडकर की मूर्ति अकेले दलित स्थापित नहीं कर रहे होते। उनके साथ समाज के अन्य वर्गों के लोग भी होते। ये लोग अगर अपने को गांधी का अनुयायी मानते हैं, तो गांधी के प्रति दलितों का आक्रोश भी कम होता। अपने साथियों और शुभचिंतकों के देवताओं को अपमानित करना कौन चाहेगा? लेकिन आज दलित को लगता है कि गांधी को माननेवाला उसका सच्चा शुभचिंतक नहीं है, अतः गांधी का अपमान कर उसे खुशी होती है। यह अपमान वह वस्तुतः गांधी का नहीं करता – गांधी को वह जानता ही कितना है–अपमान वह उस समुदाय का करना चाहता है, गांधी जिसके नायक हैं।

लेकिन गांधी क्या वस्तुतः इस समुदाय के नायक हैं? इस समुदाय के अधिकांश सदस्यों के द्वारा गांधी के किन गुणों का अनुकरण किया जा रहा है? गांधी की आलोचना पर कुछ गांधीवादियों में जो आक्रोश देखा गया, उसमें कितनी सात्विकता थी? गांधीवाद की कसौटी पर खरा उतरे बगैर गांधी के नाम पर जो कुछ किया जायेगा, उससे गांधी की इज्जत नहीं बढ़ सकती। जात-पाँत तोड़क मंडल के लाहौर अधिवेशन के अपने अध्यक्षीय भाषण में डॉ. आंबेडकर ने हिंदू धर्म की कटुतम आलोचना की थी। जात-पाँत तोड़क मंडल ने उनका यह भाषण स्वीकार नहीं किया, अतः वह अधिवेशन ही रद्द कर दिया गया। तब डॉ. आंबेडकर ने वह भाषण स्वयं छपवाया। उसकी एक प्रति का मूल्य था 8 आने। गांधी जी ने इस पूरे कांड पर 11 और 18 जुलाई, 1936 के 'हरिजन' में दो टिप्पणियाँ लिखीं। पहली टिप्पणी में उन्होंने आंबेडकर से आग्रह किया कि वे इस भाषण का मूल्य कम कर दें – दो आने नहीं तो चार आने। फिर उन्होंने कहा कि प्रत्येक सुधारवादी को उनका यह भाषण जरूर पढ़ना चाहिए। 'इसका मतलब यह नहीं है कि भाषण में कोई आपत्तिजनक बात नहीं है, बल्कि इसीलिए यह भाषण पढ़ा जाना चाहिए, क्योंकि आपत्ति बहुत ही गंभीर है।' यह 'गंभीर आपत्ति' क्या थी? आपत्ति यह थी कि डॉ. आंबेडकर ने सिद्ध करना चाहा था कि अस्पृश्यता और जाति व्यवस्था हिंदू धर्म का अनिवार्य अंग हैं। अगले हफ्ते की अपनी टिप्पणी में गांधी जी ने लिखा, 'जाति का धर्म से कोई संबंध नहीं है। यह एक प्रथा है, जिसकी उत्पत्ति के बारे में मुझे मालूम नहीं और अपनी आध्यात्मिक क्षुधा की शांति के लिए यह जानना मेरे लिए जरूरी भी नहीं है। लेकिन मैं इतना जरूर जानता हूँ कि यह प्रथा आध्यात्मिक और राष्ट्रीय विकास के लिए हानिकर है।' 15 अगस्त 1936 के 'हरिजन' में इस प्रसंग में जात-पाँत तोड़क मंडल, लाहौर के संत रामजी का पत्र प्रकाशित हुआ। गांधी जी ने उस पर अपनी टिप्पणी में कहा कि यदि शास्त्र मौजूदा अस्पृश्यता का समर्थन करते हैं, तो मैं अपने को हिंदू कहना छोड़ दूँगा। यह भी कि 'इसी तरह यदि शास्त्र जाति प्रथा का, जैसा कि आज उसकी समस्त वीभत्सता के साथ हम उसे जानते हैं, समर्थन करते हैं, मैं अपने को हिंदू कहना या हिंदू रहना बंद कर सकता हूँ, क्योंकि विभिन्न जातियों के बीच भोजन या विवाह पर मुझे कोई आपत्ति नहीं है।'

क्या गांधी के सम्मान की चिंता करनेवाला समाज गांधी की इन धारणाओं से अब भी सहमत हो पाया है? इस गांधीवाद को फैलानेवाले लोगों को दलित क्या आत्मीयता की दृष्टि से नहीं देखेंगे? यह सच है कि किसी भी महापुरुष को अपना देवता माननेवाला समाज उसकी राह पर नहीं चल पाता और सिर्फ इसलिए उसे चिढ़ाया नहीं जाना चाहिए, लेकिन उस कटुता का भी तात्कालिक इलाज जरूरी है, जो इस तरह की अभिव्यक्तियों में रह-रह कर फूट पड़ती है। साथ ही यह भी सच है कि अशिष्ट या अशालीन भाषा का प्रयोग डॉ. आंबेडकर की विरासत नहीं है। डॉ.

आंबेडकर के मन में कांग्रेस, महात्मा गांधी और हिंदू समाज के प्रति अशेष कटुता थी, किंतु उन्होंने हमेशा संयत और तार्किक आलोचना की। वे जानते थे कि सामाजिक संघर्ष में गाली-गलौज से कोई लाभ नहीं होता – उलटे कटुता और बढ़ती है। बहुजन समाज पार्टी के नेताओं को कटुता बढ़ाने में अपना राजनीतिक लाभ दिखाई देता होगा, किंतु सामान्य दलित के लिए यह हर तरह से घाटे का सौदा है। इसके माध्यम से वह अपने परिवेश में और अलग-थलग हो जायेगा। वैसे भी मौजूदा स्थितियों पर बहस में पुरखों को घसीटने से क्या फायदा! आज का संघर्ष आज के प्रतीकों के द्वारा किया जाना चाहिए। जब गांधीवाद कहीं नहीं है, तो गांधी की आलोचना निरर्थक है। दूसरी ओर जो गांधी भक्त होने का दावा करते हैं, उन्हें गांधी जैसे सहृदयता भी दिखानी चाहिए।

अगर देवताओं के नाम पर निरर्थक लड़ाइयाँ लड़ी जा सकती हैं, तो उनके नाम पर निरर्थक मैत्रियाँ भी हो सकती हैं। कुछ ऐसी ही कोशिश वे कर रहे हैं, जो गांधी और आंबेडकर को तथा मार्क्स और आंबेडकर को एक सूत्र में बाँधना चाहते हैं। महापुरुषों के अभिप्रायों में कोई द्वंद्व नहीं होता – या बहुत कम द्वंद्व होता है, लेकिन उनका विश्लेषण अलग-अलग होता है और उनके रास्ते भी अलग-अलग होते हैं। उदाहरण के लिए मार्क्स के लिए धर्म जनता की अफीम है – मिथ्या चेतना है। आंबेडकर निरीश्वरवादी थे, किन्तु मानव समाज की नैतिक व्यवस्था के संचालन के लिए धर्म को आवश्यक मानते थे। गांधी धर्म के ही माध्यम से अच्छे जीवन – व्यक्तिगत और सामाजिक दोनों – के सभी सूत्र प्राप्त करने के आग्रही थे। गांधी आधुनिक राज्य के विरोधी थे। आंबडेकर को आधुनिक राज्य प्रिय था। मार्क्स आधुनिक राज्य को दृढ़तर करने के पक्षपाती थे और मानते थे कि उसके माध्यम से सामाजिक चेतना को इतना दृढ़ किया जा सकता है कि एक दिन राज्य ही तिरोहित हो जाएगा। आंबेडकर इतिहास की मार्क्सवादी व्याख्या से सहमत नहीं थे। गांधी का समाज दर्शन इन दोनों से ही अलग था। यहाँ मार्क्स, गांधी और आंबेडकर में कुछ मूलभूत फर्क नजर आते हैं। इसके बावजूद आज यह दावा करनेवाले मिल जाते हैं कि गांधी और आंबेडकर दोनों का रास्ता एक ही है या दोनों एक-दूसरे के पूरक हैं। इसी तरह मार्क्स और आंबेडकर को भी इस तरह एक साथ रख दिया जाता है जैसे वे एक ही गुलदस्ते फूल बने हों। इस तरह गांधी, आंबेडकर और मार्क्स तीनों की अपनी-अपनी तेजस्विताएँ कम करने की भी सुविधा हो जाती है और राजनीतिक रूप से उपयोगी समीकरण भी बनाए जा सकते हैं। इसका मतलब यह नहीं कि हमें किसी एक के ही रास्ते पर चलने की ईमानदार आजादी हैं। जीवन इतना एकायामी नहीं होता, न सत्य पर किसी का एकाधिकार होता है। अतः बेहतर यही है कि प्रत्येक महापुरुष को अलग-अलग समझा जाए और फिर एक समन्वित जीवन विवेक पैदा किया जाए। यह विवेक ही हमारा पथ प्रदर्शन कर सकता है और उसके

माध्यम से हम सभी महापुरुषों का अधिकतम लाभ उठा सकते हैं। यह प्रक्रिया अंधश्रद्धा और अंधतिरस्कार दोनों से बचने की है। तब देवताओं में विरोध दिखाई देने पर भी भक्तों के बीच विरोध की कोई गुंजाइश नहीं रह जाएगी। वस्तुतः देवता तभी पूरी तरह मनुष्य के काम आते हैं, जब भक्तों का अपना विवेक जाग्रत हो।

गांधी जी श्रेष्ठ थे, तो?

दो व्यक्तियों की अच्छाई या बुराई की तुलना करना कोई अच्छी बात नहीं है। यहाँ तक कि राम और रावण की भी तुलना नहीं करनी चाहिए। कारण, इससे न राम के बारे में कुछ अधिक जान सकते हैं, न रावण के बारे में। हर व्यक्ति एक विशिष्ट इकाई होता है और उसे उसके दायरे में ही पहचानने की कोशिश की जानी चाहिए। मायावती ने जब गांधी को 'दलितों का सबसे बड़ा दुश्मन' बताया था, तो उन्होंने भी कोई तुलना नहीं की थी। वे तो सिर्फ गांधी जी के बारे में अपने विचार व्यक्त कर रही थीं, न कि उन्हें किसी और व्यक्ति के रू-ब-रू तौल रही थीं। अतः गांधी के प्रशंसकों को इससे उत्तेजित नहीं होना चाहिए। वस्तुतः गांधी बनाम आंबेडकर का प्रश्न ही निरर्थक है। यह झगड़ा गांधी युग की यादगार है। आज भी यदि हम उसी द्वंद्व के शिकार हैं, तो इसका अर्थ यह है कि जहाँ तक दलितों का सवाल है, इतिहास ने कोई ज्यादा प्रगति नहीं की है।

गांधी जी के बारे में मायावती के ये विचार क्या उनके अपने हैं? मायावती ने स्वयं कहा है कि वे इतनी शिक्षित नहीं हैं कि गांधी जी का मूल्यांकन कर सकें। उनके लिए दलित नेता डॉ. बाबा साहब आंबेडकर के शब्द आप्तवाक्य हैं। इसमें क्या शक है कि डॉ. आंबेडकर हमेशा गांधी जी का विरोध करते रहे। आज के दलितों को गांधी का यह विरोध राजनीतिक विरासत में मिला है। आंबेडकर की मृत्यु के बाद भी उनका साहित्य दलित समाज में छपता और वितरित होता रहा है, क्योंकि इनसे दलितों को कुछ मौलिक सोचने और संघर्ष करने की प्रेरणा मिलती है। दलित साहित्य गांधी जी का भी है, पर उसमें सिर्फ छुआछूत मिटाने पर जोर है। लेकिन दलितों की समस्या सिर्फ छुआछूत की नहीं हैं। जहाँ उन्हें छूने से अंतरात्मा या शरीर-शौच की कोई समस्या नहीं पैदा होती, वहाँ भी दलित की स्थिति कोई अच्छी नहीं है। गांधी का साहित्य इन सभी समस्याओं से मुठभेड़ नहीं करता। लेकिन जितना करता है, उसका भी प्रचार दलित भाई-बहनों के बीच नहीं किया गया। यह गांधी की नहीं, गांधीवादियों की विफलता है। दलितों से प्रेम रहते हुए भी दलितों के बीच इनका प्रवेश नहीं हो सका। अतः स्वाभाविक है कि आज का दलित गांधी की अपेक्षा आंबेडकर की पूजा करे। इसमें हैरत की बात क्या है? दुःख की बात जरूर

है। उचित यह था कि दलित जागता, तो वह अपने को पूरी सभ्यता के श्रेष्ठतम अंशों का उत्तराधिकारी मानता, लेकिन ऐसा दलित जागरण हुआ नहीं है, न इसके लिए कोई कोशिश की गई है। अतः दलित आज भी आंबेडकर की तरफ ऐसे भागता है, जैसे बच्चा माँ की ओर। हममें से कोई चाहता है कि वह दूसरी तरफ भी जाए यानी गांधी तथा अन्य महापुरुषों की देन को भी समझे, तो इसके लिए उचित प्रयास की जरूरत है।

पिछले डेढ़-दो महीनों में गांधी के बचाव में जो कुछ लिखा गया है, क्या वह इस प्रयास का एक अंग कहा जा सकता है? नहीं, क्योंकि वह मुख्यतः दलितों को संबोधित था भी नहीं। वह मायावती या कांशीराम को भी संबोधित नहीं था। यदि उद्देश्य उन्हें संबोधित करना होता तो बात का बतंगड़ बनाने के बजाय उनसे कुछ रचनात्मक संवाद करने की कोशिश होती। गांधी जी के बारे में सवर्णों में भी कम अज्ञान नहीं है। लेकिन यह क्षम्य माना जाता है, क्योंकि सवर्ण गांधी जी की मूर्ति के आगे सिर झुकाने को तैयार हैं। पर दलित का गांधी अज्ञान दूर करना जरूरी माना जा रहा है, क्योंकि उसे गांधी का असम्मान करना सिखाया जा रहा है। लेकिन गांधी के बचाव में जो कुछ लिखा गया, वह सिर्फ ज्ञान प्रदर्शन नहीं था। वह, दरअसल, मायावती से एक कटु तकरार थी, जैसे उन्होंने हमारे देवता को गाली दे कर कोई अपराध किया हो और उन्हें इसके लिए दंडित किया जाना चाहिए। अभी भी सवर्णों का न्यायशास्त्र शायद यही है कि अपराधी को परिमार्जित नहीं, दंडित किया जाना चाहिए। स्पष्टतः यह गांधीवादी विचार नहीं है। लेकिन जब देवता की मान-रक्षा का सवाल उठता है, तो फिर कौन पुजारी अपना धर्म नहीं भूल जाता? गांधी जी के शास्त्र में फाँसी के लिए कोई जगह नहीं थी, लेकिन क्या नाथूराम गोडसे को फाँसी पर चढ़ाते वक्त किसी गांधीवादी की अंतरात्मा में झनझनाहट पैदा हुई? स्पष्ट है कि मृतक अपना जीवन दर्शन अपने साथ ले जाता है। जो बचे रहते हैं, वे अपना न्याय विधान लागू करते हैं। कह सकते हैं कि दूसरा गांधी बनना आसान नहीं है। लेकिन तब इसका ढोंग भी नहीं करना चाहिए। गांधीवादी या गांधी के प्रति अपना प्रेम जाहिर करनेवाले लोग – नेता, लेखक और पत्रकार – यदि यह ढोंग न करते, तो मायावती से उनका संवाद अन्य प्रकार का होता। जो हुआ है, उसे युद्ध घोषणा से कम मानने का कोई कारण नहीं है। इस घोषणा के द्वारा हमने दलितों को मायावती के कुछ और नजदीक धकेल दिया है : वे उन्हें पकाएँ, भूनें या कच्चा ही खा जाएँ।

स्पष्टतः मायावती और उनके राजनीतिक संगठन बहुजन समाज पार्टी की कुछ आलोचना मैं भी कर सकता हूँ। एक कारण तो यह है कि यह बहुत आसान है। मसलन इनके पास दलित संघर्ष का सम्यक दर्शन नहीं है। उनकी राजनीति में भी कोई प्रकार की कमियाँ हैं। सबसे बड़ी बात यह है कि ये दलितों को अपना राजनीतिक बंधक बनाये रखना चाहते हैं, जिस तरह जिन्ना ने मुसलमानों को

बंधक बनाए में सफलता हासिल कर ली थी। मैं अगर दलित होता, तो कांशीराम या मायावती के चक्कर में कभी न आता। लेकिन यह सब कहने का कोई खास फायदा नहीं है, क्योंकि दलितों के पास जाने के लिए और जगह कौन-सी है? उनके पास और कौन-सा नेतृत्व है? उन्होंने कांग्रेस पर भरोसा किया, लेकिन कांग्रेस ने उनके साथ उसी तरह विश्वासघात किया जैसे अन्य वंचित वर्गों के साथ। उन्होंने जनता पार्टी-जनता दल पर विश्वास किया, किंतु पाया यह कि ये लोग सिर्फ राजनीतिक सत्ता हासिल करने के लिए दलितों का साथ चाहते हैं — बाद में दलितों से उनके रिश्ते घोड़ा और घास के ही रहते हैं। भाजपा दलितों से प्रेम जरूर दिखाती है, लेकिन वैसे ही जैसे बलि के बकरे को पाला-पोसा जाता है। कांशीराम और मायावती ही हैं, जो दलितों के पक्ष में बोलते हैं और दहाड़ कर बोलते हैं। सो उनके प्रति दलित का प्रेम स्वाभाविक रूप से उमड़ता है। कांशीराम अच्छे हों या बुरे, दलित प्रेमी हों या उसका अभिनय करते हों, किंतु मौजूदा राजनीति में दलित वाणी का प्रतिनिधित्व वे ही करते हैं। इसलिए दूसरा कोई नेता कांशीराम से श्रेष्ठ भी हो, तो दलितों को उससे क्या फायदा! सवाल यह नहीं है कि किस तालाब का पानी ज्यादा मीठा है। सवाल यह है किस तालाब का पानी ज्यादा सुलभ है। अगर आज कोई दलित कांशीराम को ही अपना रक्षक मानता है, तो उसे आँखें तरेर कर देखने की जरूरत नहीं है। कांशीराम की जितनी सीमाएँ हैं, एक सामान्य दलित की सीमाएँ उससे कहीं ज्यादा हैं। और इस स्थिति के लिए कांशीराम एंड कंपनी नहीं, बल्कि वे सभी लोग जिम्मेदार हैं, जो आज गांधी की विरुदावलि गाते नहीं थकते। इस बात को राजनीतिक रूप से तनिक-सा भी जागरूक दलित अपनी हड्डी तक में महसूस करता है। इसलिए इन लोगों को गांधी के बचाव में खड़ा देख कर वह गांधी से थोड़ा और डर जाता है। आखिर किसी भी देवता की पहचान उसके पुजारियों के आचरण से ही होती है। कहने की जरूरत नहीं कि गांधी के प्रति प्रेम की एक कसौटी यह भी है कि दलित के प्रति आपका प्रेम कितना है। अपना दलित प्रेम सिद्ध किए बगैर गांधी की श्रेष्ठता का गुणगान, यदि वह पूर्णतः कपटरहित हो तो भी, सिर्फ एक अकादमिक कार्रवाई है, जो वैसे भी सवर्णों का विशेषाधिकार है और दलित यहाँ भी जीवन के अन्य क्षेत्रों की तरह उतना ही वंचित और असहाय हैं। अतः कोई आश्चर्य नहीं कि सूचना माध्यमों में तर्क-वितर्क की गंगा सिर्फ एक ही ओर बहती रही। दूसरा पक्ष सामने नहीं आ पाया।

यह डॉ. आंबेडकर का ऐतिहासिक योगदान है कि उन्होंने बहुत ही परिश्रम और प्रतिभा के साथ इस दूसरे पक्ष का निर्माण किया था। ऐसा नहीं है कि दलितों में इसके पूर्व ऐसी प्रतिभा पैदा नहीं हुई। संत रैदास दलित ही थे। कई अन्य श्रेष्ठ संत भी दलितों के बीच से निकले। पर उन्होंने सिर्फ धर्म के माध्यम से काम किया। धर्म निश्चय ही एक सशक्त माध्यम हैं। किंतु उसकी सीमाएँ हैं। वह सिर्फ नैतिक

अपील कर सकता है। नैतिक अपील से व्यक्ति को बदला जा सकता है, समाज व्यवस्था को नहीं। अतः दलित संतों की प्रेम और विवेकमयी वाणी अन्यायी व्यवस्था को झकझोरने में असमर्थ रही। यह काम किया डॉ. आंबेडकर ने। धार्मिक वे भी थे– बौद्ध धर्म स्वीकार करना सिर्फ उनकी रणनीति नहीं थी। लेकिन वे राजनेता भी थे। अतः उनके काम का दायरा व्यापक था। यह सच है कि दलित होने की वेदना ने हिंदू धर्म के प्रति उनकी दृष्टि को कुछ विकृत कर दिया था, जिसके कारण हिंदुत्व के निरर्थक खंडन-मंडन में उन्होंने अपना बहुत-सा समय गँवाया। आज भी बहुत-से दलित नेता और दलित प्रेमी लेखक यही कर रहे हैं। वे भूल रहे हैं कि आज का सवर्ण स्वयं ही अपने शास्त्रों को छोड़ रहा है। वह मनुस्मृति को प्रमाण नहीं मानता। अतः सवर्ण प्रसंग में दलित द्वारा की जानेवाली शास्त्र चर्चा अब एक अनावश्यक उकसावा है। डॉ. आंबेडकर के दौर की बात और थी। तब समाज में हिंदू शास्त्रों की सचमुच अहमियत थी। फिर भी डॉ. आंबेडकर ने गड़े मुरदे कुछ ज्यादा ही संख्या में उखाड़े। लेकिन दलित स्वाभिमान को जाग्रत करने के लिए उन्हें यही सूझा तो क्या किया जाए। ट्रेजेडी यह है कि उनके देहांत के बाद और गांधी के देहांत के बाद भी, जिन्होंने हिंदू धर्म का उपहास नहीं किया, पर उसकी बहुत-सी बुरी बातें छोड़ने के लिए अपने मौलिक ढंग से अभियान चलाया, हिंदू धर्म ने ऐसा कोई आत्म-सुधार नहीं किया है कि उसके प्रति किसी का लाड़ उमड़ने लगे। हिंदू आज भी अपने आपसे और समाज के साथ छल कर रहा है। उसका एक हिस्सा तो राष्ट्रद्रोही भी हो गया है। लेकिन आज कोई दूसरा आंबेडकर नहीं है। होता, तो वह डॉ. आंबेडकर के काम को आगे बढ़ाता। जैसे आंबेडकर ने महात्मा ज्योतिबा फुले के काम को आगे बढ़ाया था। इस अभाव के कारण ही दलित नेताओं के पास अपनी कोई मौलिक वाणी नहीं है। वे डॉ. आंबेडकर के 70-80 साल पुराने रेकॉर्ड को बजाए जा रहे हैं – यह भूल कर कि इस रेकॉर्ड का ऐतिहासिक महत्व चाहे जितना हो, आज का पाठ तो कुछ और होना चाहिए। लेकिन इसके लिए दलितों को क्या दोष दिया जाए! गैर-दलितों ने भी तो कोई दूसरा गांधी नहीं पैदा किया है। कल के गांधी और आंबेडकर एक-दूसरे से लड़ सकते थे। हो सकता है, आज का गांधी और आज का आंबेडकर एक-दूसरे के हाथ में हाथ डाल कर राष्ट्रीय पुनर्निर्माण का संयुक्त कार्यक्रम बनाएँ।

गांधी किस बात के प्रतीक बन चुके हैं, इसकी सूचना इस बात से मिलती है कि मायावती के प्रसंग में गांधी का बचाव भारतीय जनता पार्टी के नेताओं ने भी किया। भाजपा को गांधी से कितना प्रेम है, इस पर प्रकाश डालने की जरूरत नहीं है। राष्ट्रीय स्वयंसेवक संघ के लोग उन्हें 'राष्ट्रपिता' नहीं, 'प्रातः स्मरणीय' मानते हैं, फिर भी दिन-रात उनकी कुसेवा करते रहते हैं। स्पष्टतः गांधी से उनका झगड़ा सवर्ण हिंदू समाज का भीतरी झगड़ा है। इसके बाहर वे गांधी का भी बचाव करेंगे

और नेहरू का भी। उनकी इस कोशिश से भी दलितों की यह भावना पुष्ट हुई होगी कि वे एक अलग सामाजिक वर्ग हैं तथा उन्हें इसी रूप में आचरण करना चाहिए। ऐसा ही नजारा 'पुलिस पत्रिका' के संपादक 'हरिजन कृपाकांत चतुर्वेदी' ने भी पेश किया है। हरिजनों से उन्हें इतना ही लगाव था, तो वे अब तक क्या कर रहे थे? गांधी के विचारों को उत्तर प्रदेश पुलिस के घमंडी जवानों के बीच लोकप्रिय बनाने की दिशा में उनका इसके पहले का योगदान क्या है? और, अब जबकि मुलायम सिंह सरकार उनके खिलाफ कार्रवाई कर रही है, वे 'हरिजन' के बजाय 'कृपाकांत चतुर्वेदी' की रक्षा करने के लिए क्यों आतुर हैं? काश, इस बीच उन्होंने कम से कम अपने नाम परिर्वतन की कानूनी प्रक्रिया ही पूरी कर ली होती, तब दलितों को लगता कि चलो, कम से कम एक हरिजन प्रेमी तो है और वह भी पुलिस विभाग में। सरकार की एक घुड़की से 'हरिजन'-प्रेम का दफा हो जाना बताता है कि दलितों के मामले में 'पर उपदेश कुशलता' कितनी आसान और प्रभूत है।

अमेरिका की नीग्रो समस्या की तरह ही दलित समस्या एक बहुत जटिल स्थिति है। हालाँकि दलित भारत के नीग्रो नहीं हैं, पर उनके साथ नीग्रो जैसा ही व्यवहार किया जाता है। अतः दलित राजनीति में नीग्रो राजनीति के तमाम रंग-रूप देखे जा सकते हैं। डॉ. आंबेडकर ने दलित अलगाववाद को एक बहुत ठोस शक्ल दे दी थी। अंततः उन्होंने हिंदू धर्म का त्याग भी किया। लेकिन यह एक बहुत साहसिक निर्णय है और इसके पक्ष में माहौल बनाना कितना कठिन है, इसका अनुमान इसी बात से किया जा सकता है कि स्वयं आंबेडकर महाराष्ट्र के भी अधिकांश दलितों का धर्मांतरण नहीं करा सके। उनके नेतृत्व में ज्यादातर उन्हीं की जाति – महार – के लोगों ने बौद्ध धर्म स्वीकार किया। किंतु इससे उनकी सामाजिक स्थिति बदल गई हो, ऐसा नहीं लगता। इसका एक कारण तो यह है कि दलित समस्या सिर्फ जाति समस्या नहीं है – यह वर्ग समस्या भी है। हाल के वर्षों में देश के राजनीतिक चिंतन में वर्ग से जाति की ओर झुकाव हुआ है। जहाँ तक यह भारतीय यथार्थ से तालमेल बैठाता है, यह उचित और स्वस्थ है। जहाँ यह देश के वास्तविक सर्वहारा की वर्ग उन्नति के सवालों से कतराता है, यह राजनीतिक पलायनवाद है, जिसके अवसरवादी पहलू कम दुखद नहीं हैं। बल्कि इससे स्थिति कुछ और बिगड़ी है। डॉ. आंबेडकर ने जाति के पहलू की ओर ज्यादा ध्यान दिया, क्योंकि उस दौर में वर्ग के पहलू की चिंता करना कठिन था। आज का आंबेडकर यह भी करेगा। फिर भी दलित समस्या का पूरा समाधान तब तक सम्भव दिखाई नहीं देता, जब तक गैर-दलित समाज का क्रांतिकारी रूपांतरण न हो। डॉ. आंबेडकर ने इसकी बहुत कोशिश की, किंतु इस कोशिश में अलगाववाद की कटुता भी थी। इसीलिए उस समय के सर्वश्रेष्ठ सवर्ण नेता महात्मा गांधी को उन्होंने अपने आक्रमण का केन्द्रीय लक्ष्य बनाया। लेकिन कांशीराम अगर उसी राजनीति पर चलते हैं, तो वे डॉ.

आंबेडकर के साथ अन्याय करते हैं। आंबेडकर के प्रति अपनी वफादारी साबित करने के लिए सबसे पहले उन्हें हिंदू धर्म का त्याग कर देना चाहिए। अगर उनकी इच्छा हिंदू समाज का अंग बने रहने की है, तो उन्हें संघर्ष के साथ-साथ प्रेम करना भी सीखना होगा। देश के बहुसंख्यक वर्ग में सामाजिक ग्लानि और परिताप की भावना पैदा करना आसान नहीं है। लेकिन कोई दूसरा रास्ता भी तो नहीं है। रोटी-बेटी के रिश्ते सिर्फ लड़ कर हासिल नहीं किए जा सकते।

यहाँ गांधी की निश्चित उपयोगिता है। यह उपयोगिता दलित समाज के लिए जितनी है (उसका काम सिर्फ गांधी से नहीं चल सकता), उससे कहीं ज्यादा सवर्ण समाज के लिए है, हालाँकि सवर्ण को भी गांधी से कुछ आगे जाने की जरूरत पड़ेगी। गांधी जी पिछली कई शताब्दियों के सबसे श्रेष्ठ विचारक और नेता थे, किंतु उनके पास भी सभी समस्याओं का समाधान नहीं है। किसी एक व्यक्ति से हमें यह असंभव आशा करनी भी नहीं चाहिए। लेकिन जहाँ तक सिर्फ गांधी का ताल्लुक है, सवर्णों के लिए यह उचित होगा कि वे सिर्फ दलितों को गांधी का महत्त्व न बतायें, बल्कि स्वयं भी गांधी के बताए रास्ते पर चलने की कोशिश करें। इससे सिर्फ दलितों की ही सामाजिक स्थिति नहीं सुधरेगी, बल्कि सवर्णों का अपना जीवन भी काफी बेहतर हो सकता है। बल्कि इसी रास्ते से वे दलितों के मन में गांधी के प्रति प्रेम पैदा कर सकते हैं। यदि वे लगातार गांधी-विरोधी आचरण करते रहते हैं और गांधी का जप जारी रखते हैं, तो वे गांधी को राक्षस सिद्ध करके छोड़ेंगे। गांधी श्रेष्ठ थे – यह आविष्कार दलित स्वयं भी कभी न कभी करेगा ही। लेकिन दलित-द्वेषी आचरण करनेवाला सवर्ण बार-बार गांधी का नाम लेगा, तो दलित के मन में यही सवाल उठेगा कि गांधी जी श्रेष्ठ थे, तो?

गांधी, आंबेडकर और कांशीराम

जिस तरह कुछ पुरस्कार मरणोपरांत दिए जाते हैं, उसी तरह क्या कुछ संघर्ष भी मरणोपरांत होते हैं? बहुजन समाज पार्टी की दूसरे नंबर की नेता मायावती ने जिस तरह महात्मा गांधी को कठघरे में खड़ा किया है और जिस तरह अन्य लोगों द्वारा गांधी का बचाव किया जा रहा है, कम से कम उससे तो यही लगता है। ध्यान देने की बात यह है कि गांधी के प्रति उग्रता व्यक्त करने में अपने को आंबेडकर का अनुयायी बतानेवाले जरा भी संकोच नहीं कर रहे, जबकि गांधी के रक्षक आंबेडकर पर कोई प्रहार नहीं कर रहे। वे यह सिद्ध करने में लगे हैं कि गांधी और आंबेडकर में कोई वास्तविक संघर्ष नहीं है – वे एक-दूसरे के पूरक हैं। लेकिन ऐसा कहने से क्या होगा! जो गांधी को नहीं मानना चाहते, उनसे आप जबरदस्ती कैसे मनवा सकते हैं? प्रश्न यह भी है कि वे गांधी को मान भी जाते हैं, तो इससे क्या कोई महत्त्वपूर्ण फर्क पड़ेगा? दलितों का जो वर्ग महात्मा गांधी की पूजा करता है, उसके जीवन में क्या कोई वास्तविक सुधार आया है? और फिर दलित गांधी को क्यों मानें? किस बात के लिए उनकी कृतज्ञता स्वीकार करें? सबसे बड़ी बात यह है कि जिन सवर्णों के बीच गांधी ने काम किया और गांधी के कारण जिन्हें स्वतंत्रता के सुख हासिल हो रहे हैं, क्या वे गांधी को मानने को तैयार हैं? वे मानें, ऐसा कोई अभियान चलाया जा रहा हैं? गांधी किनके हैं? गांधी के उत्तराधिकारी कौन हैं? क्या वे आंबेडकर की अधूरी इच्छाओं का सम्मान कर रहे हैं? फिर गांधी और आंबेडकर के बीच की दूरी कैसे पटेगी? क्या इसके लिए सिर्फ शब्द साधना ही काफी है?

इसमें क्या संदेह है कि कांशीराम, मायावती आदि जिस राजनीतिक कबीले से आते हैं, वह राजनीतिक रूप से निरक्षर है, हालाँकि जो राजनीतिक रूप से साक्षर या उच्च शिक्षित हैं, उनका आचरण भी ऐसा नहीं हैं जिसे देख कर गांधी या आंबेडकर प्रसन्न होते। गांधी की बहुत-सी आलोचनाएँ संभव हैं, किंतु यह नहीं कहा जा सकता कि वे दलित विद्वेषी थे। जानते या अनजानते गांधी जी ने दलितों का कोई नुकसान किया हो, यह भी नहीं कहा जा सकता। यह जरूर है कि वह सवर्ण थे और सवर्णों के नेता थे। लेकिन वह अपने समय के अन्य सवर्णों की तरह नहीं थे। वह रूढ़िवादी या पोंगापंथी सवर्ण नहीं, उदार और प्रगतिशील सवर्ण थे। फिर

कांशीराम क्यों कहते हैं कि वह दलितों के सबसे बड़े दुश्मन थे? क्योंकि डॉ. भीमराव आंबेडकर ऐसा ही मानते थे।

आंबेडकर कोई मामूली आदमी नहीं थे। वह असाधारण विद्वान और गंभीर चिंतक थे। उनकी विद्वत्ता की प्रशंसा स्वयं गांधी ने की है। फिर भी आंबेडकर ने गांधी के दलित प्रेम को लगातार संदेह की दृष्टि से देखा। गांधी की कटुतम आलोचना की। इसका कारण यह नहीं था कि वह गांधी को एक पतित व्यक्ति मानते थे। इसका कारण यह था कि गांधी दलितों के लिए उतनी तीव्रता से काम नहीं कर रहे थे, जिसकी डॉ. आंबेडकर को अपेक्षा थी। स्वतंत्रता संघर्ष के नायकों में से आंबेडकर को न तो नेहरू से कोई आशा थी और न सुभाष बोस और न ही किसी अन्य नेता से। उन्हें आशा थी तो गांधी से, क्योंकि एकमात्र गांधी ही ऐसे व्यक्ति थे जिनकी बात देश मानता था। कांग्रेस भी गांधी की ही बात सुनती थी और गांधी के लिए दलितों का सवाल नंबर एक सवाल नहीं था। गांधी के लिए नंबर एक सवाल था हिंदू-मुस्लिम सौहार्द, खादी, देश की आजादी और अहिंसा। वह दलित प्रश्न के सुलझने का इंतजार कर सकते थे, किंतु सांप्रदायिक सौहार्द, खादी और अहिंसा के मामले में कोई समझौता करने के लिए तैयार नहीं थे। यह बात आंबेडकर को अखरती थी। उन्हें लगता था कि गांधी जी का दलित प्रेम सच्चा नहीं है। इसलिए वह मौका खोज-खोज कर गांधी की आलोचना करते थे। कांशीराम और मायावती भी आज उन्हीं की भाषा दोहरा रहे हैं। ये रिकॉर्ड पर एक खास जगह रुकी हुई सुइयाँ हैं। ये 1994 के भारत में 1924, 1934 या 1944 के भारत की प्रतिध्वनियाँ पैदा कर रही हैं।

एक दलित की निगाह से देखें, तो गांधी की यह आलोचना जायज लग सकती है। लेकिन निगाहें तो और भी हो सकती हैं। मसलन कोई दिलजला यह कह सकता है कि गांधी अगर अपनी सवर्ण कैद से बाहर नहीं निकल सके, तो क्या आंबेडकर अपनी दलित कैद से बाहर निकल सके? देश के सामने उस समय सिर्फ दलितों का ही प्रश्न नहीं था, और भी महत्त्वपूर्ण प्रश्न थे। यह सच है कि आंबेडकर ने उनमें से अधिकांश प्रश्नों पर विचार किया, किंतु उनकी राजनीति शुद्ध रूप से दलित राजनीति थी। यहाँ तक कि इस दलित राजनीति के कारण डॉ. आंबेडकर ने स्वतंत्रता संघर्ष में भी हिस्सा नहीं लिया। इस मामले में उनकी स्थिति राष्ट्रीय स्वयंसेवक संघ के लोगों जैसी ही थी। संघ के संस्थापक डॉ. हेडगेवार के लिए हिंदू प्रश्न सर्वप्रमुख था। उसके आगे अंग्रेजों की गुलामी का मुद्दा महत्त्वहीन था। इसी तरह डॉ. आंबेडकर के लिए भी दलित प्रश्न सर्वप्रमुख था। उन्होंने यह स्थापना भी की कि दलितों का प्रश्न सुलझाए बगैर अंग्रेजों को भारत नहीं छोड़ना चाहिए। इसका कारण भी उनका दलित प्रेम ही था। उन्हें लगता था कि अंग्रेजी राज में दलितों को जो थोड़ी – बहुत सुरक्षा मिली हुई है, कांग्रेस के हिंदू राज में वह भी खत्म हो जाएगी।

निःस्संदेह हिंदू प्रश्न और दलित प्रश्न में तात्त्विक अंतर है। हिंदू प्रश्न किसी प्रकार की वास्तविक पीड़ा से पैदा नहीं हुआ था। वह मुस्लिम द्वेष की उपज थी। हिंदूवादी हिंदू राष्ट्र की कामना करता था। लेकिन आंबेडकर दलित भारत की स्थापना नहीं करना चाहते थे। वह सिर्फ दलित मुक्ति चाहते थे। दलितों की और उनकी पीड़ा निःस्संदेह सच्ची थी। एक दलित के लिए भारत की स्वाधीनता का क्या अर्थ हो सकता था? उस स्वाधीनता में उसकी अपनी स्वाधीनता कहाँ थी? ये प्रश्न जायज हैं – ठीक उसी तरह जिस तरह यह प्रश्न जायज है कि फिर बाकी लोग डॉ. आंबेडकर के प्रति कृतज्ञ क्यों हों? उन्हें भारतीय नेता के बजाय दलित नेता क्यों न मानें?

बेशक, वह दलित नेता थे और इसी में उनकी महानता भी छिपी हुई है। दलित होने के बावजूद जीवन के उत्तरार्द्ध में उन्हें वह सब कुछ प्राप्त हो चुका था, जो किसी गैर-दलित को प्राप्त हो सकता था। फिर भी उन्होंने दलितों का साथ नहीं छोड़ा। यह उनके व्यक्तित्व की ऊँचाई थी। वह चाहते तो जगजीवन राम की तरह दलितों का साथ छोड़ कर अपने लिए सभी तरह के सुखों की व्यवस्था कर सकते थे। कांग्रेस उन्हें स्वीकार कर कृतकृत्य हो जाती। स्वतंत्र भारत में वह आजीवन मंत्री बने रह सकते थे। यदि यह नहीं तो रामधन और बुद्धप्रिय मौर्य की तरह अनुसूचित जाति आयोग के अध्यक्ष तो निश्चय ही हो सकते थे। फिर भी वह दलितों के लिए जिए और दलितों के लिए मरे। उनकी इस एकांगिता में उनकी गहरी प्रतिबद्धता छिपी हुई है और यह स्वाभाविक भी था। एक सच्चा दलित नेता दलितों के बारे में नहीं सोचता, तो और किसके बारे में सोचता? अतः आंबेडकर ने अगर स्वतंत्रता संघर्ष में हिस्सा नहीं लिया, तो इसे बहुत ज्यादा अनुचित भी नहीं कहा जा सकता। द्वितीय विश्व युद्ध में भारत की हिस्सेदारी को ले कर क्या गांधी ने भी ऐसा ही तर्क नहीं दिया था? उनका कहना था कि एक गुलाम देश युद्ध में भाग नहीं ले सकता। पहले हमें आजादी या उसका आश्वासन दीजिए, फिर हम फासीवाद के खिलाफ लड़ेंगे। इसी तरह एक दलित नेता ने यह माँग की कि पहले दलितों को आजाद कीजिए, फिर हम आपके संघर्ष में शरीक होंगे, तो क्या गलती की?

तो क्या दलित प्रश्न को देश का नंबर एक प्रश्न न बना कर गांधी ने बहुत बड़ी गलती की? नहीं, यह भी नहीं कहा जा सकता। यदि गांधी ने ऐसा किया होता, तो वह देश के नंबर एक दलित नेता जरूर बन जाते, लेकिन बस इतना ही हो कर रह जाते। उनका वह विकास न हो पाता, जिसके लिए आज दुनिया उन्हें आदर से स्मरण करती है। इसका मतलब यह नहीं कि गांधी ने दलित प्रश्न की उपेक्षा की। दलितों के लिए जो भी संभव था, उन्होंने किया। भंगी का काम सबसे घृणित काम माना जाता है। वे खुद भंगी बने और देश के हर आदमी को खुद अपना भंगी बनने के लिए प्रेरित किया। अस्पृश्यता के विरुद्ध तो उन्होंने युद्ध-सा ही छेड़ दिया। जाति

प्रथा के खिलाफ उन्होंने कोई बड़ा मोर्चा नहीं खोला, किंतु वर्णाश्रम धर्म का समर्थन करते रहने के बावजूद अपने जीवन के अंतिम वर्षों में उन्होंने जाति प्रथा का समर्थन नहीं किया। अंतर्जातीय विवाह को भी वह सिद्धांत विरुद्ध नहीं मानते थे।

फिर भी यह प्रश्न रह जाता है कि उन्होंने दलितों को ऊपर उठाने के लिए जान की बाजी क्यों नहीं लगा दी? उसका कारण यह है कि शायद इस मामले में वह अपनी शक्ति की सीमा समझते थे। जाति प्रथा कोई आज की चीज नहीं है। अपने मौजूदा स्वरूप में यह कम से कम दो हजार वर्ष पुरानी है। गांधी जी जानते थे कि जाति प्रथा को रातोंरात खत्म करने के लिए वह सवर्ण हिंदू समाज को राजी नहीं कर पाएँगे। वीणा के तारों को इतनी जोर से नहीं खींचना चाहिए कि वह टूट जाए। यह भूलने की बात नहीं है कि आंबेडकर को सिर्फ दलितों की मुक्ति चाहिए थी। गांधी को दलितों की मुक्ति भी चाहिए थी और सवर्ण हिंदू समाज की मुक्ति भी चाहिए थी। उन्हें सिखों, मुसलमानों आदि की मुक्ति भी चाहिए थी। उनके सामने सिर्फ छुआछूत और जाति प्रथा का ही सवाल नहीं था। वे भारतीय समाज को अंधविश्वासों, रूढ़ियों, नारी की गुलामी आदि से भी मुक्त कराना चाहते थे। यह एक तरह से सभ्यता परिवर्तन जैसे काम था और सभ्यताएँ न तो रातोंरात खड़ी होती हैं, न रातोंरात बदली जा सकती हैं। इसलिए गांधी प्रत्येक प्रश्न को समानुपाती महत्त्व देते थे। जिसे अपनी आठ-नौ जवान लड़कियों की शादी करनी हो, उस पर यह आरोप लगाना बेकार है कि वह अपनी अमुक लड़की की शादी तत्काल क्यों नहीं करता?

अतः जहाँ तक दलितों का सवाल है, गांधी बनाम आंबेडकर का सवाल उठाना ही फिजूल है। यह सवाल कोई गांधी द्वेषी ही उठा सकता है। लेकिन बसपा के नेता मूलतः गांधी द्वेषी नहीं हैं। वे वस्तुतः सवर्ण द्वेषी हैं। एक हद तक यह विद्वेष जायज भी है, क्योंकि सवर्णों ने दलितों के साथ जो किया है, उसके लिए सवर्णों को कभी माफ नहीं किया जा सकता। सवर्ण यदि सौ साल तक दलितों के पाँव धोते रहें, तब भी उनका दो हजार साल का यह पाप नहीं कटेगा। इसलिए दलित गुस्से में आँय-बाँय भी बकता है, तो उसे सभ्य ही माना जाना चाहिए और मायावती का यह प्रश्न तो जायज ही है कि दलितों को हरिजन क्यों कहा जाए?

यह तय कर पाना मुश्किल है कि दलितों को हरिजन की संज्ञा ठीक-ठीक गांधी जी ने ही दी थी, हालाँकि वह 'हरिजन' नाम का पत्र निकालते थे और 'हरिजन सेवक संघ' की स्थापना भी उन्होंने ही की थी। लेकिन वह दलितों को हरिजन कहते जरूर थे। इसके पीछे उनका प्रेम भाव ही था। वह सवर्णों को उद्बुद्ध कर रहे थे कि वे हरिजनों की सेवा (सहायता नहीं, सेवा) करें। किसी बेहतर शब्द के अभाव में ही उन्हें यह नाम सूझा होगा। वर्ण व्यवस्था का आग्रही होने के कारण उनकी निगाह में ब्राह्मण, क्षत्रिय, वैश्य जैसी कोटियाँ वैध थीं। इसलिए वह अस्पृश्यों के लिए भी

एक सुंदर शब्द गढ़ना चाहते होंगे, जो अपमानजनक न हो। लेकिन यह शायद उनकी भूल थी। ब्राह्मण, क्षत्रिय, वैश्य आदि जाति-सूचक कोटियाँ होते हुए अस्पृश्य को चाहे जिस शब्द से अभिहित किया गया होता, होती वह एक अपमानजनक संज्ञा ही। इसलिए 'हरिजन' आज एक गंदा शब्द लगता है। इसकी जगह पर 'दलित' ही बेहतर है।

लेकिन यह भी उसी तरह गांधी जी की एक सीमा थी, जैसे उनकी कुछ अन्य सीमाएँ थीं या जैसे आंबेडकर की भी कुछ सीमाएँ थीं। सीमाएँ हर महापुरुष की होती हैं। आज तक कोई भी महापुरुष ऐसा नहीं हुआ है, जो हर दृष्टि से पूर्ण हो। पूर्ण तो ईश्वर के अवतार भी नहीं थे। राम ने सीता को वन में भेजा, कृष्ण ने तरह-तरह के छल किए और शिव एक निजी दुःख में इतने अंधे हो गए कि उन्होंने सृष्टि का संहार करने का संकल्प कर लिया। लेकिन इस कारण इनमें से कोई छोटा नहीं हो जाता। कोई महापुरुषों की कमी ही ढूँढ़ता रहेगा तो वह दोष-विशेषज्ञ भले हो जाए, जीवन का पुनर्निर्माण नहीं कर सकता। महापुरुषों के अच्छे पक्ष की ही ज्यादा चर्चा होनी चाहिए, ताकि हम उससे कुछ सीख सकें और गांधी तथा आंबेडकर दोनों ही हमें बहुत कुछ सिखा सकते हैं। गांधी को गाली देनेवाले आंबेडकरपंथी वस्तुतः आंबेडकर का ही अपमान करते हैं, क्योंकि आंबेडकर गांधी के आलोचक जरूर थे, पर वे अशिष्ट नहीं थे। कांशीराम अपने दलित अनुयायियों को असभ्य बनाने की कोशिश कर रहे हैं।

आंबेडकर गांधी के बहुत-से गुणों को नहीं देख पाए थे, किंतु आज का दलित उन गुणों को देख सकता है और उन्हें अपना सकता है। वस्तुतः दलित की वास्तविक मुक्ति तो गांधी जी के पवित्रतम औजार सत्याग्रह से ही संभव है। सिर्फ अपनी ताकत पर दलित बहुत दूर तक नहीं जा सकता। उसकी आबादी सिर्फ 14 प्रतिशत के आसपास है। अतः वह स्वयं कोई बड़ी राजनीतिक ताकत नहीं बन सकता। सामाजिक स्तर पर अपने स्वाभिमान की रक्षा के लिए वह सत्याग्रह का सहारा ले, तो सवर्ण समाज में एक महत्त्वपूर्ण हलचल हो सकती है। लेकिन दलित मुक्ति पूरी तरह तभी होगी, जब सवर्ण चेतना अपनी काराओं से बाहर निकले। क्या यह काम सवर्णों को गाली-गलौज दे कर, उन्हें भड़का कर, उनके प्रिय प्रतीकों का मखौल उड़ा कर, उनके महापुरुषों पर कीचड़ उछाल कर किया जा सकता है? इससे तो सवर्णों और दलितों के बीच की दूरी और ज्यादा बढ़ेगी।

जातियों का मामला वर्गों के मामले की तरह नहीं है। वर्ग संघर्ष में पूँजीपति के नाश की कामना की जाती है। वर्गविहीन समाज तभी बनता है। किंतु जातिविहीन समाज बनाने के लिए जाति युद्ध का कोई उपयोग नहीं है। दलित को सवर्ण का नहीं, सवर्णवाद का संहार करना है। डॉ. आंबेडकर को उम्मीद नहीं रह गई थी कि वे अपने जीवन काल में सवर्णवाद का अंत देख सकेंगे। इसीलिए उन्होंने

अपने हजारों अनुयायियों के साथ हिंदू धर्म ही छोड़ दिया। कांशीराम वगैरह के लिए भी शायद यही बेहतर है कि वे दिन-रात मनु, ब्राह्मणवाद और जाति प्रथा को पानी पी-पी कर कोसने के बजाय हिंदू धर्म छोड़ दें और बौद्ध, मुसलमान या ईसाई कुछ भी हो जाए या किसी भी धर्म को न मानें या सतनामियों की तरह अपना कोई नया धर्म खड़ा कर लें। लेकिन अगर वे हिंदू धर्म के अंदर सम्मान से रहना चाहते हैं, तो उन्हें तमाम तरह के जातिगत अन्यायों के विरुद्ध आक्रोश व्यक्त करने के साथ-साथ सवर्णों के साथ न्याय और सद्भाव का पुल बनाने की भी कोशिश करनी होगी। दूसरा कोई रास्ता उनके लिए सुलभ नहीं है।

लेकिन असली सवाल शायद यही है कि क्या कांशीराम दलितों के हितैषी नेता हैं? कुछ उसी तरह जैसे क्या मुलायम सिंह यादव और लालू प्रसाद यादव पिछड़ी जातियों के हितैषी नेता हैं? या वाजपेयी-आडवाणी-जोशी सवर्णों के हितैषी नेता हैं? क्या ये उनके लिए एक बेहतर मानवीय जीवन की व्यवस्था करने का संघर्ष कर रहे हैं? क्या वे देश की दौलत बढ़ा रहे हैं, ताकि सबको उसमें ज्यादा से ज्यादा हिस्सेदारी करने का मौका मिले? क्या वे बेरोजगारी और अपसंस्कृति के खिलाफ लड़ रहे हैं? क्या वे सामाजिक मुक्ति का माहौल बना रहे हैं?

सच पूछा जाए, तो देश में इस समय कोई सच्चा स्वस्थ नेतृत्व है ही नहीं। इसीलिए छुटभैयों की बन आई है। कांशीराम भी ऐसे ही नेता हैं। चूँकि कोई और दलितों की सुध लेनेवाला नहीं है, अतः दलितों को कांशीराम ही अपने प्रिय नेता लग रहे हैं, तो इसमें क्या आश्चर्य। बेशक कांशीराम जाति विद्वेष भड़काने के लिए आंबेडकर और गांधी दोनों का उपयोग कर रहे हैं। लेकिन जिन राजनीतिज्ञों को इससे तकलीफ हो रही है, उन्हें सिर्फ कांशीराम या मायावती की आलोचना न कर दलितों का उनसे भी बड़ा नेता बन कर सामने आना चाहिए। बड़ी लकीर छोटी लकीर को खुद-ब-खुद ढक लेगी।

वस्तुतः कांशीराम को न तो गांधी से कोई मतलब है और न आंबेडकर से। वे तो इसके नाम पर सिर्फ अपनी ताकत बढ़ाना चाहते हैं। यदि इनकी ताकत बढ़ने से दलितों की ताकत भी बढ़ती, तो कुछ संतोष किया जा सकता था। किंतु ऐसा नहीं हो रहा है। उत्तर प्रदेश की सरकार में बसपा के शरीक होने से दलितों का हौसला जरूर बढ़ा है, पर उनकी सामाजिक और आर्थिक स्थिति में कोई खास सुधार नहीं आया है। फिर भी दलित कांशीराम की ओर उम्मीद की निगाह से देखता है क्योंकि उसकी बात करनेवाला आज और कौन है? देवता न सही, मनुष्य ही सही – कोई तो है जो दलित प्रश्न को उठा रहा है। कांशीराम का महत्त्व यही है।

गांधी का बचाव करनेवालों को स्मरण रखना चाहिए कि यहीं गांधी बुरी तरह विफल साबित हुए हैं। आंबेडकर का नाम लेनेवालों में कम से कम एक कांशीराम हैं, एक मायावती हैं, लेकिन गांधी का नाम लेनेवालों मे कौन कांशीराम है, कौन

मायावती है? बेशक इसके लिए गांधी से ज्यादा गांधीवादी ही जिम्मेदार हैं लेकिन जिस दलित की बेटी के साथ बलात्कार हो रहा हो, जिसकी झोंपड़ी में आग लगाई जा रही हो और जिसके आत्मसम्मान को कदम-कदम पर कुचला जा रही हो, वह इन बारीकियों में क्यों पड़ने जाएगा? उने मनुस्मृति जलाने से तात्कालिक सुख मिलता है, तो वह इसी तरफ भागेगा। मार्क्स ने धर्म को जनता की अफीम कहा था। इसी तरह क्या राजनीति कभी-कभी जनता की शराब नहीं बन जाती है?

क्या गांधी दलितों से बचाव के लिए हैं

दलितों के लिए महात्मा गांधी के मन में कितना दर्द था – यह बतानेवालों तथा दलितों को मानवीय गरिमा प्रदान करने के लिए उन्होंने क्या-क्या किया – इसकी फेहरिस्त बनानेवालों की गिनती करना आज मुश्किल है। गांधी जी के 125वें जयंती वर्ष के दौरान उनके दलित प्रेम के विवरण प्रचुर तादाद में पेश किए गए। यह अपने महान पुरखों को याद करने का एक तरीका है। लेकिन अधूरा तरीका। वस्तुतः इस तरीके में कुछ चालाकी भी है। चालाकी यह है कि हम गांधी जी के दलित प्रेम को तो प्रकट करते हैं, किंतु इस दलित प्रेम के कारण गांधी जी को अपने समाज से कितना संघर्ष करना पड़ा था – यह हम छिपा ले जाते हैं। शायद यह मानव स्वभाव है कि वह सिर्फ अच्छी बातों को याद रखना चाहता है। यह भी सच है कि उस समय के संघर्षों के पूरे विवरण इतिहास में सुरक्षित नहीं रखे गए हैं। लेकिन क्यों? इसमें कोई संदेह नहीं कि अस्पृश्यता के खिलाफ गांधी जी के अभियान को देश के एक बड़े हिस्से द्वारा जिस कड़वी निगाह से देखा गया, उसकी याद न करने का एक बड़ा कारण यह भी है कि वह निगाह बहुत ज्यादा बदली नहीं है। गांधी-आंबेडकर संघर्ष महत्त्वपूर्ण था, तो अपने समय के हिंदू समाज से गांधी जी का संघर्ष भी कम महत्त्वपूर्ण नहीं था। इस दूसरे संघर्ष का स्मरण कर ही हम वर्तमान के अपने कर्तव्य स्थिर कर सकते हैं। जो यह काम नहीं करना चाहते, वे इतिहास की सिर्फ एकपक्षीय तस्वीर हमारे सामने रखेंगे।

इस दृष्टि से 'मेनस्ट्रीम' (1 अक्तूबर 1994) में श्री बारेन राय का लेख आँख खोलनेवाला है। यह लेख बताता है कि जिस समय गांधी जी अस्पृश्यता के खिलाफ अभियान चला रहे थे, देश की दूसरी राजनीतिक-सामाजिक धाराएँ क्या कर रही थीं। पूना समझौता 1932 में हुआ। इस समझौते ने दलित समस्या की तीव्रता के प्रति गांधी जी को पहली बार गहराई से सचेतन किया। अब वे दलित समस्या पर लगातार सोचने और बोलने लगे। फरवरी 1933 में उन्होंने 'हरिजन' पत्रिका की नींव डाली। 'हरिजन' पहले अंग्रेजी में प्रकाशित हुआ – फिर शीघ्र ही उसके गुजराती, हिंदी, बांग्ला, तमिल तथा अन्य भाषाओं के संस्करण भी निकलने लगे। लेकिन यह काफी न था। अतः गांधी जी ने निश्चय किया कि वे देश भर का दौरा कर दलितों के प्रति

हिंदू समाज का दृष्टिकोण बदलने का प्रयास करेंगे। उनका विश्वास था कि दलित समस्या के समाधान में हिंदू-मुसलमान समस्या का समाधान भी निहित है।

उस समय की ब्रिटिश खुफिया रिपोर्टों के आधार पर श्री बारेन राय बताते हैं कि गांधी जी के दूसरे अस्पृश्यता विरोधी उपवास (8 से 29 मई 1933) के बाद हिंदू पोंगापंथ ने उन्हें अपना मुख्य शत्रु करार दिया। उसका मानना था कि गांधी जी हिंदुत्व के शत्रु हैं और हिंदू समाज का नाश करना चाहते हैं। बिहार और उड़ीसा के गांधी जी के दौरों में हिंसा की कुछ घटनाएँ भी हुईं। पूना में उस कार पर बम फेंका गया, जिसमें पोंगापंथियों को विश्वास था कि गांधी जी यात्रा कर रहे हैं। इस बम कांड में सात व्यक्ति घायल हुए। गांधी जी जहाँ भी जाते, काले झंडों से उनका स्वागत किया जाता। वर्णाश्रम स्वराज्य संघ की स्थापना की गई, जिसका उद्देश्य हिंदू समाज के रूढ़िवादी मूल्यों की रक्षा करना था। हिंदू महासभा के कार्यकर्ता भी अपने स्तर पर गांधी जी के विचारों का विरोध कर रहे थे। स्पष्ट था कि गांधी जी का दलित प्रेम हिंदू समाज के परंपरावादी वर्ग को स्वीकार्य नहीं था।

यह कुछ हद तक स्वाभाविक भी था, क्योंकि गांधी जी कोई धार्मिक नेता नहीं थे, फिर भी वे हिंदू समाज को यह बतलाने का प्रयास कर रहे थे कि हिंदू धर्म क्या है और क्या नहीं। लेकिन उस समय के अनेक आधुनिक लोगों को भी यह अच्छा नहीं लग रहा था कि गांधी जी दलित समस्या को इतना महत्त्व दे रहे हैं। मसलन जवाहरलाल नेहरू ने, जो उस समय जेल में थे, लिखा कि यह स्वीकार कर पाना कठिन है कि 'दुनिया में अस्पृश्यता जैसी बुराई कोई और नहीं है।' यह गांधी जी की स्थापना थी, जिसे वे बार-बार और डंके की चोट पर कहते थे। नेहरू का खयाल था कि अस्पृश्यता विरोधी अभियान से कुछ फायदा हो सकता हैं, किंतु इससे उपनिवेशवाद विरोधी संघर्ष में कोई ठोस मदद नहीं मिलेगी। 27 जुलाई 1933 को बनारस में आचार्य नरेंद्र देव के नेतृत्व में कांग्रेस समाजवादियों (तब समाजवादी कांग्रेस में ही थे) का एक दल गांधी जी से मिला। उन्होंने गांधी जी को अपना कार्यक्रम पढ़ने को दिया और उस पर उनकी राय माँगी। गांधी जी ने अपने लिखित जवाब में इस समाजवादी कार्यक्रम की कई आलोचनाएँ कीं और कहा कि इसमें दो बातें तो हैं ही नहीं – अस्पृश्यता निवारण और सांप्रदायिक एकता। स्पष्ट है कि समाजवादी शोषण के अन्य प्रकारों को तो देख रहे थे, किंतु दलितों के साथ जो अमानवीय व्यवहार हो रहा था, उस पर उनकी नजर नहीं पड़ी थी या वे इसे महत्त्वपूर्ण नहीं मानते थे। कम्युनिस्टों ने गांधी जी के कार्यक्रम की यह कह कर आलोचना की कि यह उपनिवेशवाद के विरुद्ध संघर्ष से भटकाव है। स्पष्टतः भारतीय समाज की उनकी समझ उस समय के नेहरू से भिन्न नहीं थी। सबसे दिलचस्प था वियना से सुभाषचन्द्र बोस और विट्ठलभाई पटेल का वह तार, जिसमें उन्होंने गांधी जी के अस्पृश्यता विरोधी अभियान से अपने को अलग करने की घोषणा की थी। 1936

में जब कांग्रेस ने अनेक राज्यों में सरकार बनाई, तब कांग्रेस आला कमान के निर्णय के मुताबिक प्रदेश कांग्रेस समितियों और जिला कांग्रेस समितियों ने घोषणा की कि वे गांधी जी के रचनात्मक कार्य से अब अपने को अलग करती हैं। गांधी जी के प्रति शिष्टाचार प्रदर्शित करने के लिए यह बताया गया कि रचनात्मक कार्य के लिए अलग संगठन बनाया जाएगा। स्पष्ट था कि कांग्रेस को सवर्ण वोट की खास फिक्र थी।

निश्चय ही यह भी कुछ-कुछ एकपक्षीय तस्वीर है, क्योंकि लाखों लोग ऐसे भी थे, जिन्होंने गांधी जी की प्रार्थना सभाओं में भाग लिया, उनके साथ पदयात्रा की तथा उनके विचारों से प्रभावित हो कर अपनी जीवन शैली बदली। लेकिन यह समझने में कोई भूल नहीं होना चाहिए कि गांधी जी के दलित प्रेम को उस समय के हिंदू समाज और आधुनिक वर्ग का पूर्ण समर्थन नहीं था। सच तो यह है कि गांधी जी का संघर्ष अधूरा ही रहा। यद्यपि मृत्यु पर्यंत वे दलितों के लिए लगातार काम करते रहे, किंतु उन्हें अपने लक्ष्य में सीमित सफलता ही मिली। फिर भी उनका यह विश्वास अडिग था कि अस्पृश्यता अधिक दिनों तक टिक नहीं सकती। यह बात उन्होंने अपने नौ महीनों के हरिजन दौरे के बाद, जिसके दौरान उन्होंने 12,500 मील से ज्यादा की यात्रा की थी और आठ लाख रुपये का चंदा जुटाया था, एक प्रेस इंटरव्यू में कही।

यह सब जिक्र करने का लक्ष्य तत्कालीन हिंदू समाज या वामपंथ या आधुनिक लोगों की निंदा करना नहीं है। इससे कुछ भी हासिल होनेवाला नहीं है। सच तो यह है कि जिन्होंने गांधी जी के अस्पृश्यता विरोधी अभियान का विरोध किया, वे कम से कम ईमानदार लोग थे। उन्होंने अपने विचार छिपाए नहीं। यही कारण है कि गांधी जी अपनी प्रार्थना सभाओं में ऐसे लोगों को भी बोलने के लिए आमंत्रित करते थे, जो उनसे सहमत नहीं थे। इस तरह वे हिंदू समाज में आंतरिक संवाद को प्रोत्साहित करना चाहते थे। लेकिन गांधी जी के बाद हुआ यह कि न केवल यह संवाद लगभग अवरुद्ध हो गया, बल्कि हिंदू समाज ने और स्वयं गांधी जी का नाम लेनेवालों ने दलित प्रश्न पर तथा जाति प्रथा के मामले में चालाकी शुरू कर दी। संविधान में अस्पृश्यता के अंत की घोषणा कर दी गई थी, किंतु वह समाज में बनी रही और किसी भी राजनीतिक दल या सामाजिक संगठन ने इस अंतर्विरोध से मुठभेड़ नहीं की। गांधी जी जाति प्रथा को मानते थे, हालाँकि जाति प्रथा से संबंधित उनके विचारों में कुछ अस्पष्टता थी। वे जाति प्रथा का विरोध कर हिंदू समाज से अपने को विच्छिन्न करना नहीं चाहते थे, किंतु जाति प्रथा के उनके आदर्श पर चला जाता, तो व्यवहार में जाति प्रथा का कोई अर्थ नहीं रह जाता। यह गांधी जी की अपनी रणनीति थी। वे परंपरागत शब्दों और प्रत्ययों को स्वीकार करते थे, पर उनमें बिल्कुल नया अर्थ भर देते थे। लेकिन उनके अनुयायियों ने न तो परंपरागत मान्यताओं को

घोषित रूप से स्वीकार किया न ही गांधी जी के अर्थ को, और न ही यह बताया कि उनकी अपनी धारणाएँ क्या हैं। भारतीय समाज के गहन सांस्कृतिक प्रश्न नेपथ्य में चले गए। डॉ. लोहिया जैसे इक्का-दुक्का नेताओं को छोड़ कर भारत के सामाजिक प्रश्नों को उस समय किसी और नेता ने नहीं छेड़ा। शायद मान लिया गया था कि आधुनिकीकरण में हर समस्या का समाधान है। लेकिन परंपरागत समस्याओं का समाधान करना तो दूर, भारत में आधुनिकता स्वयं आफत का परकाला साबित हुई है।

ऐसे माहौल में जब सिर्फ गांधी जी के दलित प्रेम का जिक्र किया जाता है और यह नहीं बताया जाता कि परंपरावादी सवर्ण भी किस तरह गांधी जी से दूर हैं, तो दलित को स्वाभाविक रूप से चिढ़ होती है। गांधी जी के बारे में उसकी धारणा अच्छी नहीं है, क्योंकि दलितों के अब तक के सबसे बड़े राजनीतिक नेता डॉ. आंबेडकर ने गांधी जी को लगातार कठघरे में खड़ा किया था और उनसे टक्कर ली थी। क्या यह विडंबना नहीं है कि दलितों के पास महात्मा फुले और डॉ. आंबेडकर के लिखे को छोड़ कर कोई और आधुनिक दलित साहित्य नहीं है तथा गैर-दलितों के पास गांधी जी को छोड़ कर कोई और दलित साहित्य नहीं है। फलस्वरूप एक बराबर आंबेडकर को उद्धृत किए जा रहा है और दूसरा बराबर गांधी जी को। इसके कारण भी हम इतिहास की छायाओं से मुक्त नहीं हो पा रहे हैं। गांधी और आंबेडकर के संघर्ष को किसी मधुर परिणति तक ले आने के लिए यह आवश्यक है कि दलित सामाजिक अलगाववाद की निरर्थकता को पहचानें तथा सवर्ण गांधी जी की परंपरा का विकास करते हुए दलितों की मानवीय गरिमा का सम्मान करें। दलित आंबेडकर पर ठहरे हुए हैं, तो यह समझ में आता है। उनके नए आंबेडकर अभी पैदा होने हैं। किंतु सवर्ण लोग तो विद्या-बुद्धि संपन्न हैं। जिस वक्त उन्हें गांधी से आगे जाना चाहिए, वे गांधी तक के कार्यक्रम को क्यों नहीं लागू करा पा रहे हैं?

आज दलितों को गांधी ज्ञान कराने के लिए ज्यादातर सवर्ण लेखक उत्सुक दिखाई देते हैं, किंतु उन्हें अपना गांधी ज्ञान स्वयं दुरुस्त करने की जरूरत है। वास्तविकता यह है कि दलित प्रश्न पर गांधी जी ने दलितों को बहुत कम संबोधित किया था। वे दलितों को यह बताते थे कि उन्हें मांस – खासकर गोमांस – खाना छोड़ देना चाहिए, सफाई से रहना चाहिए तथा शिक्षा प्राप्त करने का प्रयास करना चाहिए। सवर्णों से उनकी अपेक्षा ज्यादा थी। उन्होंने जब यह कहा कि 'अस्पृश्यता को समाप्त करें, अन्यथा हिंदुत्व ही दुनिया से समाप्त हो जाएगा' तो यह आह्वान सवर्णों को ही था। अस्पृश्यता हिंदू धर्म का दोष है – 'हिंदू धर्म के विषय में मेरी यह धारणा है और इसीलिए मैं अस्पृश्यता को मानने के लिए अपने मन को कभी भी तैयार नहीं कर पाया हूँ। मैं बराबर इसे हिंदू धर्म का एक भारी

दोष मानता आया हूँ।' दलितों को मानवीय समता का सम्मान देने के लिए वे वेदों तक की अवज्ञा करने के लिए तैयार थे – 'फिर भी मैं इतना जरूर और कहना चाहूँगा कि नैतिकता के विरुद्ध कोई भी आचरण, फिर चाहे वह वैदिक काल से ही क्यों न होता आया हो, तत्काल छोड़ देने योग्य है।' इस मामले में वे शास्त्र को नहीं, विवेक को प्रमाण मानते थे, 'यह सच है कि हिंदू धर्म में अस्पृश्यता पाप नहीं समझी जाती। मैं शास्त्रों की व्याख्या के संबंध में किसी वाद-विवाद में नहीं पड़ना चाहता। भागवत या मनुस्मृति से प्रमाण प्रस्तुत कर अपनी बात को सिद्ध करना शायद मेरे लिए कठिन भी हो। लेकिन मैं हिंदू धर्म के तत्त्व को समझ चुकाने का दावा करता हूँ। अस्पृश्यता की अनुमति दे कर हिंदू धर्म ने पाप किया है।' क्या इसके बाद भी गांधी जी को मनुवादी कहा जा सकता है? लेकिन वे मनुवादी प्रतीत होते हैं, क्योंकि उनके प्रति श्रद्धा व्यक्त करनेवाले लोगों ने ज्यादातर मनुवादी आचरण किया है। कोई भी देवता अपने भक्तों से ही पहचाना जाता है। अपने देवता का बचाव करने के बजाय अगर हमारे गांधीवादी भाई-बहन अपनी भक्ति के तौर-तरीकों पर पुनर्विचार करें, तभी वे गांधी जी को दलितों के ज्यादा नजदीक ला सकेंगे। अभी तो गांधी का इस्तेमाल दलितों को या दलित नेताओं को पीटने की छड़ी के रूप में किया जा रहा है। उस गांधी से क्या बनेगा, जो दलितों की ढाल बनने के बजाय सवर्णों की ढाल साबित हो?

आंबेडकर का एजेंडा दलित एजेंडा था। वे लगातार दलितों का माँग पत्र बनाते रहे। गांधी जी का एजेंडा सवर्ण एजेंडा था। वे सवर्णों को आत्म-शुद्धि के लिए प्रेरित करते रहे। अतः आज गांधी को उद्धृत करने या याद करने का मतलब होगा आज का सवर्ण एजेंडा पेश करना। गांधी जी दलितों के बारे में क्या सोचते थे – यह उस वक्त महत्त्वपूर्ण था। आज महत्त्वपूर्ण नहीं है। आज महत्त्वपूर्ण यह है कि भारत का सवर्ण समाज दलितों के बारे में क्या सोचता है – उन्हें अपने भाई-बहन के रूप में स्वीकार करने को तैयार है या नहीं। आज के सवर्ण की परीक्षा उसके अपने आचरण से होगी – उसके पुरखों के आचरण से नहीं। मामला सिर्फ अस्पृश्यता का नहीं है। मामला जाति प्रथा का भी है। आज के सवर्ण को बतलाना होगा कि जाति प्रथा के किस रूप को वह वैध मानता है और क्यों या जाति प्रथा को वह नहीं मानता तो अपने इस विश्वास को फैलाने के लिए वह क्या कर रहा है। पिछड़ों और दलितों की बुद्धिमान आक्रामकता तथा राजसत्ता को क्रमशः हथियाते जाने के कारण हो सकता है जल्द ही वह समय आ जाए, जब सवर्ण ही जाति प्रथा के खिलाफ विद्रोह कर दे। लेकिन वह आत्म-रक्षा की रणनीति होगी।

सभ्यता का तकाजा यह है कि यह काम सवर्णों द्वारा भारी नुकसान होने के पहले किया जाए। इसी तरह पिछड़ों और दलितों की सच्ची राजनीतिक एकता की

एक कसौटी यह होगी कि समाज के स्तर पर यह एकता कहाँ तक प्रतिफलित हो पाती है। खेत-खलिहान में दूरी और राजधानियों में प्रेम — यह छल है। कल तक ब्राह्मणवादी लोग दलितों का इस्तेमाल अपने राजनीतिक लाभ के लिए कर रहे थे। आज यही काम क्या पिछड़ावादी नेतृत्व नहीं कर रहा है? जाति प्रथा को नष्ट करने के लिए सवर्णों की ओर ताकने के बजाय क्या यह जरूरी और बेहतर नहीं कि पिछड़े और दलित पहले अपने बीच जाति तोड़ें?

हिंसा बनाम हिंसा

कहा जाता है कि सही सवाल पूछने का मतलब है आधा उत्तर पा लेना। इस शानदार नियम के अपवाद भी हैं। उदाहरण के लिए, आलोक धन्वा और उनके जैसे सुकवियों की मुश्किल यह है कि वे सवाल तो सही पूछते हैं, पर गलत उत्तरों की ओर भटक जाते हैं। यह आवेग के साथ विचारधारा की मिलावट है। आवेग सही हो सकता है और अच्छे कवियों के आवेग अकसर सही ही होते हैं। लेकिन यह जरूरी नहीं कि राजनैतिक पूर्वाग्रह के कारण जो विचारधारा उन्हें आकर्षित करती है, वह भी सही हो। जब यह सही नहीं होती, तो संवेग गलत दिशा में मुड़ जाता है। कविता का प्रस्थान बिंदु चमकदार और सही होते हुए भी उसके निष्कर्ष भ्रामक हो जाते हैं।

कविता का अपना तर्क होता है। अंततः तो वह गद्य के तर्क से ही चलती है, लेकिन अंततः। जैसे, लक्षणा और व्यंजना के माध्यम से कही गई बात अंततः अभिधात्मक ही होती है, तभी वह समझी जा सकती है। अभिव्यक्ति-कौशल से वह बदल नहीं जाता जो अभिव्यक्त किया जा रहा है या अभिव्यक्त हो रहा है। लेकिन कोई कविता जब सीधे-सीधे गद्य के तर्क को स्वीकार कर चलती है तो इसका पूरा निर्वाह आवश्यक हो जाता है। उदाहरण के लिए, किसी कविता में बाली का छिप कर वध करनेवाले राम के दस सिर बताए जा सकते हैं (यह समकालीन हिंदी कविता के एक संवेदना-प्रकार के अनुकूल भी होगा), लेकिन उसी कविता में या किसी अन्य कविता में राम सिरदर्द की शिकायत कर रहे हैं, उस वक्त उसके दस सिरों का स्मरण करना हास्यास्पद ही हो सकता है। राम को दशानन बनाना एक लाक्षणिक प्रयोग है, जिसका उद्देश्य उन्हें रावण के साथ खड़ा करना है। लेकिन रावण के दस सिरों की तरह राम के भी दस सिर अभिधा के स्तर पर नहीं हो सकते। यह कल्पना भी कष्टकर है।

'समकालीन जनमत' के हाल में प्रकाशित मार्च 2003 के अंक में आलोक धन्वा की कविता 'सफेद रात' में कुछ बहुत ही खूबसूरत पंक्तियाँ आती हैं। कवि प्रश्न करता है : पूछो युद्ध सरदारों से/ इस सफेद हो रही रात में/ क्या वे बगदाद को फिर से बना सकते हैं? संदेश स्पष्ट है : जिस चीज को आप बना नहीं सकते, उसे नष्ट करने का अधिकार आपको नहीं है। खासकर ऐसी चीज, जो अपने आप

में अनोखी या अद्वितीय हो। निश्चय ही बगदाद ऐसा ही शहर था, जो आज क्षत-विक्षत अवस्था में पड़ा है। जिन्होंने बगदाद को उसके अच्छे दिनों में देखा है, उनके लिए वर्तमान बगदाद को पहचानना भी कठिन हो सकता है। यह ऐतिहासिक शहर पहचान भी लिया गया तो पीड़ा के फफोले ही जन्म लेंगे।

कवि युद्ध-सरदारों की सीमाओं पर बहुत ही मार्मिकता से उँगली रखता है : वे तो खजूर का एक पेड़ भी नहीं उगा सकते/ वे तो रेत में उतना भी पैदल नहीं चल सकते/जितना एक बच्चा ऊँट का चलता है। इसी बात को आगे और साफ-साफ कहा गया है : क्या वे ऊँट बना सकते हैं?/ एक गुंबद एक तरबूज एक ऊँची सुराही/ एक सोता/ जो धीरे-धीरे चश्मा बना/ एक गली/ जो ऊँची दीवारों के साए मे शहर घूमती थी/ और गली में/ सिर पर फिरोजी रूमाल बाँधे एक लड़की/ जो फिर उस गली में नहीं दिखेगी। स्पष्टतः कविता युद्ध और युद्धजनित विध्वंस के खिलाफ है। एक प्रमुख कारण यह है कि युद्ध ऐसी बहुत-सी चीजों को सदा के लिए नष्ट कर देता है जिन्हें दुबारा बनाया नहीं जा सकता। फाँसी की सजा के खिलाफ यह एक अकाट्य तर्क है। चूंकि आदमी को पुनर्जीवित नहीं किया जा सकता, इसलिए उनकी जान लेने के अधिकार किसी को नहीं है। फाँसी की सजा सुनाने के पहले तो फिर भी कुछ न्यायिक सोच-विचार होता है, दोनों पक्षों के वकीलों के बीच बहस होती है, अभियुक्त को पहले अपना पक्ष रखने और फिर क्षमा दान के लिए आवेदन करने का अवसर दिया जाता है। लेकिन युद्ध छेड़ने के पहले कोई ऐसी स्वतंत्र और निष्पक्ष संस्था नहीं होती जहाँ युद्ध के प्रस्ताव पर विचार हो सके और सभी पक्षों को सुनवाई का मौका देने के बाद युद्ध की अनुमति दी जाए। युद्ध एकतरफा कार्रवाई होती है, जैसी आसमान से बिजली लपकती है और आदमियों के साथ-साथ ऐसी बहुत-सी चीजों को नष्ट कर देती है जो दुबारा बनाई नहीं जा सकतीं। आलोक धन्वा का यह सवाल बिल्कुल जायज है और वस्तुतः दुनिया के सभी जीवन-कामी लोगों का सवाल है : कहाँ है वह/ हरे आसमान वाला बगदाद/ ढूँढ़ो उसे/ अब वह अरब में कहाँ है?

दुर्भाग्यवश विचारकों और राजनैतिक कार्यकर्ताओं के एक वर्ग में माना जाता है कि वैदिकी हिंसा की तरह प्रगतिशील या क्रांतिकारी हिंसा भी हिंसा नहीं है। पहले सभी कम्यूनवादी (कम्युनिस्ट) ऐसा मानते थे, अब भारत में नक्सलवादी इसी विश्वास पर चल रहे हैं। आलोक धन्वा की वैचारिक सहानुभूति जिस राजनैतिक दल के साथ बताई जाती है, वह भी क्रांतिकारी हिंसा को हिंसा नहीं मानता – भले ही उससे क्रांति होती हो अथवा नहीं। यह देख कर खुशी नहीं होती कि इस विश्वास की एक छोटी-सी, पर निष्कर्षमूलक झलक इस सुंदर कविता में भी मिलती है। कविता का आखिरी चरण शहीदे-आजम भगत सिंह के उल्लख से शुरू होता है–जब भगत सिंह फाँसी की ओर बढ़े/ तो अहिंसा ही थी/ उनका सबसे मुश्किल सरोकार।

भगत सिंह के जो दस्तावेज पिछले कुछ समय में प्रकाशित हुए हैं, उनसे सूरज की रोशनी की तरह स्पष्ट है कि भगत सिंह का रास्ता हिंसा का रास्ता नहीं था। लड़ाकू वे थे, पर मानते यही थे कि लोगों को संगठित करके ही समाजवादी क्रांति का रास्ता प्रशस्त किया जा सकता है। असेंबली हाउस में बम विस्फोट के पीछे उनका इरादा किसी की जान लेने का नहीं, अंग्रेजी शासकों को और शेष दुनिया को यह बताना था कि भारत अब गुलामी की जंजीरों को बर्दाश्त करने के लिए तैयार नहीं है। अपने वैचारिक पक्ष को स्पष्ट करने के लिए उन्होंने 'बम का दर्शन' शीर्षक लेख लिखा था, जो बराबर उपलब्ध रहा है। इसक बावजूद, दुर्भाग्यवश, आम जनता के बीच भगत सिंह की छवि सशस्त्र प्रतिरोध के दावेदार की है। लोग यही समझते हैं कि गांधी का विश्वास अहिंसा में था और भगत सिंह का रास्ता सशस्त्र प्रतिरोध करते हुए शहीद हो जाने का।

कल्पना की जा सकती है कि जब आलोक धन्वा इराक पर अमेरिकी हमले का विरोध करते हैं, तब उनके मन में भगत सिंह की यह छवि क्यों आती है? जब वे पूछते हैं कि शहर में बसने का क्या मतलब है/ शहर में ही खत्म हो जाना? तथा लखनऊ, इलाहाबाद, कानपुर, बनारस, पटना, अलीगढ़ और लाहौर की क्रमिक मृत्यु का जिक्र करते हैं और बताते हैं कि अगर भगत सिंह को कबूल होता युद्ध सरदारों का न्याय/ तो वे भी जीवित रह लेते/ बर्दाश्त कर लेते/ धीरे-धीरे उजड़ते रोज मरते हुए लाहौर की तरह/ बनारस अमृतसर लखनऊ इलाहाबाद/ कानपुर और श्रीनगर की तरह। सन्देश स्पष्ट है : उम्र भर धुँधुआते रहने से बेहतर है क्षण भर के लिए ज्वलित हो उठना, जैसा कि संस्कृत के एक श्लोक में कहा गया है। कल्पना की जा सकती है कि मौजूदा प्रसंग में यदि इराक ने अमेरिका पर हमला कर दिया होता तो कवि यह नहीं पूछता कि कहाँ है न्यू यॉर्क/कहाँ है वाशिंगटन/युद्ध सरदारों बताओ/कहाँ है न्यू यॉर्क ट्रिब्यून का वह ऐतिहासिक दफ्तर/जहाँ मजदूरों का मसीहा मार्क्स लंदन से अपने डिस्पैच भेजा करता था?/कहाँ है वह घर/जिसमें बैठ कर हैरिएट बीचर स्टोव ने/ अंकल टॉम्स केबिन नामक महान उपन्यास लिखा था?

कवि की वेदना को समझा जा सकता हैं और उसके आक्रोश को भी। युद्ध सरदारों को, हर हाल में, निरुद्ध किया जाना चाहिए। लेकिन यह मानने का कोई कारण नहीं है कि युद्ध का प्रतिकार युद्ध से ही या हिंसा का प्रतिकार हिंसा से ही हो सकता है। कुछ लोगों के बारे में कहा जाता है कि जूता ही उनका इलाज है। निवेदन है कि इतिहास में जूता बहुत चल चुका। उससे कोई फैसला नहीं हुआ है। क्या अब अहिंसक विकल्प को बड़े पैमाने पर आजमा कर नहीं देखा जाना चाहिए?

अहिंसक औजारों की तलाश

कुछ समय से देश हिंसा और युद्ध के आतंक में गुजर रहा है। कभी लगता है युद्ध को टाला नहीं जा सकता; तो कभी युद्ध को रोकने के प्रयास सफल होते दिखाई देते हैं। विडंबना यह है कि दोनों ही स्थितियाँ मेघों के आने-जाने की तरह हैं। आतंक और हिंसा के जो मानव बम सीमा पार कर भारत के नागरिक जीवन को तबाह किए रहते हैं, उनकी संख्या में कोई उल्लेखनीय कमी आती दिखाई नहीं देती। वास्तविक रूप से चिंताजनक बात यही है।

लेकिन यह अकेली बात चिंताजनक नहीं है। गुजरात की सांप्रदायिक हिंसा ने एक बार फिर साबित किया कि उन्माद के कितने स्रोत हमारे भीतर सक्रिय हैं और बाहर निकलने का मौका खोजते रहते हैं। अन्य कारणों से भी जीवन में हिंसा का बोलबाला बढ़ रहा है। प्रश्न यह है, क्या हिंसा की इन घटनाओं को अलग-अलग समझा जाना चाहिए? या, इन सभी के बीच कोई अंतरसंबंध भी है? इससे भी ज्यादा महत्वपूर्ण प्रश्न यह है, क्या अहिंसा का कोई ऐसा शास्त्र विकसित नहीं किया जा सकता जो सभी प्रकार के द्वंद्वों में हमारे लिए उपयोगी हो सके?

कार्ल मार्क्स का यह वाक्य विचारों की दुनिया में सदा के लिए दर्ज हो चुका है कि मानव जाति का इतिहास वर्ग संघर्ष का इतिहास है तथा इस संघर्ष में हिंसा की उपस्थिति अनिवार्य है। लेकिन यह पूरा सच नहीं है। मनुष्यता के इतिहास में दूसरे प्रकार के संघर्ष भी होते आए हैं। उदाहरण के लिए, सिकंदर और पोरस का संघर्ष वर्ग संघर्ष नहीं था। दासों और श्रमिकों के अपने समाज में भी हिंसक संघर्ष होते रहे हैं। नस्ल, जाति, मूल, धर्म आदि के आधार पर होनेवाले संघर्ष भी वर्ग संघर्ष नहीं कहे जा सकते। यही स्थिति स्त्री और पुरुष के बीच द्वंद्व की है, जिसका एक निश्चित वर्ग आधार है, लेकिन जो पूरी तरह से वर्ग-आधारित मामला नहीं है। अंतरराष्ट्रीय संघर्ष भी पूँजीवाद के उद्‌भव के पहले कहीं ज्यादा होते थे।

इतिहास के किसी भी विद्यार्थी को ये बातें मोटे तौर पर पता होती हैं। मनोविज्ञान बताता है कि हिंसा का जवाब हिंसा से देना मनुष्य का सहजात स्वभाव है। तलवारें तलवारों से टकराती रही हैं और तोपें तोपों का जवाब देती रही हैं। राज्य का एक प्रमुख काम नागरिक हिंसा को रोकना रहा है, फिर भी नागरिक जीवन में

हिंसा का अंत नहीं हो सका। प्रतिद्वंद्वी को मार गिराना दोनों गोलार्धों में स्वाभिमानी व्यक्तियों का अनिवार्य कर्तव्य माना जाता रहा है। हिंसा के प्रगतिशील उपयोग भी ढूँढ़े गए हैं। मार्क्स के अनुसार, प्रताड़ित समूह और व्यक्ति अपनी आह को हिंसा के माध्यम से ही व्यक्त करते हैं। कोई भी नई व्यवस्था अपने को स्थापित करने के लिए हिंसा का ही सहारा लेती है। अतः समाजवादी समाज भी अहिंसक माध्यमों से नहीं बनाया जा सकेगा : हिंसा क्रांति की दाई है। फलस्वरूप सभी प्रगतिशील समूहों में हिंसा के प्रति अदम्य आकर्षण रहा है।

कहा जा सकता है कि जिस चीज की बहुत चर्चा होती है, वह अन्य बहुत-सी महत्त्वपूर्ण चीजों की ओर हमारा ध्यान जाने नहीं देती। हिंसा की महिमा इसलिए भी कुछ ज्यादा स्थापित हो सकी है कि राजनीति, साहित्य आर मीडिया में वह लगातार चर्चा का विषय बनी रहती है। निजी तथा सामाजिक जीवन में अहिंसा की अहम भूमिका प्रायः अलक्षित रहती है। पारंपरिक मान्यताओं के चलते हिंसा को वीरता का प्रतीक और अहिंसा को कायरता की अभिव्यक्ति माना जाता है। नतीजतन शिक्षा संस्थानों, सार्वजनिक चर्चा और कला-साहित्य में इस तथ्य की ओर अपेक्षित ध्यान नहीं दिया जाता है कि अहिंसक संघर्ष का भी अपना एक इतिहास रहा है। अहिंसा भी मनुष्य की मूल प्रवृत्तियों में एक है, इसकी सूचना अफ्रीका तथा एशिया की अनेक जनजातियों के इस दस्तूर से मिलती है कि कबीले के भीतर दो व्यक्तियों का विवाद एक पूर्व-निश्चित तंत्र द्वारा मध्यस्थता के माध्यम से ही निपटाया जाए। विश्व इतिहास में बुद्ध पहले व्यक्ति थे, जिन्होंने अहिंसा को जीवन व्यवस्था के केन्द्र में लाने का प्रयास किया। राजकीय हिंसा पर इसका बहुत प्रभाव तो नहीं पड़ा, पर व्यक्तिगत और सामाजिक जीवन में हिंसकता जरूर कम हुई। ग्रीस की सभ्यता में सुकरात अहिंसा की पक्षधरता के लिए प्रसिद्ध रहे हैं। स्टॉइक दार्शनिकों ने भी हिंसा की निरर्थकता पर बहुत जोर दिया। ईसाई धर्म प्रेम, करुणा और अहिंसकता से लबालब भरा हुआ था, लेकिन रोम के चर्च का वर्चस्व और वैभव बढ़ने लगा, तो उसकी रक्षा के लिए राजकीय हिंसा की वकालत करने के ईसाई दार्शनिकों को दुविधा नहीं हुई।

मध्य युग में हुए अहिंसक संघर्ष के प्रयोगों के बारे में हम कुछ खास नहीं जानते, क्योंकि इस विषय पर पर्याप्त शोध नहीं हुआ है। आधुनिक युग में अहिंसक संघर्ष के उल्लेखनीय प्रसंग अवश्य प्रचुर संख्या में उपलब्ध हैं। इस क्रम में सबसे बड़ा नाम तो मोहनदास करमचंद गांधी का ही है, जिन्होंने दक्षिण अफ्रीका में अहिंसक संघर्ष का प्रभावशाली शास्त्र विकसित किया। माना जाता है कि भारत का स्वतंत्रता संघर्ष प्रधानतः अहिंसक तरीकों से ही किया गया। लेकिन बीसवीं शताब्दी के पहले दो दशकों में गाधी ने अहमदाबाद के कपड़ा मजदूरों की हड़ताल का जो अहिंसक नेतृत्व विकसित किया था, उसके विवरण अल्प-प्रचारित हैं। इस अहिंसक संघर्ष की विस्तृत

जानकारी मजदूर आंदोलन के लिए पथ प्रदर्शक का काम कर सकती हैं। श्रमिक आंदोलन के पुराने तौर-तरीके आधुनिक अर्थव्यवस्था में नाकाफी और बेअसर हो चुके हैं। संयुक्त राज्य अमेरिका में थोरो और मार्टिन लूथर किंग तथा यूरोप में क्वेकर समूहों एवं शांतिवादियों (पेसिफिस्टों) के अहिंसक संघर्ष की शानदार परंपरा रही है। नागरिक अधिकारों के लिए लड़ने में अहिंसक तरीकों ने निर्णायक भूमिका निभाई है। पिछले कई दशकों से पश्चिम का हरित आंदोलन इसी राह पर चल रहा है। नारीवादी आंदोलन तो, अपने जन्म से ही, अहिंसक संघर्ष का कायल रहा है। पर्यावरण की रक्षा का आंदोलन भी पूर्ण रूप से अहिंसक है।

यह माननेवालों की संख्या कम नहीं है कि भारत की स्वतंत्रता का अहिंसक संघर्ष सफल हो पाया, इसका एक प्रमुख कारण यह था कि भारत पर राज कर रही ब्रिटानी सत्ता अपेक्षाकृत सौम्य और लोकतांत्रिक थी। इस कार्य-कारण संबंध की सत्यता संदिग्ध है। एक चरम आततायी और फासिस्ट व्यवस्था का प्रतिरोध करने में भी अहिंसक पद्धति कामयाब हो सकती है, यह यूरोप के लोग नाजीवाद के सबसे गंदे दिनों में अच्छी तरह दिखा चुके हैं। नाजी जर्मनी ने यूरोप के जिस देश पर भी कब्जा किया, वहाँ अहिंसक प्रतिरोध भी हुए। उदाहरण के लिए, 1942 में नॉर्वे के शिक्षकों का अहिंसक प्रतिरोध। उन्होंने नाजी सरकार द्वारा स्थापित शिक्षक संगठन का सदस्य बनने से इनकार कर दिया और तरह-तरह से शिक्षा के क्षेत्र में फासीवाद के तौर-तरीकों का सफल प्रतिरोध किया। इसमें अभिभावकों और छात्रों ने भी भरपूर सहयोग किया। इस निजाम में हिंसक प्रतिरोध की गुंजाइश भी नहीं थी। वस्तुतः अहिंसा की शक्ति से ही आततायी सत्ता पराजित हो सकती थी और हुई भी। स्वयं नाजी जर्मनी में भी अहिंसक संघर्ष के कई सफल प्रयोग हुए। पूर्वी यूरोप की कम्युनिस्ट सत्ताओं का चरित्र, एक स्तर पर, आततायी था। अतः इस अंचल के रूस-प्रभावित देशों में भी अहिंसक संघर्ष की अनेक प्रविधियों का आविष्कार किया गया। जब सोवियत सेना 1968 में चेकोस्लोवाकिया में कठपुतली सरकार गठित करने के लिए प्राग में दाखिल हुई, तो उसका सामना चेक सैनिकों से नहीं हुआ – नागरिकों और सरकारी कर्मचारियों ने अपनी निःशब्दता तथा असहयोग से उन्हें जानकारी दी कि चेक भूमि पर वे स्वागत की अपेक्षा न करें। रूसियों ने सोचा था कि तीन दिन में सेना तख्ता-पलट का काम संपन्न कर देगी – पर इसमें पूरे आठ महीने लग गए।

अहिंसक, या किसी भी प्रकार के, संघर्ष का मुख्य निशाना तो राज्य ही होता है, क्योंकि राजसत्ता के ही पास सैनिक और कैदखाने होते हैं। लेकिन धर्म और समाज की अपनी ताकत राज्य से थोड़ी ही कम रही है – बल्कि कुछ मामलों में तो राज्य से भी ज्यादा। भारत में आज भी अस्पृश्यता का सामाजिक विधान बना हुआ है, तो इसलिए नहीं कि राज्य ऐसा चाहता है, बल्कि इसलिए कि भारत का

पूरा समाज समानता के आदर्श से सामंजस्य बैठा नहीं पाया। क्या समाज और धर्म की सत्ताओं से भी न्याय का अहिंसक संघर्ष किया जा सकता है? क्यों नहीं। 1924 में त्रावणकोर के वाइकोम जिले में कुछ सवर्णों ने अस्पृश्यों के साथ एक पोंगापंथी मंदिर को समाज के सभी तबकों के लिए खुलवाने का संघर्ष शुरू किया। आंदोलनकारियों पर हमला हुआ; उनमें से कुछ गिरफ्तार भी हुए। पर समुद्र की एक लहर के पीछे दूसरी लहर की तरह आंदोलनकारी आते रहे। पुलिस ने सड़क पर अवरोध खड़े किए। आंदोलनकारी अवरोध के निकट खड़े रह कर पुलिस से प्रार्थना कर रहे थे कि उन्हें सड़क पार कर मंदिर की तरफ जाने दिया जाए। बरसात का महीना आ गया। पानी जमने लगा। सत्याग्रहियों के कंधों तक आ गया। फिर भी, आंदोलनकारी, पालियों में, मौजूद रहे। उनकी इस बहादुरी ने परंपरानिष्ठ ब्राह्मणों का दिल जीत लिया, मंदिर के दरवाजे अस्पृश्यों के लिए खुल गए।

इस तरह के प्रेरक प्रयोग हर समाज में होते रहते हैं। उनके वृत्तांत अल्पज्ञात या असंगृहीत हैं।

परिवार के भीतर और खासकर स्त्री-पुरुष के बीच तो अहिंसक संघर्ष की एक पूरी परंपरा ही है। स्त्रियों की तो स्थिति ही ऐसी रही है कि वे अहिंसक तरीकों से ही अपने स्वाभिमान की रक्षा और अपने मानव अधिकारों का प्रयोग कर सकती हैं। गांधी जी बार-बार कहते थे कि सत्याग्रह का तरीका मैंने अपनी पत्नी कस्तूरबा से सीखा। ऐसा लगता है कि मानव इतिहास की वह घड़ी आ पहुँची है, जब हमें अहिंसा के अपने सभी अनुभवों को समेट कर एक अहिंसक जीवन व्यवस्था और विश्व प्रणाली का विकास करना ही चाहिए।

अहिंसा और मार्क्सवाद

मार्क्सवाद और अहिंसा पर कम विचार हुआ है तो इसीलिए कि मार्क्सवाद और हिंसा पर जरूरत से ज्यादा विचार हुआ है। इसमें कोई संदेह नहीं कि राजनीतिक संदर्भ में हिंसा की सबसे सटीक व्याख्या मार्क्सवाद ने ही की है। यह अब जा कर खुला है कि हिंसा के कुछ जैविक स्रोत भी हैं। यही कारण है कि जिन प्रजातियों में निजी संपत्ति और राज्य नाम की संस्थाएँ नहीं पनप सकी हैं, उनमें भी हिंसा- प्रतिहिंसा दिखाई देती है। लेकिन मानव समाज में हिंसा के इस स्रोत से मुठभेड़ तभी की जा सकती है, जब सामाजिक ढाँचे के कारण उत्पन्न होनेवाली हिंसा को समाप्त किया जा सके। जिस ईसाई संत ने कहा था कि सभी प्रकार की निजी संपत्ति चोरी है, उसने मार्क्सवाद के इस आधारभूत विश्लेषण की राह प्रशस्त कर दी थी कि राज्य तभी तक है जब तक निजी संपत्ति बची हुई है। संभव है राज्य अनिवार्य हो और इस अनिवार्यता के गैर-आर्थिक कारण भी हों, क्योंकि मनुष्य सिर्फ आर्थिक प्राणी नहीं है। लेकिन यह मानने में कोई तथ्यगत दिक्कत दिखाई नहीं देती कि राज्य की एक बड़ी उपयोगिता उत्पादन के साधनों पर एक अल्पसंख्यक वर्ग के नियंत्रण की अन्नायपूर्ण हिंसा को बनाए रखना और इस हिंसा का प्रतिकार करने के लिए जो न्यायपूर्ण हिंसा की जा सकती है, उसे रोकने की है। राज्य हिंसा पर आधारित है, यह तो कोई भी देख सकता था। लेकिन राज्य इसलिए है कि समाज व्यवस्था हिंसा पर टिकी हुई है, यह बता कर मार्क्सवाद ने सभी को चौंका दिया था। मार्क्सवाद की इस आधारभूत देन का ही नतीजा है कि आज हम वहाँ भी – मसलन, विवाह और परिवार में – हिंसा को देख पा रहे हैं जहाँ पहले सिर्फ ममता दिखाई पड़ती थी।

हिंसा सिर्फ पुलिस और सेना नहीं करती, वह संबंधों में भी बुनी हुई हो सकती है, काम करनेवाले और काम करानेवाले के बीच प्रच्छन्न रूप से निहित हो सकती है – यह दिखा कर मार्क्सवाद ने मानवता की जितनी बड़ी सेवा की है, उससे कुछ कम कुसेवा मार्क्सवादियों ने यह भ्रम फैला कर नहीं की है कि हिंसा का जवाब हिंसा से ही दिया जा सकता है। मार्क्सवाद में सर्वहारा वर्ग को हिंसा का सहारा लेने की शिक्षा कहीं नहीं दी गई है। कम्युनिस्ट पार्टी के मेनिफेस्टो की शुरुआत इस पंक्ति

से होती है : 'अभी तक के सभी समाजों का इतिहास वर्ग संघर्षों का इतिहास है।' यहाँ 'वर्ग युद्ध' का प्रयोग नहीं किया गया है। 'वर्ग संघर्ष' में हिंसा शामिल हो सकती है, पर वह अनिवार्य नहीं है। अगले अनुच्छेद में 'फाइट' का इस्तेमाल हुआ है, लेकिन इस शब्द का प्रयोग तो महात्मा गांधी भी करते थे। उनकी पंक्ति है : 'अस्पृश्यता से मेरी लड़ाई (फाइट) मानवता में अशुद्धि से लड़ाई (फाइट) है।' अर्थात 'फाइट' में भी हिंसा आवश्यक नहीं है। प्रत्येक संघर्ष (या लड़ाई) हिंसक ही होता है – यह समझ मार्क्सवाद की नहीं है, मार्क्सवादियों की है, जिसका नतीजा यह निकला कि मार्क्सवाद पूरी तरह से कमजोर लोगों का हथियार नहीं रह गया।

कोई भी स्थापित सत्ता अनुनय-विनय से अपना स्थान नहीं छोड़ती, शोषित वर्गों के प्रति करुणा से द्रवित हो कर अपना स्थान नहीं छोड़ती – यह बिना कहे भी समझा जा सकता है। शोषक वर्ग का कोई एक व्यक्ति ऐसा कर सकता है, जैसा कि अनेक कारखानेदारों ने अपने कारखानों का स्वामित्व मजदूर वर्ग में बाँट कर दिखा दिया है। लेकिन, जैसा कि कहा गया है, एक-दो बूँद पानी गिरने को बरसात नहीं कहते, न ही अकेला चना भाड़ फोड़ सकता है। सामंतवाद या पूँजीवाद में सवाल किसी व्यक्ति का होता भी नहीं है; कुछेक व्यक्तियों से इतनी आधारभूत व्यवस्थाएँ न तो बनती हैं और न टूट सकती हैं।

मामला जब वर्गों का हो, तब वर्ग स्तर पर ही कोई कार्रवाई हो सकती है। यह अच्छी तरह समझते हुए भी कार्ल मार्क्स ने इतना ही कहा, हिंसा क्रांति की दाई (मिडवाइफ) है। कोई भी नया जीव अपनी मातृ-इकाई के साथ कुछ हिंसा करते हुए ही दुनिया में आता है। दाई का काम यह है कि वह प्रसव में सहायता करे; उसे कम से कम तकलीफदेह बनाए और नवागत शिशु को कोई क्षति न पहुँचने दे। लेकिन प्रसव के पहले और प्रसव के बाद दाई की भूमिका समाप्त हो जाती है। माँ स्वस्थ और समझदार हो, तो शायद दाई भी जरूरी नहीं रह जाती। इस रूपक को ज्यादा नहीं खींचना चाहिए, क्योंकि कोई भी रूपक वास्तविक जीवन स्थितियों का पूरा प्रतिनिधित्व नहीं कर सकता। फिर भी, मार्क्स का यह रूपक बताता है कि वे कम्युनिस्ट क्रांति में हिंसा की कोई बहुत बड़ी भूमिका नहीं देखते थे। यह क्रांति मूलतः अहिंसक ही हो सकती है; हिंसा की जरूरत पड़ी तो वह ज्यादा से ज्यादा सत्ता परिवर्तन की निर्णायक घड़ी में पड़ेगी – न उसके पहले और न उसके बाद।

इसलिए माओ की यह उक्ति हमेशा संदिग्ध रहेगी कि सत्ता बंदूक की नली से निकलती है। बेशक बंदूक की नली से जो निकलती है, वह सत्ता ही है। लेकिन कोई कम्युनिस्ट व्यवस्था अगर बंदूक की ताकत से कायम होती है और उसी के बल पर चलती है, तो इसमें पूरा संदेह है कि वह कम्युनिस्ट सत्ता है भी या नहीं और शुरू में हुई भी, तो आगे भी ऐसी ही रह सकेगी। बहुत-से लोगों का मानना है कि सोवियत संघ इसलिए विघटित हुआ क्योंकि वहाँ बहुत ज्यादा आजादी दी गई। यह

सोवियत व्यवस्था के विघटन की सैन्यवादी व्याख्या है। वह स्वीकार करने के ज्यादा ठोस कारण हैं कि सोवियत व्यवस्था इसलिए नष्ट हो गई क्योंकि उसमें बहुत कम आजादी थी। या, नहीं के बराबर आजादी थी। जिस व्यवस्था में आजादी जितनी कम होती है, वह उतनी ही हिंसक होती है। आतंरिक स्वतंत्रता के अभाव में ही सोवियत व्यवस्था में आत्म-परीक्षण और आत्म-संशोधन की गुंजाइश कम से कम होती गई। वह न अपनी गलतियों से सीख पाई और न उन्हें सुधार सकी। आततायी व्यवस्थाओं को अपने को चलाने के लिए प्रत्यक्ष या प्रच्छन्न हिंसा की जरूरत होती है। कम्युनिस्ट व्यवस्था तो अपने लोगों के लिए ज्यादा से ज्यादा अहिंसक हो कर ही सफल और टिकाऊ हो सकती है। जब तक एक देश में समाजवाद है, उसे अपनी रक्षा के लिए समुचित हिंसा की तैयारी करनी ही पड़ेगी, किन्तु यह तैयारी शत्रु देशों के विरुद्ध होगी न कि अपने ही नागरिकों के विरुद्ध।

अहिंसा के बजाय हिंसा पर जोर देने के दो बुरे नतीजे निकले। एक नतीजा यह निकला कि जिन्हें हम मार्क्सवादी के नाम से जानते हैं, उनका व्यक्तित्व आम तौर पर गुस्सैल, रूखा और चिड़चिड़ा होता है। वे अपने लोगों के बीच और समाज में प्रेम का सुंदर वातावरण नहीं, आतंक की गरिष्ठ लहरें पैदा करते हैं। कोई वजह नहीं कि सेनापति या सैनिक का चेहरा खूँखार हो। वह विषादपूर्ण हो सकता है, क्योंकि मरना-मारना कोई प्रिय या खुशनुमा गतिविधि नहीं हो सकती। बंदूक उठानी ही पड़े, तो यह एक ग्लानिपूर्ण काम ही होना चाहिए। क्रूरता लुत्फ लेने की चीज नहीं है। यह अच्छे से अच्छे लड़ाके को भी नीच बना देती है। और जो वर्ग संघर्ष में लगा हुआ है या अपने को वर्ग संघर्ष में लगा हुआ मानता है, वह अगर हिंसा का – यानी क्रांतिकारी हिंसा का – समर्थन करता भी है, तो व्यापक मानवीय प्रयोजनों के लिए ही ऐसा करता है। उसका चेहरा एक शांत, ममतालु, अहिंसक चेहरा ही हो सकता है, जिस पर संस्कृत की यह कहावत लागू की जा सके : कुसुम से भी कोमल और वज्र से भी कठोर। यहाँ वज्र की कठोरता कुसुम की कोमलता की रक्षा करने के लिए है, न कि उसे नष्ट करने के लिए। लेकिन हुआ यह कि मार्क्सवादी चेहरों की स्वाभाविक मानवीय ऊष्मा भाप की तरह उड़ गई और उसका स्थान एक प्रकार की गरिष्ठता और भावविहीनता ने लिया।

दूसरा नतीजा और भी गंभीर था। मार्क्सवादी चूँकि सिद्धांततः हमेशा युद्ध की ही मुद्रा में होता है, इसलिए उसका सारा व्यवहार युद्धक मानसिकता से परिचालित होता है। हर जगह षड्यंत्र देखना, सभी पर शक करना, अपने लोगों को यूथबद्ध बनाए रखना, जिनसे कोई लड़ाई नहीं है उन्हें भी शत्रु समझना, साधनों पर कब्जा करना, हमेशा 'हम बनाम वे' की मनःस्थिति में रहना और सबसे बढ़ कर, सभी के साथ छल करना। जॉर्ज बुश ने हाल में कहा है कि जो हमारे साथ नहीं है, वह हमारा दुश्मन है। मार्क्सवादी तो इस सिद्धांत पर अरसे से चलते आ रहे हैं और आज भी

चल रहे हैं। पता नहीं किस गधे ने कह दिया कि प्रेम और युद्ध में सब कुछ जायज है। प्रेम की मैं नहीं जानता, युद्ध में सब कुछ जायज उनके लिए होता होगा जो किसी निहित स्वार्थ की रक्षा के लिए या दूसरों का हक मारने के लिए युद्ध करते हैं। नादिरशाह, तैमूर लंग, हिटलर और जॉर्ज बुश के लिए युद्ध की नैतिकता का कोई अर्थ नहीं है। लेकिन कोई भी मार्क्सवादी वर्ग संघर्ष के दौरान अव्वल तो हिंसा करेगा ही नहीं और करनी ही पड़ जाए, तो न्यूनतम जरूरी हिंसा से एक कतरा भी ज्यादा हिंसा नहीं करेगा। निःसंदेह मार्क्सवादी का आतंक एक अहिंसक आतंक होता है, वर्ग आतंक होता है और अंततः नैतिक आतंक होता है। इस आंतक के शब्दकोश में रणनीति और रणकौशल जैसे शब्दों के लिए कोई जगह नहीं हो सकती। रणनीति और रणकौशल की जरूरत सामंतवादी और पूँजीवादी को पड़ती है, जो समुदायवादी (कम्युनिस्ट का यह हिंदी अनुवाद शायद सर्वोत्तम है) मूल्यों की प्रगतिशील पुनः स्थापना के प्रति प्रतिबद्ध है, वह गोपन ढंग से कुछ भी नहीं कर सकता। वह जितना खुला होगा, उतना ही असरदार होगा।

इतिहास की शिक्षा भी यही है कि अहिंसक संघर्ष हिंसक संघर्ष की तुलना में ज्यादा गंभीर, टिकाऊ और जन-समावेशी होता है। हिंसा की तैयारी में कभी भी व्यापक जनता को शामिल नहीं किया जा सकता। अहिंसा के खेल में सभी लोग शामिल हो सकते हैं – महिलाएँ भी और बच्चे भी। हिंसा की तैयारी में एक तरह का व्यक्तित्व बनता है और अहिंसा की तैयारी में दूसरी तरह का। क्रांति के बाद अहिंसक व्यक्तित्व और ज्यादा उपयोगी होंगे। विचारणीय यह भी है कि मार्क्स-एंगिल्स के समय से आज राजसत्ताएँ सैनिक दृष्टि से जितनी मजबूत हो चुकी हैं उसे देखते हुए आधुनिक समय में हिंसक क्रांति की संभावना कितनी वास्तविक हो सकती है। बहरहाल, कोई काम कठिन है, इसलिए उसका बीड़ा उठाने से डरना कायरों का स्वभाव है। यहाँ हमारा प्रस्ताव यह है कि किसी कार्रवाई के पीछे अगर जनता का बल है तो उसमें हिंसा की जरूरत होनी ही नहीं चाहिए। बल्कि कोशिश यह करनी होती है कि स्वतःस्फूर्त हिंसा को कैसे रोका जाए। मार्क्सवाद अगर सुसंस्कृत चित्त की उच्चतम अवस्था है तो अहिंसा से इसका बहुत अंतरंग रिश्ता होना चाहिए।

आतंकवाद के समय में गांधी

महात्मा गांधी का संदेश अगर कहीं बहुत कमजोर और असहाय नजर आता है, तो वह आतंकवाद का मुद्दा है। जब शहर-दर-शहर बम विस्फोट हो रहे हों और निर्दोष तथा अनजान लोगों की जान जा रही हो तथा आतंकवादी समूह इस तरह प्रसन्न हो रहे हों जैसे उन्होंने किसी महान काम को अंजाम दे दिया हो, उस वक्त हम गांधी की किस चीज का अनुकरण कर सकते हैं? आतंकवाद की उग्रतर हो रही समस्या का समाधान करने के लिए क्या गांधीवाद के पास कोई कार्यक्रम है?

हम जानते हैं कि हिटलर के उदय और द्वितीय विश्व युद्ध के समय में भी गांधी जी को निरुत्तर करने के लिए उनसे इस तरह के सवाल किए जाते थे। लेकिन महात्मा के पास सत्य और अहिंसा की ऐसी अचूक दृष्टि थी कि वे कभी भी निरुत्तर नहीं हुए। उनका कहना था कि अगर किसी आक्रमणकारी देश की सेना ने हम पर आक्रमण कर दिया है, तो हमारा कर्तव्य यह है कि हम निहत्थों की मानव दीवार बना कर उसके सामने खड़े हो जाएँ। सेना आखिर कितने लोगों की जान लेगी? अंत में वह इस अहिंसक शक्ति के सामने हथियार डाल देगी और आक्रमण करनेवाला तथा जिस पर आक्रमण हुआ है, वह दोनों फिर से भाई-भाई हो जाएँगे। जब फासिस्ट जर्मनी ने इंग्लैंड पर हमला किया था, तो अंग्रेजों को गांधी जी की सलाह यही थी। लेकिन इस पर किसी ने अमल नहीं किया। युद्ध का जवाब युद्ध से दिया गया। शायद यही वजह है कि दूसरा महायुद्ध समाप्त होने के बाद से धरती से युद्ध और हथियार की समस्या खत्म नहीं हुई है।

लेकिन आतंकवाद की समस्या तो युद्ध से भी अधिक जटिल है। युद्ध में दुश्मन प्रत्यक्ष होता है, जब कि आतंकवादी छिप कर वार करता है। इस सात परदे में छिपे हुए खूँखार जानवर के सामने अहिंसा की ताकत को कैसे आजमाया जाए? इस संदर्भ में निवेदन यह है कि जब भी आतंकवाद के गांधीवादी समाधान के बारे में पूछा जाता है, तो इरादा यह होता है कि सारी वर्तमान व्यवस्था यूँ ही चलती रहे और तब बताओ कि गांधीवाद आतंकवाद को खत्म करने का क्या तरीका सुझाता है। क्या यह सवाल कुछ इस तरह का सवाल नहीं है कि मैं अभी की ही तरह आगे भी खाता-पीता रहूँ, मुझे अपनी जीवन चर्या में कोई परिवर्तन न करना पड़े, तब बताओ कि मेरी बीमारी

ठीक करने का नुस्खा तुम्हारे पास क्या है। विनम्र उत्तर यह है कि यह कैसे संभव है? स्वास्थ्य लाभ करने के लिए वह जीवन शैली कैसे उपयुक्त हो सकती है जिससे बीमारी पैदा हुई है? जिन परिस्थितियों के चलते आतंकवाद पनपा है, उन परिस्थितियों के बरकरार रहते आतंकवाद से संघर्ष कैसे किया जा सकता है? गांधीवाद तो क्या, किसी भी वाद के पास ऐसी गोली या कैप्सूल नहीं हो सकता जिसे खाते ही हिंसा के दानव को परास्त किया जा सके। जब ऐसी कोशिशें नाकाम हो जाती है, तो यह सलाह दी जाती है कि हमें आतंकवाद के साथ जीना सीखना होगा।

अगर हम गांधी जी द्वारा सुझाई गई जीवन व्यवस्था को स्वीकार करने के लिए प्रस्तुत हैं, तो जो समाज हम बनाएँगे, उसमें आतंकवाद की समस्या पैदा हो ही नहीं सकती। आतंकवाद के दो प्रमुख उत्स माने जा सकते हैं। एक, किसी समूह के साथ अन्याय और उसके जवाब में हिंसा की सफलता में विश्वास। दो, आबादी की सघनता, जिसका लाभ उठा कर विस्फोट के द्वारा जानमाल की क्षति की जा सके और लोगों में डर फैलाया जा सके कि उनका जीवन कहीं भी सुरक्षित नहीं हैं। गांधीवादी मॉडल में जीवन की व्यवस्था इस तरह की होगी कि भारी-भारी जमावड़ेवाली जगहें ही नहीं रह जाएँगी। महानगर तो खत्म ही हो जाएँगे, क्योंकि वे निहायत अस्वाभाविक बस्तियां हैं, जहाँ जीवन का रस रोज सूखता जाता है। लोग छोटे-छोटे आधुनिक गाँवों में रहेंगे जहाँ सभी सभी को जानते होंगे। स्थानीय उत्पादन पर निर्भरता ज्यादा होगी। इसलिए बड़े-बड़े कारखाने, बाजार, व्यापार केन्द्र वगैरह अप्रासंगिक हो जाएँगे। रेल, वायुयान आदि का चलन भी बहुत कम हो जाएगा, क्योंकि इतनी बड़ी संख्या में लोग हर समय तेज वाहनों से आते-जाते रहें, यह पागलपन के सिवाय और कुछ नहीं है। वर्ष में एक-दो बार लाखों लोग अगर एक जगह जमा होते भी हैं जैसे कुंभ के अवसर पर या कोई राष्ट्रीय उत्सव मनाने के लिए, तो ऐसी व्यवस्था करना संभव होगा कि निरंकुशता और अराजकता न पैदा हो। इस तरह भीड़भाड़ और आबादी के संकेंद्रण से निजात मिल जाएगी, तो आतंकवादियों को प्रहार करने के ठिकाने बड़ी मुश्किल से मिलेंगे।

लेकिन ऐसी व्यवस्था में आतंकवाद पैदा ही क्योंकर होगा? बेशक हिंसा पूरी तरह खत्म नहीं होगी, लेकिन संगठित हिंसा की जरूरत नहीं रह जाएगी, क्योंकि किसी भी समूह के साथ कोई अन्याय होने की गुंजाइश न्यूनतम हो जाएगी। आतंकवादी पागल नहीं होता है। वह अपनी समझ से किसी बड़े अन्याय के खिलाफ लड़ रहा होता है। जब ऐसा कोई अन्याय होगा ही नहीं और हुआ भी तो तुरंत उसे सुधारा जा सकेगा, तब आतंकवादी मानसिकता क्योंकर बनेगी? ऐसे समाज में मुनाफा, शोषण, दमन आदि क्रमशः इतिहास की वस्तुएँ बनती जाएँगी। जाहिर है, सत्य और अहिंसा पर आधारित इस व्यवस्था में सांप्रदायिक, नस्ली या जातिगत विद्वेष या प्रतिद्वंद्विता के लिए कोई स्थान नहीं रह जाएगा। हिंसा को घृणा की निगाह

से देखा जाएगा। कोई किसी के साथ अन्याय करने के बारे में नहीं सोचेगा। क्या इस तरह का समाज कभी बन सकेगा? पता नहीं। लेकिन इतिहास की गति अगर हिंसा से अहिंसा की ओर, अन्याय से न्याय की ओर तथा एकतंत्र या बहुतंत्र से लोकतंत्र की ओर है, जो वह है, तो कोई कारण नहीं कि ऐसा समाज बनाने में बड़े पैमाने पर सफलता न मिले जो संगठित मुनाफे, संगठित अन्याय और संगठित दमन पर आधारित न हो। केंद्रीकरण – सत्ता का, उत्पादन का और बसावट का – अपने आपमें एक तरह का आतंकवाद है, जिसमें अन्य प्रकार के आतंकवाद पैदा होते हैं। आतंकवाद सिर्फ वह नहीं है जो आतंकवादी समूहों द्वारा फैलाया जाता है। आतंकवाद वह भी है जो सेना, पुलिस, कारपोरेट जगत तथा माफिया समूहों के द्वारा पैदा किया जाता है, जिसके कारण व्यक्ति अपने को अलग-थलग, असहाय और समुदायविहीन महसूस करता है।

ऐसा नहीं मानना चाहिए कि जिन समाजों में आतंकवाद की समस्या हमारे देश की तरह नहीं है, वे कोई सुखी समाज हैं। एक बड़े स्तर पर आतंकवाद उनके लिए भी एक भारी समस्या है, नहीं तो संयुक्त राज्य अमेरिका आतंकवाद के विरुद्ध विश्व युद्ध नहीं चला रहा होता। लेकिन जिस जीवन व्यवस्था से आतंकवाद नाम की समस्या पैदा होती है, उससे और भी तरह-तरह की समस्याएँ पैदा होती हैं, जिनमें पारिवारिक तथा सामुदायिक जीवन का विघटन एवं प्रतिद्वंद्विता का निरंतर तनाव प्रमुख हैं। इसलिए हमें सिर्फ आतंकवाद का ही समाधान नहीं खोजना चाहिए, बल्कि उन समस्याओं का भी समाधान खोजना चाहिए जिनके परिवार का एक सदस्य आतंकवाद के नाम से जाना जाता है। इस खोज में गांधीवाद सर्वाधिक सहायक सिद्ध होगा, ऐसा मेरा अटल विश्वास है।

गांधीवाद की कसौटी

आजकल यह कहने का रिवाज बढ़ता जा रहा है कि रास्ता तो गांधीवाद से ही निकलेगा। पश्चिम में उतना नहीं, जितना भारत में। स्थिति यह है कि अनेक मार्क्सवादी लेखक और विचारक भी गांधी के प्रशंसक होते जा रहे हैं। क्या यह सचमुच गांधी या गांधीवाद के महत्त्व का पुनराविष्कार है? या, इसके पीछे अन्य मौजूदा प्रणालियों से निराशा छिपी हुई है?

इस प्रश्न का सटीक, या काफी हद तक उपयुक्त, उत्तर पाने के लिए यह कोशिश उपयोगी होगी कि गांधीवाद के बारे में स्वयं गांधी की क्या धारणा थी, इसकी संक्षिप्त परीक्षा की जाए। यह तो प्रसिद्ध ही है कि वे 'गांधीवाद' नाम की किसी चीज को स्वीकार नहीं करते थे। गांधी जी कहते हैं, 'गांधीवाद जैसी कोई चीज नहीं है, और मैं अपने बाद कोई संप्रदाय छोड़ कर नहीं जाना चाहता। मैं यह दावा नहीं करता कि मैंने किसी नए सिद्धांत को जन्म दिया है। मैंने तो सनातन सत्यों को अपने दैनंदिन जीवन और समस्याओं के समाधान में अपने ढंग से लागू करने का प्रयास किया है। साथ ही दुनिया को सिखाने के लिए मेरे पास कोई नई बात नहीं है। सत्य और अहिंसा उतने ही पुराने हैं जितने पर्वत। मैंने केवल इन दोनों को ले कर बड़े से बड़े पैमाने पर प्रयोग करने का प्रयास किया है। ऐसा करते समय मुझसे गलतियाँ हुई हैं और इन गलतियों से मैंने सबक लिया है।'

सत्य और अहिंसा को गांधी अपने विचार और कर्म के दो मूलभूत सूत्र मानते थे। इनमें भी सत्य पर उनका ज्यादा जोर था। यद्यपि दोनों एक ही चीज हैं, पर मानवीय खोज और संभवता की दृष्टि से सत्य का स्थान पहला है। गांधी बताते हैं, 'स्वभाव से मैं सत्यवादी हूँ, अहिंसक नहीं। जैसा कि किसी जैन मुनि ने एक बार ठीक ही कहा था, मैं अहिंसा का उतना पक्षधर नहीं हूँ जितना सत्य का। मैं सत्य को पहला स्थान देता हूँ और अहिंसा को दूसरा। क्योंकि जैसा कि उस मुनि ने कहा, 'मैं सत्य के लिए अहिंसा की बलि दे सकता हूँ।' इससे उन लोगों को सावधान हो जाना चाहिए जो सत्य के संधान का ईमानदार प्रयास नहीं करते और गांधीवाद के नाम पर अहिंसा पर जरूरत से ज्यादा जोर देते हैं। मांसाहारी, लेकिन सत्य के लिए जान की भी परवाह न करनेवाला और शाकाहारी, पर झूठ में ही जीनेवाला – इन

दोनों में से गांधी के निकट कौन है? इसका मतलब यह नहीं है कि अहिंसा गांधी की निगाह में कम महत्त्व की चीज थी। एक जगह तो वे कहते हैं, 'भला 'गांधीवादी' भी कोई नाम में नाम है? उसके बजाय 'अहिंसावादी' क्यों नहीं? क्योंकि गांधी तो अच्छाई और बुराई, कमजोरी और मजबूती, हिंसा और अहिंसा का मिश्रण है, जबकि अहिंसा में कोई मिलावट नहीं हैं।' अहिंसा का सूत्र गांधी को कहाँ से मिला? 'दरअसल, अहिंसा को मैंने सत्य की खोज करते हुए पाया है।' यानी, आप सत्य की राह पर चलने का फैसला करते हैं, तो आपका हिंसक बने रहना मुश्किल है।

सत्य तब से है जब से यह सृष्टि है। इसीलिए गांधी याद दिलाते हैं कि सत्य और अहिंसा तो पहाड़ों जितने पुराने हैं। सभी ने सत्य की खोज अपने-अपने ढंग से की है। यह खोज एक ही दिशा में नहीं चली है। इसीलिए सत्य की विभिन्न अवधारणाओं में कुछ साझा है, तो कुछ भिन्नता भी है। गांधी ने सत्य को अपने स्तर पर पहचाना। यह पहचान महत्त्वपूर्ण है और हमारे काम की है, इसीलिए गांधी का महत्त्व है। लेकिन उनका यह आग्रह भी ध्यान देने लायक है कि परंपरा सत्य के संधान की चलनी चाहिए, न कि सत्य की उस पहचान की, जो गांधी ने की थी। गांधी ने यह कभी नहीं कहा कि जो मैं बता रहा हूँ या जिस पर मैं चल रहा हूँ, वही सत्य है -- बाकी सब झूठ है।

गांधी कहते हैं, 'अगर गांधीवाद भ्रांति पर आधारित है, तो उसका नष्ट हो जाना ही उचित है। सत्य और अहिंसा कभी नष्ट नहीं होंगे। किन्तु यदि गांधीवाद किसी पंथ या संप्रदाय का पर्याय है तो उसका नष्ट हो जाना ही ठीक है। यदि मुझे अपनी मृत्यु के बाद पता चले कि मैं जिन आदर्शों के लिए जिया, उनका कोई पंथ-संप्रदाय बन गया है, तो मुझे गहरी वेदना होगी।' यहाँ तक कि गांधी जी यह भी नहीं चाहते थे कि कोई अपने को उनका अनुयायी बताये–'कोई यह न कहे कि मैं गांधी का अनुगामी हूँ। अपना अनुगमन मैं स्वयं करूँ, यही काफी है। मुझे पता है, मैं अपना कितना अपूर्ण अनुगामी हूँ, क्योंकि मैं अपनी आस्थाओं के अनुरूप जी नहीं पाता।'

इसके बाद भी कोई अपने को गांधीवादी कहे या गांधीवाद की चर्चा करे, तो क्या कहा जा सकता है! गांधी के जाने के बाद कोई भी गांधीवादी होने का दावा कर सकता है, जबकि स्वयं गांधी ही यह मानते थे कि वे खुद शत प्रतिशत गांधीवादी नहीं हैं। कोई दावा कर सकता है कि गांधीवाद को सिर्फ गांधी की नजर से नहीं देखा जा सकता। गांधी के बार-बार मना करने के बाद भी गांधीवाद की परिकल्पना करना मुश्किल या अतार्किक नहीं है। गांधीवाद यानी गांधी के विचारों का समुच्चय। इस समुच्चय के आधार पर हम एक पूर्ण विचारधारा का निर्माण कर सकते हैं और उसे सभ्यता का पथ प्रदर्शक बना सकते हैं।

निश्चय ही यह दावा बिलकुल आधारहीन नहीं है। लेकिन इसकी बुनियाद में एक कमी है। कृपया याद करें कि मार्क्स ने साम्यवाद के बारे में क्या कहा था। उनका कहना था कि अभी तक दार्शनिक इस दुनिया को समझने की कोशिश करते रहे हैं, जब कि नुक्ते की बात इसे बदलना है। अर्थात, वह व्यक्ति अपने को मार्क्सवादी नहीं कह सकता, जो दुनिया को मार्क्सवादी मान्यताओं के अनुसार बदलने की कोई कोशिश नहीं कर रहा है। मार्क्सवाद सिर्फ विचार प्रणाली नहीं है। यह कर्म का दर्शन है। विचारों का महत्त्व कर्म के संदर्भ में है। इसलिए मार्क्सवादी लेखक, मार्क्सवादी दार्शनिक या मार्क्सवादी विचारक – ये कोटियाँ संदिग्ध हैं। मार्क्सवाद को विचारक और कवि नहीं, कार्यकर्ता चाहिए। यह कार्यकर्ता कवि भी हो सकता है, दार्शनिक भी और वैज्ञानिक भी। कोई बहुत बड़ा कवि है और मार्क्सवाद की 'प्रैक्टिस' से विरत है, तो उसका मार्क्सवाद हमेशा संदिग्ध कोटि में रखा जाना चाहिए।

गांधीवाद या गांधी की कसौटी भी यही है। गांधीवादी किसी विचारधारा या दार्शनिक मत की संज्ञा नहीं है। यह सबसे पहले और सब कुछ के बाद भी जीवन जीने का एक तरीका है। गांधी कोई विद्वान, सिद्धांतकार या विचारक नहीं थे। उन्होंने उतना ही विचार किया, जितना उन्हें जीने के लिए जरूरी लगा। इसलिए कहा जा सकता है कि गांधी के विचार का विकास उनके जीवन के विकास के साथ-साथ हुआ। हर घटना उनके लिए एक किताब थी। महाबलेश्वर में 'शिकागो डिफेंडर' के संवाददाता डेंटन जे. बुक्स ने उनसे पूछा, 'गांधी जी, अमेरिका के नीग्रो लोगों के लिए आप क्या कोई विशेष संदेश भेजना चाहेंगे?' गांधी का सुविचारित उत्तर था : 'मेरा जीवन ही उसका अपना संदेश है। यदि ऐसा नहीं है, तो मैं जो कुछ भी कहूँगा, उससे इस उद्देश्य की पूर्ति नहीं होगी।'

यह एक विकट कसौटी है। अगर आप यह दावा करते हैं कि गांधी ही आशा का एकमात्र स्रोत हैं, तो यह वाक्य तब तक पूरा नहीं होगा जब तक आप तुरंत अपने कहे पर अमल करना शुरू नहीं कर देते। जो इस रास्ते पर चल कर दिखाने की कोशिश नहीं करता, उसके द्वारा इस रास्ते का जिक्र कुछ इस तरह है जैसे कोई किसी फूल की सुंगध का बखान करे। इस बखान से हम सुगंध का अनुभव नहीं कर सकते।

गांधी का काम संघर्ष

महात्मा गांधी के विशेषज्ञों से एक छोटा-सा सवाल है। वे कृपया यह बताएँ कि ये पंक्तियाँ गाँधी जी ने 'हरिजन' में कब लिखी थीं :

1. उस जीवंत बल को जिसे हम ईश्वर कहते हैं...जानने का उपाय यह है कि हम उस नियम को जानें और उसका अनुगमन करें जिससे हमें अपने अंदर ईश्वर की उपस्थिति का बोध होता है। लेकिन यह स्वतः स्पष्ट है कि ईश्वरीय नियम को जानने के लिए कठिन परिश्रम करना पड़ता है। इस नियम को, एक शब्द में, ब्रह्मचर्य कहा जा सकता है।

2. ब्रह्मचर्य क्या है? यह ऐसी जीवन पद्धति है जो हमें ब्रह्म से मिलाती है। इसमें प्रजनन क्रिया पर पूरा नियंत्रण सम्मिलित है। यह नियंत्रण मनसा, वाचा, कर्मणा होना चाहिए। यदि मन पर नियंत्रण न हो तो वाणी और कर्म पर नियंत्रण पाने का कोई मूल्य नहीं है।...उस ऊर्ध्वगामी वीर्य की सृजनात्मक शक्ति को कौन माप सकता है जिसकी मात्र एक बूँद मानव जीवन की सृष्टि करने में समर्थ है?

3. कितनी भी सुंदर स्त्री हो, पर वह उस व्यक्ति को आकर्षित नहीं कर पाएगी जिसमें कामवासना है ही नहीं। यह बात स्त्री पर भी लागू होती है।...मेरी धारणा है कि इस देश की सच्ची सेवा करने के लिए ब्रह्मचर्य का पालन आवश्यक है।

चूँकि गांधी जी का लिखा हुआ साहित्य अपरिमित है और मैं नहीं चाहता कि गांधी के किसी विशेषज्ञ को कष्ट हो, इसलिए निवेदन है कि पहला उद्धरण गांधी जी के उस लेख से है जो 22 जून 1947 के 'हरिजन' में छपा था, दूसरा उद्धरण 8 जून 1947 के 'हरिजन' में छपे उनके लेख से है और तीसरा उद्धरण 15 जून 1947 के 'हरिजन' में छपे उनके लेख से। जून 1947 भारत के लिए एक ऐतिहासिक महीना है, क्योंकि इसी महीने में वायसराय माउंटबेटन ने भारत को 15 अगस्त से आजाद करने की घोषणा की थी। इस घोषणा में देश का विभाजन भी शामिल था। इतने पुराने देश का टूटना दर्द-रहित नहीं हो सकता था। इसका सबूत हिंदू-मुसलमान दंगे पेश कर रहे थे, जो 15 अगस्त के बाद भी जारी रहे।

यह सब देख कर गांधी जी पर क्या गुजर रही होगी? उन्होंने घोषण की थी कि मेरी लाश पर ही देश विभाजन होगा। लेकिन कांग्रेस ने उनसे पूछे बगैर ही विभाजन

को स्वीकार कर लिया था। गांधी जी ने जब विभाजन को कभी स्वीकार नहीं करने की बात की थी, तब उन्हें नेहरू, पटेल, आजाद, कृपालानी आदि का भरोसा था। उनका खयाल था कि देश की जनता भी विभाजन का अनुमोदन नहीं करेगी। लेकिन रातों-रात पासा पलट गया। गांधी जी के सेनापतियों ने उन्हें त्याग दिया। जनता ने भी मजबूती से यह नहीं कहा कि हम नेताओं द्वारा थोपे जा रहे इस विभाजन को नहीं मानते। अभी तक शायद ही कोई लड़ाई रही हो, जिसमें गांधी जी ने अपने को हारा हुआ अनुभव किया हो। लेकिन भारत विभाजन उनकी संपूर्ण पराजय थी। उनके जीवन भर की तपस्या बेकार साबित हुई। गांधी जी इसके पहले इतने अशांत कभी नहीं हुए थे। किसी साधारण नेता के लिए दूसरों को कसूरवार ठहराना आसान होता है। पर गांधी जी सबसे पहले अपनी कमी देखते थे।

जिसे अंग्रेजी में मूर्खतावश 'सेक्स का प्रयोग' कहा जाता है और हिन्दी की एक प्रबुद्ध लेखिका ने 'ब्रह्मचर्य प्रयोग' कह कर उदारता दिखाई है, उसकी जरूरत इस समय और बढ़ गई थी। गांधी जी ने यह 'प्रयोग' पहले भी किया होगा, पर जब उन्हें अपनी पूरी जिंदगी की साधना विफल होती दिखाई दे रही थी, तो उनके लिए यह अनिवार्य था कि वे अपने भीतर और गहरे जाएँ। गांधी जी ने संभवतः अन्य सभी मनोविकारों पर नियंत्रण प्राप्त कर लिया था, पर सभी इच्छाओं में कामेच्छा शायद सबसे ज्यादा जबरदस्त होती है। गांधी जी ने सब कुछ छोड़ दिया था, वे निःस्व हो गए थे। फिर भी उन्हें लगता था कि एक जगह कुछ कमी रह गई है। इसके पहले वे अपनी 'आत्मकथा' में यह कबूल कर चुके थे कि उनके मन से काम भाव गया नहीं है। 1906 में उन्होंने ब्रह्मचर्य का व्रत ले लिया था और 1927-29 में, यानी बीसेक वर्ष बाद, जब उनकी उम्र 57 वर्ष से ज्यादा थी, उन्होंने सारी दुनिया को बताया, 'मेरे लिए तो कायिक ब्रह्मचर्य का पालन भी बड़ा कठिन सिद्ध हुआ है। आज मैं कह सकता हूँ कि मैं स्वयं को काफी सुरक्षित अनुभव करता हूँ, लेकिन मुझे अपने विचारों पर पूर्ण अधिकार प्राप्त करना है, जो बड़ा आवश्यक है। ऐसा नहीं हैं कि मेरे अंदर इच्छा अथवा प्रयास की कमी है, पर मैं अब तक यह नहीं जान पाया हूँ कि अवांछनीय विचार जाने कहाँ से आ कर हम पर चढ़ाई कर देते हैं।'

यानी, शरीर के स्तर पर काम से मुक्त होने में गांधी जी सफल हो गए थे— हालाँकि 'बहुत कठिनाई' से। राजमोहन गांधी ने अपने दादा की जो जीवनी लिखी है, उसमें गांधी जी के इस आत्मस्वीकार का उल्लेख है कि ब्रह्मचर्य का व्रत लेने के बाद चार स्त्रियों को देख कर उनमें वासना जगी थी। स्पष्टतः गांधी जी को पता था कि वे मानसिक स्तर पर, जहाँ से काम का स्फुरण होता है, काम से मुक्त नहीं हो पाए हैं। लेकिन किसी भी विकार के आगे समर्पण करना उन्हें स्वीकार नहीं था। इसीलिए 'आत्मकथा' में वे लिखते हैं, 'मुझे इसमें संदेह नहीं है कि अवांछनीय विचारों को निवारित करने का भी कोई उपाय अवश्य है, पर यह प्रत्येक व्यक्ति को

स्वयं ढूँढ़ना पड़ता है।' मृत्यु के क्षण तक गांधी जी शायद इस उपाय की तलाश करते रहे। लेकिन यह पता कैसे चले कि वे 'अवांछनीय विचारों' से मुक्त होने के लिए जो प्रयास कर रहे हैं, वे सफल हो रहे हैं या नहीं? इसके लिए अपने को परीक्षा में डालना जरूरी था। यह परीक्षा स्त्री सहयोगी के बिना असंभव थी। गांधी जी अगर स्त्री होते तो उन्हें पुरुष सहयोगी की जरूरत होती।

अगर कोई दूसरा नेता अपनी परीक्षा के नाम पर किसी निर्वस्त्र युवती के साथ सोता, तो स्खलन से उसका बचना शायद असंभव होता। पर गांधी जी न तो इस बिंदु तक पहुँचे न ही बहुत ज्यादा विचलित हुए। यह गांधी जी का सौभाग्य था कि न केवल उन स्त्रियों ने, जो निर्वस्त्र अवस्था में गांधी जी से लिपट कर सोती थीं, उन पर पूरा विश्वास किया, बल्कि उनमें से किसी भी स्त्री ने यह शिकायत नहीं की कि गांधी जी ने उनके साथ अनुचित कार्य किया। यह उनके लिए आनंद और गर्व की बात थी कि उन्हें गांधी जी का इतना नजदीकी सान्निध्य प्राप्त हुआ। यह सच है कि रात में गांधी जी का शरीर कई बार कंपन का शिकार हो जाता था। इसी से पता चलता है कि वे क्षण उनके लिए बेहद मुश्किल क्षण रहे होंगे। उनकी आत्मा निस्संग होने का संघर्ष कर रही थी, पर उनका हाड़-मांस का शरीर अपने जैविक धर्म से विच्छिन्न होने के लिए पूरी तरह तैयार नहीं था। लेकिन इस प्रसंग में जिस कंपन की चर्चा की जाती है, वह शायद सिर्फ काम-तनाव का परिणाम नहीं था। वह मन और शरीर के संघर्ष की अभिव्यक्ति थी। मानो इस संघर्ष को प्रशमित करने के लिए ही पास में लेटी वस्त्रहीन स्त्री उन्हें अपनी बाँहों में समेट लेती थी – जैसे कोई माँ या बहन अपने तनावग्रस्त बेटे या भाई पर अपने वात्सल्य का आँचल फैला रही हो। हम और आप शायद कल्पना भी नहीं कर सकते कि वे कितने वीरतापूर्ण, करुण और स्नेहसिक्त क्षण होते होंगे : अब तक के ज्ञात इतिहास का सबसे बड़ा आदमी किसी बच्चे की तरह चाँद माँगता हुआ (असंभव की कामना करता हुआ) और उसकी पुजारिनों लगभग कुछ नहीं समझती हुई (या इलाही ये माजरा क्या है!) और फिर भी उस यातनाग्रस्त महापुरुष को अपने निपट अस्तित्व से आश्वस्त करती हुई! ट्रेजेडी के इससे सुंदर क्षण और क्या हो सकते हैं!

यह न तो कोई यौन प्रयोग था और न ही ब्रह्मचर्य प्रयोग। एक तपस्वी, जिसने एक-एक कर जीवन के सभी साधारण रस छोड़ दिए थे, ताकि वह 'अपनी हस्ती को बिलकुल मिटा सके', क्योंकि उसके अनुसार दूसरों की सेवा करनेवाले व्यक्ति का अपना कोई वजूद रह ही नहीं जाना चाहिए, अपने द्वारा निर्धारित अग्नि-परीक्षा से गुजर रहा था। इस अग्नि-परीक्षा के दौरान उस पर क्या बीतती थी, इसका कोई रिकार्ड हमारे पास नहीं है। उस युवती को कैसे अनुभव हुए, यह गांधी जी जरूर जानना चाहते थे। इसलिए प्रत्येक ऐसी सहभागी से वे अगले दिन पूछते थे : 'तुम्हारे अंदर कोई एंद्रिय भावना तो नहीं जगी?' सत्य-साधक को पता था कि यदि वह स्वयं

काम का शिकार हो गया, तो इसकी तरंग उसकी सहभागी तक जरूर जाएगी। स्त्री जिस चीज को दूर से पहचान लेती है, उसे वह इतनी नजदीकी से क्यों नहीं देख पाई?

लेकिन क्यों? यह सब किसलिए? क्योंकि, गांधी जी बहुत सोच-सोच कर इस निष्कर्ष पर पहुँचे थे कि उनके भीतर कामुकता के कण बचे रह गए थे, तभी तो उनके साथियों ने, उनके देश के लोगों ने उनकी बात ठुकरा दी और देश विभाजन को स्वीकार कर लिया था। इतना ही नहीं, वे एक-दूसरे की सामूहिक हत्या भी कर रहे थे। उनका मानना था कि यदि मैं ब्रह्मचर्य पर पूरी विजय पा जाऊँ, तो मैं जिन्ना को इसमें (पाकिस्तान बनने में) परास्त कर दूँगा।

अब आप समझ सकते हैं कि जब देश आजाद होने की आशाओं, विभाजित होने की पीड़ाओं और सांप्रदायिक हिंसा की यातनाओं से गुजर रहा था, तो महात्मा गांधी जैसा आदमी, जिसने तब तक सार्वजनिक जीवन में कम से कम 48 वर्ष बिताए थे, 76 वर्ष की उम्र में क्यों अपनी साप्ताहिक पत्रिका में ब्रह्मचर्य की महत्ता पर लेख पर लेख लिख रहा था और अपने भीतर की कामुकता से संघर्ष कर रहा था। उसने यों ही नहीं कहा था कि 'मेरा जीवन ही मेरा संदेश है।'

इस पूरे प्रसंग से दो चीजों का पता चलता है। एक, काम की भूमिका के बारे में गांधी जी शायद बहुत भोले थे। शास्त्रों की शिक्षाओं पर गहरा विश्वास करते हुए वे अंत तक यह मानते रहे कि काम पर विजय पाने के बाद मनुष्य में अपार शक्ति आ जाती है। विज्ञान ने अभी तक इसकी पुष्टि नहीं की है। पर क्या जीवन के सारे रहस्य अनावृत्त हो चुके हैं? हो सकता है, यह सच भी हो। पर जब गांधी जैसा आदमी इसे चरितार्थ नहीं कर सका, तो हम इस पर यकीन कैसे करें, दो? ऐसा लगता है कि गांधी जी में, टॉलस्टॉय की तरह ही, काम की आँधी बहा करती थी। आँधी जितनी बड़ी हो, घर के दरवाजे उतने ही मजबूत करते पड़ते हैं। शायद इसीलिए उन्होंने 37 वर्ष की उम्र में, जब अनेक लोग विवाह करते हैं, ब्रह्मचर्य का संकल्प ले लिया था। मनोवैज्ञानिकों के अनुसार व्रत या संकल्प लेने का मतलब है अपने आप पर भरोसा न होना।

गांधी जी के इस संकल्प से उनकी पत्नी सहमत थीं या नहीं, यह जानना उनके लिए जरूरी नहीं था। गांधी जी के लिए यह इतना गूढ़ और इतने महत्त्व का मामला था कि इस बारे में अनेक व्यक्तियों से बातचीत करने के बाद वे इस नतीजे पर पहुँचे थे कि इस रास्ते पर मुझे अकेले ही चलना होगा। समाज और दुनिया के बारे में वे पूरी तरह लोकतांत्रिक थे – किसी के साथ किसी भी तरह की हिंसा नहीं कर सकते थे। पर अपने मामले में और व्यक्तियों के मामले में, जिन्हें वे अपना समझते थे, वे पूरे तानाशाह थे। वे जिसे अपने लिए ठीक मानते थे, उसे ही अपनी पत्नी, बच्चों और साथियों के लिए भी ठीक समझते थे और अपने साथ ही उन पर लागू

भी करते थे। जो स्थूल दृष्टि से देखता है, वही कह सकता है कि उन्होंने अपने लोगों के साथ अन्याय किया – पत्नी को गहने पहनने से रोका, उस पर ब्रह्मचर्य थोप दिया, बच्चों को सामान्य स्कूलों में पढ़ने के लिए नहीं भेजा, आश्रमवासियों को संत की तरह रहने के लिए विवश किया और यहाँ तक कि एक लड़की और एक सुहागिन के बाल भी कटवा दिए। कहा जा सकता है कि यह सब एक महान प्रयोगशील व्यक्ति के साथ रहने की अनिवार्य शर्तें थीं। जो सूर्य के निकट जाएगा, उसे पिघलने और भाप बनने के लिए प्रस्तुत रहना होगा, क्योंकि सूर्य स्वयं एक तरह की भाप है। जो ग्लेशियर पर नंगे बदन सोएगा, वह ठंड की शिकायत नहीं कर सकता। गांधी जी अगर इतने ही बुरे थे, तो कस्तूरबा उनका परित्याग कर सकती थीं तथा हरिलाल की तरह उनकी दूसरी संतानें भी उनसे नाता तोड़ सकती थीं। गांधी जी ने किसी सहयोगी को बाध्य नहीं किया कि वह उनके साथ चले – यह उसका अपना स्वतंत्र चुनाव था। लेकिन गांधी जी से यह माँग करना अनैतिक है कि जिस चीज को वे अपने लिए और दूसरों के लिए बुरा मानते हैं, उससे वे खुद तो दूर रहें, पर दूसरों को दूर रखने की कोशिश न करें, खास तौर से जब वे गांधी जी को अपना माता-पिता, पथ-प्रदर्शक और नेता मानते हों। बापू बनना आसान नहीं है।

और, गांधी के नजदीक आनेवाली स्त्रियों में गांधी के और नजदीक जाने की स्पर्धा? दुनिया की कौन-सी स्त्री है, जो ऐसे आदमी पर फिदा न हो जाए, जिसकी कोई निजी इच्छा नहीं रह गई हो? इससे भी पता चलता है कि स्त्रियाँ गांधी जी को अपना प्रताड़क नहीं, हितैषी ही मानती थीं।

गांधी का ब्रह्मचर्य

एक तो ब्रह्मचर्य खुद ही बहसतलब चीज है और दूसरे, जब गांधी जी ही खुद को ठीक से समझ नहीं पाए, तब दूसरे क्या खा कर उन्हें समझेंगे! जब इसमें एक तीसरा तत्त्व गांधी-द्वेष का जुड़ जाता है, तो स्थिति जटिलतर हो जाती है। मैंने दयाशंकर शुक्ल सागर द्वारा बहुत मेहनत से तैयार की हुई पुस्तक 'महात्मा गांधी : सेक्स और ब्रह्मचर्य के प्रयोग' बड़ी उम्मीद से पढ़ना शुरू किया था। खुशी यह थी कि जिस विषय पर आजकल हर दूसरे साल अंग्रेजी में एक नई किताब आ जाती है, उस विषय पर चलो किसी हिन्दी लेखक ने कलम चलाने का बीड़ा तो उठाया। किताब का आकार भी साधारण नहीं हैं – 432 पन्ने। सो यह अनुमान आधारहीन नहीं था कि यह गाली-गलौज की एक और किताब नहीं, बल्कि गांधी के घटिया आलोचकों को जवाब देने वाली शोध कृति होगी। लेकिन किताब को पूरा पढ़ लेने के बाद मैं स्वीकार करता हूँ कि लिफाफा देख कर खत का मजमूँ भाँप लेने की कला मुझमें नहीं है।

सबसे पहले तो किताब के नाम ले कर ही घिचपिच है। जिल्द खोल कर आगे बढ़ते ही पता चलता है कि किताब का नाम है : महात्मा गांधी : ब्रह्मचर्य के प्रयोग। आगे हर बाएँ पन्ने पर भी यही नाम अंकित है। पर मेरे पास एक ऐसी प्रति भी हैं, जिसके कवर पर भी किताब का नाम यही लिखा है–महात्मा गांधी : ब्रह्मचर्य के प्रयोग। ऐसा लगता है कि इस सीधे-सादे, परंतु सटीक नाम से लेखक या प्रकाशक को पूरा संतोष नहीं हुआ। इस टाइटिल से गांधी पर ज्यादा आँच नहीं आती थी। सो पुस्तक छप चुकने के बाद यह विचार टपका कि नाम को थोड़ा रसीला बनाया जाए। इस समय बाजार में जो प्रतियाँ होंगी, उनके कवर पर लिखा हुआ मिलेगा– महात्मा गांधी : सेक्स और ब्रह्मचर्य के प्रयोग। लेकिन सिर्फ कवर पर ही, क्योंकि इस बदलाव को भीतर तक ले जाने का कष्ट (कॉस्ट) नहीं उठाया गया है। मेरे पास यह दूसरी प्रति भी है। अभी तक किसी ने यह दावा नहीं किया है कि गांधी जी ने सेक्स के प्रयोग भी किए थे। कामुक वे बचपन से ही थे, यह वे खुद बता गए हैं। हो सकता है, यौन सुख को बढ़ाने के लिए उन्होंने सेक्स के भी कुछ प्रयोग किए हों। पर न उन्होंने कहीं इस विषय को छुआ है, न उनके किसी आलोचक ने।

दयाशंकर शुक्ल सागर भी इस पहलू पर प्रकाश नहीं डाल पाए हैं। जिन प्रयोगों की मीमांसा की गई है, उन सभी का संबंध किसी और चीज से है – संयम कहिए, ब्रह्मचर्य कहिए, स्त्री के साहचर्य की इच्छा कहिए या इसे अपनी कसौटी बनाने की कामना कहिए। हो सकता है, इसके माध्यम से गांधी जी कुछ और ही चीज खोज रहे थे, जिसकी ओर संकेत करना उन्होंने उचित नहीं समझा। जिसे वे खुद ही प्रयोग कहते थे, उसका निष्कर्ष वे क्या बतलाते? गांधी जी ने अपने जीवन को 'सत्य के प्रयोग' कहा है। क्या यह तजवीज गलत होगी कि इस गुह्य क्षेत्र में भी वे सत्य ही के किसी पहलू से मुठभेड़ कर रहे थे?

अब कुछ शीर्षकों और उपशीर्षकों पर ध्यान दें : मोहन और मीरा, ऐतिहासिक उपवास और ठहरा हुआ गर्भ, गांधी और गंदे सपने, महात्मा और मनु, अतृप्त वासनाएँ और संघर्ष, मगर सब चुप रहे, दस्तावेजों में छुपे रहस्य, गोरी वेश्याओं की बस्ती में, चंपारन और नीली आँखों वाली मिस एस्थर, तलवार की धार पर प्यार, एक छोटी-सी प्रेम कहानी का अंत, नींद में दो बार स्खलन, लड़कियों के कंधे पर हाथ, साबरमती आश्रम पर पाप की छाया, पारिजात के फूल, तू देवी नहीं, तुझे मासिक धर्म होता है, आश्रम में वासना, आश्रम में गुप्त रोग, वासनामयी स्पर्श, आखिर भाग गई नीला, फिर वीर्य स्खलन, कलकत्ते की काली रातें, गांधी जी की कुटिया और 'रावण का महल', ब्रह्मचर्य नहीं, संभोग सुख चाहिए। इसके बाद लेखक की 'अपनी बात' के ये वाक्य पढ़ें : 'मुझे लगता है कि अब वक्त आ गया है जब हम किसी नए नजरिए से अपने महापुरुषों का जीवन चरित्र लिखें। और ऐसा करते वक्त हम किसी शल्य चिकित्सक की तरह तटस्थ हों। तब मन में उस महापुरुष के प्रति न श्रद्धा भक्ति हो, न घृणा या तिरस्कार का कोई भाव। एक तरह की अनासक्ति हो। यह जोखिम भरा काम है। पर ये खतरे उठाने होंगे।' मुक्तिबोध की इस पंक्ति ने कि अभिव्यक्ति के खतरे उठाने ही होंगे, बहुतों का नुकसान किया है। मुझे बहुत खुशी होगी, अगर हमारे लेखक-पत्रकार इस तरह के खतरे उठाने का साहस न दिखाएँ। किसी के भी प्रति विद्वेष आग है। इस आग से खेलने में अपना ही कोई सुंदर हिस्सा जल कर भस्म हो जाता है।

आग से छेड़छाड़ के उदाहरण पूरी किताब में फैले हुए हैं। 'भूमिका' में लेखक गांधी जी की 'यौन कुंठाओं' का कैलेंडर तैयार करते हुए हमें बताते हैं, 'पानी के जहाज से दक्षिण अफ्रीका जा रहे 28 साल के मोहनदास यात्रा की थकान मिटाने के लिए हब्शी औरतों की बस्ती में एक वेश्या की कोठरी में घुस जाते हैं। लेकिन फिर वहाँ से 'बिना कुछ किए' शर्मसार हो कर बाहर निकलते हैं।' (पृष्ठ 16) जंजीबार की इस घटना के बारे में स्वयं गांधी जी ने ही लिखा है। इसका कोई और साक्ष्य नहीं है। गांधी जी का वृत्तांत यह है : 'मुझ पर कप्तान के प्रेम का पार न था। इस प्रेम ने मेरे लिए उलटा रूप धारण किया। उसने मुझे अपने साथ सैर के

लिए न्यौता। एक अंग्रेज मित्र को भी न्यौता था। हम तीनों कप्तान की नाव पर सवार हुए। मैं इस सैर का मर्म बिलकुल नहीं समझ पाया था। कप्तान को क्या पता कि मैं ऐसे मामलों में निपट अजान हूँ। हम लोग हब्शी औरतों की बस्ती में पहुँचे। एक दलाल हमें वहाँ ले गया। हममें से हरएक एक-एक कोठरी में घुस गया। पर मैं तो शरम का मारा वहाँ गुमसुम ही बैठा रहा। बेचारी उस स्त्री के मन में क्या विचार उठ रहे होंगे, सो तो वही जाने। कप्तान ने आवाज दी। मैं जैसा अंदर घुसा था, वैसा ही बाहर निकला। कप्तान मेरे भोलेपन को समझ गया। पहले तो मैं बहुत ही शार्मिंदा हुआ। पर मैं यह काम किसी भी दशा में पसंद नहीं कर सकता था, इसलिए मेरी शर्मिंदगी तुरंत दूर हो गई, और मैंने इसके लिए ईश्वर का उपकार माना कि उस बहन को देख कर मेरे मन में तनिक भी विकार उत्पन्न नहीं हुआ। मुझे अपनी इस दुर्बलता पर घृणा हुई कि मैं कोठरी में घुसने से इनकार करने का साहस न दिखा सका।' (सत्य के प्रयोग अथवा आत्मकथा, मो. क. गांधी, नवजीवन प्रकाशन मंदिर, 90) झूठ और सच का फर्क इतना ज्यादा है कि अलग से टिप्पणी क्या की जाए।

रवींद्रनाथ ठाकुर की भांजी सरला देवी, जिनका विवाह पंजाब के एक जमींदार रामभज दत्त चौधरी से हुआ था, से गांधी जी के अनुराग का किस्सा बहुत मशहूर है। रसाल इशारे फेंकते हुए लिखते हैं कि 1919 में दोनों की पहली मुलाकात हुई थी और जलियाँवाला बाग हत्याकांड उन्हें एक बार फिर करीब ले आया था। 'छात्रों को ब्रह्मचर्य की सलाह देने वाले गांधी जी पंजाब के इस दौरे के बाद सरला के और करीब आ गए थे।' (86) 'एस्थर (वही नीली आँखों वाली डेनिश लड़की, जो गांधी जी के प्रति आकृष्ट थी - रा.) उन्हें पत्र पर पत्र लिख रही थी, लेकिन सरला के आतिथ्य का सुख उठा रहे गांधी जी के पास अब जवाब देने का वक्त नहीं था। दिल्ली से लौट कर उन्होंने एस्थर को लिखा–'फिलहाल तुम मुझसे नियमित उत्तर की आशा न रखना। मुझे जीवन के मूल्यवान अनुभव हो रहे हैं।' (86) सरला देवी के संदर्भ में कुछ और वर्णन मुख्तसर में – 1. इधर सरला देवी फिर गांधी जी की साधना में लग गई। (89) 2. सरला देवी अपने प्रिय अतिथि का हर खयाल रखती। वह बापू की सेवा का कोई मौका नहीं खोना चाहती थी। मेहमान के रूप में गांधी जी भी बहुत बारीकी से सरला देवी के चेहरे और मनोभावों का अध्ययन करते। (89-90) 3. लेकिन इस वियोगिनी ने। (सरला देवी ने जब गांधी जी को लाहौर आने का निमंत्रण दिया था, उस समय उनके पति वहाँ नहीं थे। इसलिए गांधी जी ने सरला देवी के लिए सगी बहन के साथ-साथ वियोगिनी शब्द का भी प्रयोग किया था - रा.) गांधी जी का ऐसा सत्कार किया कि वह उसके प्रेम के कैदी हो रह गए। वियोगिनी को एक योगी मिल गया था। वियोगिनी इस योगी की तपस्या भंग करने में लगी थी। (94) 4. महात्मा ने अपने भाषण में सरला की तुलना अपनी पत्नी कस्तूरबा से यूँ ही नहीं की थी। महात्मा के अनुसार 'वह अब बूढ़ी हो चली थीं।'

(100) (बा के बूढ़ी हो चलने का प्रसंग यह है कि उन्हीं दिनों गांधी जी ने अपने दक्षिण अफ्रीका वासी जर्मन दोस्त हरमन कैलेनबैक को पत्र लिखा था, जिसमें वे कहते हैं -- 'अभी मैं देवदास और एक दूसरे विश्वस्त साथी (सरला देवी) के साथ यात्रा कर रहा हूँ। उसे देखोगे तो उस पर मुग्ध हो जाओगे। बात यह है कि उस महिला से मेरा बहुत घनिष्ठ संपर्क हो गया है। वह अकसर यात्रा में मेरे साथ रहती है। उसके साथ मेरे संबंधों को किसी परिभाषा में नहीं बाँधा जा सकता। मैं उसे अपनी आध्यात्मिक पत्नी कहता हूँ। एक मित्र ने हमारे संबंधों को बौद्धिक विवाह कहा है। मैं चाहता हूँ तुम उससे मिलो। मैं अपने लाहौर और पंजाब के निवास-काल में कई महीने उसी के घर ठहरा था। श्रीमती गांधी आश्रम में हैं। वे वृद्ध तो काफी हो गई हैं, लेकिन बहादुर पहले की तरह हैं। तुमने उनके गुण-दोष-सहित उन्हें जिस रूप में देखा था, अब भी वे वैसी ही हैं।' (101)

जिसे लेखक ने 'आध्यात्मिक रोमांस' कहा है और जिसके बीतने को 'एक छोटी-सी प्रेम कहानी का अंत', वह गांधी जी के लिये एक तूफानी घटना थी। इसे ले कर उस समय के वरिष्ठ कांग्रेस नेता काफी परेशान थे। कइयों ने गांधी जी को समझाया भी कि वे यह संबंध तोड़ दें। संबंध टूटा, पर इसलिए कि गांधी जी को सरला देवी से जो उम्मीदें थीं, वे पूरी नहीं हो पाई। गांधी जी की मुश्किल यह थी कि वे जिससे प्यार करते थे, उसे अपने विश्वासों के अनुसार ढालने लगते थे। बहरहाल, दो व्यक्तियों के बीच, खासकर स्त्री-पुरुष के बीच, जो चल रहा है, उसे कोई और समझ नहीं सकता। इसलिए आरोप लगाने की मानसिकता दोषपूर्ण है। लेकिन सागर ने मजा लेने की कोशिश की है। यही मानसिकता मीराबेन के प्रसंग में, विवस्त्र लड़कियों के साथ विवस्त्र सोने में, स्नानागार में सुशीला नैयर के साहचर्य आदि प्रसंगों में व्यक्त हुई है। इसमें सुविधा प्रदान करने के लिए गांधी जी भी कुछ हद तक जिम्मेदार हैं। वे महिलाओं को लिखे अपने पत्रों को अकसर प्रेम पत्र बताते थे, सरला देवी को उन्होंने अपनी आध्यात्मिक पत्नी घोषित कर दिया था, मेडेलिन स्लेद का नामकरण मीरा किया था, उन्हें कई बार लगभग रोज पत्र लिखते थे और महिलाओं को अकसर लिखते थे कि आज सोते समय तुम्हारी बहुत याद आएगी। इस रस को वे कभी छोड़ नहीं पाए। महात्मा ने खुद स्वीकार किया है कि ब्रह्मचर्य का व्रत लेने के बाद चार औरतों ने उन्हें स्त्री के रूप में विचलित किया। इनमें से तीन की पहचान उनके जीवनीकार पौत्र राजमोहन गांधी ने कर ली है, पर चौथी को नहीं जाना जा सका है (द गुड बोटमैन)। उन्हें चौथेपन में स्वप्नदोष होता रहा। लेकिन क्या ये असाधारण घटनाएँ हैं? महात्मा बार-बार कहते थे कि अपनी परिभाषा के अनुसार मैं पूरा ब्रह्मचारी नहीं हो पाया हूँ। पर क्या यह संभव भी था? सेक्स, ब्रह्मचर्य और महात्मा के संबंधों में पेच ही पेच हैं। इन्हें समझने के लिए जासूसी और मसखरापन नहीं, प्रेम तथा सहानुभूति चाहिए। क्या पता तब भी किस हद तक

समझ में आए। लेकिन जो चीज समझ में न आए, उस हमेशा गंदा ही क्यों मान लिया जाए? खेद है कि पाँच साल लगाने और काफी शोध करने पर भी दयांशकर शुक्ल सागर अपने चरित नायक के साथ न्याय नहीं कर पाए। फिर भी इस पुस्तक में ऐसी अनंत जानकारियाँ हैं जिनसे पाठक अपना स्वतंत्र निष्कर्ष निकल सकता है। पुस्तक की भाषा-शैली तो किसी भी पत्रकार के लिए काबिले-रश्क है।

इसमें कण भर भी संदेह नहीं कि महात्मा गांधी को स्त्रियाँ बहुत आकर्षित करती थीं। रसाल ने महात्मा का यह वाक्य उद्धृत किया है -- 'मैं स्वयं तो भिखारी हूँ; अपनी भिक्षा में मैं विशेष रूप से बहनों की खोज में रहता हूँ।' महात्मा को यह भिक्षा भरपूर मिली। इस दृष्टि से कोई भी उनसे ईर्ष्या कर सकता है। लेकिन इस खोज का रहस्य क्या था? शायद वे स्त्री तत्त्व को बहुत महत्त्व देते थे और उसके पीछे दीवाना थे। उन्होंने कई जगह लिखा है कि पुरुष की तुलना में स्त्रियाँ बेहतर मनुष्य हैं, जो शायद सच हैं। इस गणित पर भी विचार करना चाहिए कि महात्मा लाखों पुरुषों के संपर्क में आए थे, जबकि स्त्रियों की संख्या सैकड़ों या हजारों में ही होगी। घनिष्ठता के स्तर पर दस पुरुष और एक स्त्री या शायद इससे भी कम का अनुपात बैठता है। फिर स्त्री-पुरुष समानता की माँग करनेवाले इतनी हायतौबा क्यों मचाते हैं? पुरुष का पुरुष से मिलना स्वाभाविक है और स्त्री से मिलना कामुकता है? यह त्रेता युग का दर्शन होगा, आधुनिक समय का नहीं हो सकता।

इस संदर्भ में एक महत्त्वपूर्ण तथ्य की बहुत उपेक्षा की गई है। इस मिथक को फैलाने में गांधी जी ने भी कम सहयोग नहीं किया कि उनके और पत्नी कस्तूर के बीच असीम लगाव था। असलियत बहुत खूँखार है। समीक्षित पुस्तक के लेखक द्वारा उपलब्ध कराए गए साक्ष्यों के अनुसार, 1914 में कस्तूरबा के बारे में गांधी जी की राय यह थी—'वह ऐसी जहर उगलनेवाली महिला है जैसी मैंने अपने पूरे जीवन में कभी नहीं देखी। वह कभी नहीं भूलती, मुझे कभी माफ नहीं करती।' वे कहते हैं, कस्तूरबा में 'अत्यंत सूक्ष्म रूप में राक्षस और देवता की भावनाएँ निवास करती हैं।' बदले में कस्तूरबा गांधी जी को 'फुँफकारते हुए साँप जैसा' बतातीं।' (ये तीनों उद्धरण समीक्षित पुस्तक से)

क्या यह गांधी जी के दांपत्य जीवन की विफलती था जिसकी क्षतिपूर्ति वे अन्यत्र से करना चाहते रहे थे? क्या पता!

विरोधियों के बीच अकेले

महात्मा गांधी की हत्या करने के कारण हिंदूवादी विचारधारा का नाथूराम गोडसे हमेशा के लिए उनका प्रतिध्रुव बन गया। इससे एक भारी नुकसान हुआ है। हिन्दूवाद के विरोधियों को यह भ्रम फैलाने में सुविधा होती है कि गांधी जी के एकमात्र विरोधी हिन्दू महासभा और राष्ट्रीय स्वयंसेवक संघ के लोग रहे हैं। 6 दिसंबर 1992 के बाद बार-बार संघ परिवार को गांधी जी की हत्या के लिए कोसा गया है और यह प्रतिपादित किया गया है कि संघ के लोग शुरू से ही असहिष्णु और हिंसक रहे हैं। यह सच भी है! हिंदू सांप्रदायिकता की रक्त-रंजित इबारत पर गांधी जी अपने खून से हस्ताक्षर कर गए हैं। जब तक भारत में उनकी पवित्र स्मृति शेष है, ये हस्ताक्षर लोगों को याद दिलाते रहेंगे कि असहिष्णुता और हिंसा से किसी समस्या का समाधान नहीं हो सकता। गांधी जी के लिए यह व्यक्तिगत प्रसन्नता की बात होगी कि जिन मूल्यों के लिए उन्होंने जीवन पर्यंत संघर्ष किया, उनकी मृत्यु ने उन्हीं मूल्यों को मजबूत किया। भारत आज भी गांधी की हत्या पर शर्मिंदा है।

लेकिन यह प्रचार करना उचित नहीं है कि गांधी जी के एकमात्र विरोधी हिन्दूवादी ही थे। सच तो यह है कि दक्षिण अफ्रीका में उन्होंने अपने जितने मित्र और प्रशंसक बनाये, भारत में वे नहीं बना सके। इसमें संदेह नहीं कि भारत की जनता को उन्होंने जितनी गहराई से प्रभावित किया, कोई भी अन्य महापुरुष अपने जीवन काल में नहीं कर सका। गांधी जी के गीत उन आदिवासी झोपड़ियों में भी गाए गए, जहाँ तक सभ्यता की अनुगूँजें बहुत देर से पहुँचती हैं। प्रभावित तो उन्होंने अपने सभी समकालीन नेताओं को भी किया, लेकिन यह प्रभाव उनके व्यक्तित्व और उनकी राजनीतिक शक्ति का था। गांधी जी की उपेक्षा कर कोई जन राजनीति उस समय हो ही नहीं सकती थी। इसीलिए गांधी जी द्वारा कांग्रेस अध्यक्ष पद से हटवा दिए जाने के बावजूद आजाद हिंद फौज के कमांडर सुभाष चन्द्र बोस ने जर्मनी की जमीन से स्वतंत्र भारत का पहला रेडियो प्रसारण किया, तो उन्होंने गांधी जी को राष्ट्रपिता कह कर संबोधित किया। यह अलग बात है कि आज नेता जी के अनुयायी गांधी जी को तिरस्कार की निगाह से देखते हैं। लेकिन जब गांधी जी जीवित थे, तब भी उनके राजनीतिक और व्यक्तिगत विरोधियों की संख्या इतनी

ज्यादा थी कि आश्चर्य होता है अपने इस भयावह अकेलेपन के बावजूद वे कैसे सहज और प्रसन्न रह लेते थे।

गांधी के हत्यारों की जमात को तो हम पहचानते हैं, क्योंकि यह हत्या कोई छिप कर नहीं की गई थी, बल्कि दुनिया को यह बताने के लिए की गई थी कि गांधी हिन्दुओं का दुश्मन और मुसलमानों का खैरख्वाह है। लेकिन गांधी के विरोधी वे धर्माचार्य और धार्मिक प्रतिष्ठानों के अन्य संचालक भी थे, जिनका मानना था कि अस्पृश्यता का विरोध कर गांधी जी हिन्दू धर्म की एक मूल मान्यता को ही नष्ट कर रहे हैं। इन संरक्षणवादियों की ओर से गांधी जी को बार-बार चुनौती दी गई कि वे अस्पृश्यता को शास्त्र विरोधी साबित करें। वाराणसी तथा कई अन्य शहरों से उन्हें शास्त्रार्थ के लिए ललकारा गया। यही नहीं, जब वे अस्पृश्यता के विरोध में देश भर का दौरा कर रहे थे, देवघर में उनकी गाड़ी पर बम फेंका गया। उनके साथ अपशब्दों का प्रयोग तो उनकी ही सभाओं में हुआ। गांधी जी से रामचंद्र शुक्ल जैसे लेखक और विचारक भी प्रसन्न नहीं थे। इन लोगों ने बहुत मुखरता से विरोध नहीं किया, लेकिन गांधी से ये उदासीन रहे। इनका मानना था कि हिंसा का सहारा लिए बिना स्वतन्त्रता का संघर्ष नहीं किया जा सकता और गांधी अहिंसा की शिक्षा दे कर देश को कायर बना रहे हैं। आज भी बहुत-से लोग भारत की बरबादी के लिए बुद्ध और गांधी को जिम्मेदार बताते हैं।

भीमराव आंबेडकर तो गांधी के प्रसिद्ध विरोधी थे ही। वे कांग्रेस पर और उसके नेता के रूप में गांधी पर लगातार हमला करते रहे। यही परंपरा आज तक चली आती है और दलित नेता पानी पी-पी कर गांधी को कोसते हैं, जबकि अस्पृश्यता के खिलाफ जितना संघर्ष गांधी जी ने किया – उतना किसी और सवर्ण नेता ने नहीं। फिर भी आंबेडकर गांधी को दोषी मानते रहे और उनका सार्वजनिक उपहास करते रहे। इस तरह, हिन्दू समाज का सवर्ण तबका और दलित नेतृत्व, दोनों ही कई मामलों में गांधी जी के उग्र विरोधी थे।

साम्यवादी आज गांधी का नाम आदर से लेते हैं, लेकिन गांधी का जितना सैद्धांतिक विरोध साम्यवादियों ने किया, उतना किसी और ने नहीं। उनकी विवेचना के अनुसार, गांधी पूँजीवाद के दलाल और साम्राज्यवाद के एजेंट थे। साम्यवादी उन दिनों भारतीय बुद्धिजीवियों में अग्रणी थे – आज भी हैं, इसलिए उनकी बातों का काफी असर पड़ता था। यह सच है कि गांधी जी ने पूँजीवाद का वैसा विरोध नहीं किया जैसा समाजवादी करते हैं, लेकिन आदर्श समाज व्यवस्था का उन्होंने जो स्वप्न देखा, उसमें पूँजीवाद के लिए कोई जगह नहीं हो सकती थी। घनश्याम दास बिड़ला गांधी के प्रशंसक और शिष्य थे, कुछ और उद्योगपति भी उनके संपर्क में थे, लेकिन कोई भी यह देख सकता था कि अपने निजी जीवन में गांधी जी ने गरीबी को स्वेच्छया स्वीकार किया था और उनके विचारों या राजनीति पर पूँजीवाद का या पूँजीपतियों

का कोई असर नहीं था। गरीबों का उनसे बड़ा प्रवक्ता तो कोई और हुआ ही नहीं। गरीबों से मार्क्स का लगाव सैद्धांतिक था, जबकि गांधी ने अपने को गरीबमय कर लिया था। सरोजिनी नायडू जैसे आलोचकों ने जो यह बात प्रसिद्ध कर दी कि गांधी को गरीबी में रखने के लिए देश को कितना खर्च करना पड़ता है, यह गांधी को पता नहीं है, वह अब भी लोगों के दिमाग को प्रदूषित कर रही है। गांधी पर जो भी खर्च था, वह उनके भोजन पर ही था और इसमे संदेह नहीं कि वे आहार के मामले में जीवन भर प्रयोग करते रहे। बाकी सभी खर्च कांग्रेस और रचनात्मक कार्यक्रम के कामों से जुड़े हुए थे और इस स्तर पर गांधी जी ने एक पैसे की भी फिजूलखर्ची नहीं की। यह अकारण नहीं कि लगभग 50 साल तक सार्वजनिक जीवन में रहने के बावजूद गांधी जी ने कोई व्यक्तिगत संपत्ति नहीं बनाई। फिर भी उन्हें अमीरों का पिट्ठू बताया जाता था – यह देख कर गांधी जी को कितनी वेदना होती होगी!

मुहम्मद अली जिन्ना अपनी मुस्लिम लीग के साथ गांधी विरोधी इसलिए थे कि गांधी जी हिन्दू-मुस्लिम एकता की बात करते थे और धर्म के आधार पर भारत विभाजन के खिलाफ थे। जिन्ना तथा कई मुस्लिम नेताओं ने यह आरोप लगाया कि कांग्रेस हिन्दुओं की पार्टी है। वे गांधी को भी हिन्दू ही कहते थे। यद्यपि गांधी खिलाफत आंदोलन के समय से ही मुसलमानों के बीच काम करते रहे, लेकिन यह सच है कि भारत के ज्यादातर मुसलमान गांधी जी से अलग रहे। शायद यह गांधी की सबसे बड़ी विफलता थी।

लेकिन गांधी के सबसे ज्यादा विरोधी कांग्रेस में ही थे। स्वयं जवाहरलाल नेहरू को, जिन्हें गांधी जी ने अपने उत्तराधिकारी घोषित किया था, गांधी का आर्थिक कार्यक्रम न पसंद था और न स्वीकार। जब यह स्पष्ट हो गया कि आजादी मिलने ही वाली है, तो गांधी जी ने जवाहरलाल से पत्र-व्यवहार शुरू किया कि स्वतंत्र भारत का नक्शा कैसा होना चाहिए। लेकिन नेहरू ने यह बहस टाल दी और कहा कि स्वतंत्र भारत कैसा होगा, इसका निर्णय स्वतंत्र भारत के प्रतिनिधियों को ही करना चाहिए। कांग्रेस भीतर ही भीतर गांधी की कितनी विरोधी हो गई थी, इसका अनुमान इसी से लगाया जा सकता है कि भारत विभाजन का प्रस्ताव स्वीकार करने के पहले कांग्रेस ने गांधी जी से विचार-विमर्श तक नहीं किया। यह वह घटना थी, जब गांधी जी की जीवन भर की राजनीतिक पूँजी लुट गई। बाद में उन्होंने यह कहा भी कि कांग्रेस के जो लोग मेरे साथ थे, वे मुझे समझते नहीं थे।

इस सबसे गांधी जी के अकेलेपन की कल्पना की जा सकती है। लेकिन यह अकेलापन रचनात्मक भी था : गांधी जी ने जीवन जीने की जो कला विकसित की, वह अभूतपूर्व थी। इसीलिए गांधी की नकल करना आसान था – कोई भी चरखा कात सकता था, खादी पहन सकता था और तीसरे दर्जे में सफर कर सकता था,

पर उन्हें समझना बहुत मुश्किल था, इसीलिए उनके जितने प्रशंसक थे, उससे ज्यादा विरोधी थे। यह गांधी जी की महानता थी कि प्रशंसा और आलोचना, दोनों से ही अप्रभावित रह कर वे अपना काम करते रहे। प्रेम और अहिंसा की शक्ति साधारण नहीं होती।

बहुत अच्छे की ट्रेजडी

महात्मा गांधी की हत्या के साठ साल हो गए। आज के ही दिन एक पागल ने उनके सीने में तीन गोलियाँ झोंक दी थीं। इस घटना पर आज भी विश्वास नहीं होता। महात्मा जी इतने प्रेमिल व्यक्ति थे कि कोई उनकी जान लेने की बात सोच भी कैसे सकता था? आजादी पाने के बाद तो उनकी कोई हैसियत भी नहीं रह गई थी। न कांग्रेस उनकी बात सुन रही थी और न सरकार। फिर वह किसी के लिए खतरनाक क्यों थे? अगर वह इतने ही खतरनाक थे, तो पंद्रह अगस्त के पहले उनकी जान क्यों नहीं ले ली गई? क्या यह उनके बहुत अच्छा होने की ट्रेजेडी थी?

धर्म के आधार पर देश का बँटवारा हो चुका था। मुसलमानों को अपनी जमीने-पाक मिल चुकी थी। हिंदू सोचते थे कि भारत अब सिर्फ उनका देश है। यहाँ मुसलमानों का क्या काम? जो मुसलमान भारत में रह गए थे, उनसे व्यंग्यपूर्वक कहा भी जाता था कि यहाँ क्या कर रहे हो, पाकिस्तान जाओ। आज भी बहुत-से मुसलमानों को यह ताना सुनना पड़ता है। यह बात तब भी भुला दी गई थी और आज भी भुला दी जाती है कि अखंड भारत के सभी मुसलमानों ने पाकिस्तान की माँग नहीं की थी। यह सही है कि पाकिस्तान आंदोलन को देश के प्रायः सभी मुसलमानों का समर्थन था। शायद वे सोचते थे कि विभाजन होगा तो एक तरफ सिर्फ हिंदू होंगे और दूसरी तरफ सिर्फ मुसलमान। बहुत-से हिंदू भी सोचते थे कि विभाजन को स्वीकार कर लिया जाए तो इससे सांप्रदायिक समस्या हमेशा के लिए खत्म हो जाएगी। शायद इसी समझ के तहत कांग्रेस के नेतृत्व ने विभाजन को स्वीकार किया था।

लेकिन बँटवारा जिस तरह हुआ, वह साफ-साफ हिंदू-मुसलमान बँटवारा नहीं था। कांग्रेस इतनी उदार नहीं थी कि वह देश का काफी बड़ा हिस्सा पाकिस्तान बन जाने देती। जिन्ना को इतना धीरज नहीं था कि वे उस पाकिस्तान के लिए जिद बनाए रखते जिसमें देश के सभी मुसलमान समा सकते। इसलिए जो बँटवारा हुआ, वह सिर्फ धार्मिक या सांप्रदायिक आधार पर नहीं हुआ था। वह मुख्यतः एक भौगोलिक बँटवारा था। उन क्षेत्रों को पाकिस्तान घोषित कर दिया गया, जहाँ मुसलमानों का बहुमत था। हिंदू-बहुल राज्यों के मुसलमान निराशा में डूब गए, क्योंकि उनके लिए

जिन्ना के पाकिस्तान में कोई जगह नहीं थी। विभाजन के बाद सीमा के दोनों ओर कटुता बनी रह गई।

कटुता के इस महौल में महात्मा जी अकेले व्यक्ति थे, जिसने विभाजन को स्वीकार किया भी था और नहीं भी किया था। स्वीकार इसलिए किया था क्योंकि कांग्रेस उनके हाथ से निकल चुकी थी और यह उनके बस की बात नहीं रह गई थी कि वे कांग्रेस के फैसले को उलटवा सकें। इतिहास अचानक महात्मा के खिलाफ हो गया था। कांग्रेस ने अपने सबसे बड़े नेता की उपेक्षा करने का निर्णय कर लिया था। इसके बाद भी महात्मा अगर कांग्रेस का नेता बने रहने जैसा व्यवहार करते, तो वे हँसी का पात्र ही बन सकते थे। इस बेबसी को समझने के बाद ही हम यह महसूस कर सकते हैं कि महात्मा ने अपनी इस घोषणा पर कि विभाजन मेरी लाश पर ही होगा, अमल क्यों नहीं किया। उस समय देश भर में जो खूनी वातावरण बना हुआ था, उसमें महात्मा ने तय किया होगा कि इस वक्त मरने से जीवित रहना ही बेहतर होगा। मृत गांधी उस समय खून-खराबे को थोड़ा भी रोक नहीं सकता था। शायद खून-खराबा बढ़ ही जाता। जीवित गांधी कोशिश कर सकता था कि नफरत के माहौल में थोड़ा सद्भाव लाया जाए और विनाशकारी घृणा के ज्वार को कम किया जाए।

विभाजन के बाद महात्मा गांधी यही कर रहे थे। इसीलिए व्यावहारिक स्तर पर विभाजन को मान लेने पर भी उन्होंने सिद्धांत, विचार, भावना और कार्यक्रम के स्तर पर उसे स्वीकर नहीं किया था। वे हिंदुओं को मुसलमान और मुसलमानों को हिंदू होने की राह दिखा रहे थे। वे विभाजन को ज्यादा से ज्यादा तार्किक और शांतिमय बनाने की कोशिश कर रहे थे। वे कह रहे थे कि विभाजन एक सामयिक घटना है, इसलिए हमारे दिलो-दिमाग नहीं बदल जाने चाहिए। दो भाइयों में झगड़ा होता है, तो क्या वे भाई नहीं रह जाते? क्या वे एक-दूसरे के खून के प्यासे हो जाते हैं? महात्मा बता रहे थे कि मनुष्यता देश, धर्म, समुदाय सभी से बड़ी होती है। इसलिए कोई भी मतभेद इतना बड़ा नहीं हो सकता कि उसके कारण किसी की जान ली जाए। कोई भी अन्याय इतना भारी नहीं हो सकता कि वह हमें मनुष्यहंता बना दे।

जान लेने-देने के उस माहौल में यह इतनी बड़ी बात थी कि सामान्य मनुष्य के हृदय में समा नहीं सकती थी। लोग मरने-मारने पर उतारू थे, एक-दूसरे की बहू-बेटियों को लूट रहे थे, उनकी संपत्तियों पर कब्जा कर रहे थे। उस माहौल मे अपने प्रतिद्वंद्वी को प्यार करने की सलाह दे कर महात्मा गांधी सामान्य मानव मनोविज्ञान की सभी सरहदों को तोड़ रहे थे। वे हिंदुस्तान के लोगों को एक ऐसी नैतिक सलाह दे रहे थे, जो उन पर हिमालय की तरह गिर रही थी। क्या यह आदमी पागल हो गया है? क्या यह अपनी महात्मागीरी के चक्कर में हम लोगों को बेवकूफ बना रहा है? बेशक मुसलमान भी उनसे काफी कुपित थे, क्योंकि वे महात्मा पर

भरोसा करते थे कि उनके रहते हमारा कोई नुकसान नहीं होगा। लेकिन वे महात्मा की हत्या नहीं कर सकते थे, क्योंकि महात्मा भले ही अपने वचन की रक्षा न कर पाए हों, पर मुसलमानों का साथ दे रहे थे। इसी तरह महात्मा हिंदुओं का भी साथ दे रहे थे और उन्हें राक्षस होने से रोकने का प्रयास कर रहे थे। लेकिन उनका निर्मल व्यक्तित्व हिंदुओं को आईना भी दिखा रहा था। महात्मा का होना हिंसक प्रवृत्ति के लोगों और हत्यारों में आत्मग्लानि पैदा कर रहा था। शायद इसी आत्मग्लानि के बोझ से मुक्ति पाने के लिए एक भावुक हिंदू ने उनका काम तमाम कर दिया। बहुत अच्छा होना उस बूढ़े आदमी की मौत का कारण हो गया।

कृपया अपने अलग-बगल नजर दौड़ा यह देखने की कोशिश कीजिए कि जो वाकई भले, औसत से अच्छे लोग हैं, उनकी सराहना की जाती है तो उनसे द्वेष भी किया जाता है। अपने साथी की अच्छाई उसकी आत्मा पर बोझ बन जाता है जो उस अच्छाई को बरदाश्त नहीं कर पाता। उसे लगता है कि उसकी अच्छाई मेरी बुराई को रेखांकित कर रही है। संतोष की बात यही है कि सिर्फ इस वजह से किसी का अच्छा होना रुक नहीं जाता।

अपनी हत्या पर

यह मेरा अहंकार न माना जाए, तो मैं यह दावा करना चाहूँगा कि मेरा जीवन एक खुली किताब रहा है। मेरा अनुमान है कि कुछ को छोड़ प्रायः सभी लोग मेरी इस बात पर विश्वास करते थे। इनमें से अनेक ने तो सार्वजनिक वक्तव्य भी दिया था कि गांधी गलत हो सकता है, पर वह कुछ छिपाता नहीं है। यहाँ तक कि कुछ वर्षों से मेरे 'यौन प्रयोग' कह कर जिस चीज की निंदा करने का चलन हो गया है और जिसके बारे में सूचना पा कर मेरे विरोधी बहुत प्रसन्न होते हैं, वह भी किसी से छिपा कर की गई क्रिया नहीं थी। आश्रम के सभी लोगों को उसके बारे में खबर थी। इस विषय पर मुझसे उनकी खूब बहस भी होता थी। कोई चीज मैं किसी से छिपा कर कर ही कैसे सकता था? क्या ईश्वर हम जगह मौजूद नहीं है? फिर उससे छिपा कर हम कोई चीज सोच भी कैसे सकते हैं?

मेरी यह मान्यता, मृत्यु के बाद, अब और दृढ़ हो गई है कि जिसका जीवन जैसा होता है, उसकी मृत्यु भी वैसी ही होती है। क्या मैंने पहले भी कई बार नहीं कहा है कि मृत्यु का कोई पृथक अस्तित्व नहीं है – वह तो जीवन का ही विस्तार है? मृत्यु भी वहीं से आती है, जहाँ से जीवन आता है। अतः मैं तो श्रीयुत नाथूराम गोडसे को धन्यवाद ही देता हूँ कि मेरा जीवन, जो दूसरों पर ही नहीं, मुझ पर भी बोझ बन गया था, समाप्त कर उसने उसे और उपयोगी बना दिया। उन दिनों देश की जो परिस्थिति थी, भाई-भाई जिस तरह एक-दूसरे की जान ले रहे थे और बहनों को जलील कर रहे थे, उस परिस्थिति में मेरी कोई उपयोगिता नहीं रह गई थी। काफी समय तक मैं अपने मुल्क का बिना ताज का बादशाह था। आजादी मिलते ही मैं रंक हो गया। मेरी लगभग पूरी सेना मुझे अकेला छोड़ कर भाग चली। पहले मैं सोचता था कि कम से कम 125 वर्ष की आयु तक जीऊँगा और मुल्क तथा मानवता की सेवा करूँगा। लेकिन अब जीवन का एक-एक दिन भारी पड़ रहा था। मैं घड़ी-घड़ी अपने आपसे पूछता था कि ईश्वर मुझे उठा क्यों नहीं लेता? अब इस कमजोर बूढ़े से वह कौन-सा काम लेना चाहता है? इसका जवाब नाथूराम के रूप में आया। उसके माध्यम से ईश्वर ने मेरी मृत्यु का भी सकारात्मक उपयोग कर लिया। उसकी लीला कौन समझ सकता है!

मैं अपने आपको सांप्रदायिक शांति और सद्भाव का स्वनियुक्त राजदूत मानता था। मैंने यह बात पता नहीं कितनी बार कही कि सांप्रदायिक एकता मेरे लिए आजादी से भी ज्यादा कीमती है। मैं आजादी के बिना रह सकता हूँ, पर सांप्रदायिक एकता के बिना नहीं। यदि हममें पूर्ण सांप्रदायिक एकता होती, तो हम 1947 के बहुत पहले ही आजाद हो सकते थे। मेरा ख्याल है, प्रथम विश्व युद्ध के तुरंत बाद या शायद और भी पहले। हम आपस में जितना लड़ रहे थे, ब्रिटिश हुकूमत को उतनी ही सहूलियत हो रही थी। लेकिन भारत के बँटवारे और उसके साथ जुड़े विश्व के सबसे बुरे सांप्रदायिक नरसंहार ने साबित कर दिया कि मैं कितने भारी धोखे में जी रहा था।

बहुत-से लोग उन दिनों के मेरे इस कथन का मजाक उड़ाते हैं कि भारत विभाजन मेरी लाश पर ही होगा। ईश्वर साक्षी है, तब मैं सचमुच ऐसा ही सोचता था। यह मेरी हिमालय से भी बड़ी भूल थी। यह मेरा अहंकार था, जो इस घोषणा के जरिए प्रकट हो रहा था। मेरे लिए इससे ज्यादा शर्म की बात और क्या हो सकती है कि मैं अपने लोगों को बिल्कुल नहीं जानता था। जब उन्होंने देश विभाजन से दागदार आजादी कबूल कर ली और इस बारे में मेरी राय भी नहीं ली, तब मैं समझ गया कि अब बापू का कोई रोल नहीं बचा। कायदे से, उसी दिन मुझे मर जाना चाहिए था। लोग पूछते हैं, उस मौके पर मैंने आमरण उपवास क्यों नहीं किया। मैं इस प्रश्न का कोई नया, या बाद में सोचा हुआ, उत्तर नहीं दे रहा हूँ। मैंने हजारों दफा यह बात कही थी कि उपवास प्राण देने की विधि नहीं है! यह तो आत्मशुद्धि और सिर्फ नैतिक बल से किसी गलत चीज का विरोध करने का आसान जरिया है।

जिस दिन मुझे यह बताया गया कि कांग्रेस कार्य समिति ने भारत विभाजन को मंजूर कर लिया है, मैं अपने आपसे और ईश्वर से पूछता रहा कि अब मुझे क्यों जीना चाहिए? मेरी अंतरात्मा का जवाब यह था कि इस मौके पर, जब तू एकदम अकेला पड़ गया है, तूने अनशन किया, तो सब तुझ पर हँसेंगे। वे कहेंगे कि बुड्ढे ने अपने को प्रसिद्ध करने का कितना अच्छा तरीका निकाला है। जीता रहता, तो टके के भाव भी नहीं पूछा जाता। एक दिन खाट पर खाँसते हुए दम तोड़ देता। अब अगर इसके कारण विभाजन की योजना को वापस ले लिया गया, तब भी और इस योजना को वापस नहीं लिया गया और उपवास के दौरान ही इसकी जान चली गई, तब भी यह इतिहास में अमर हो जाएगा। मैं जानता था कि उपवास करते हुए ही मेरे दिन पूरे हो जाते हैं, तब भी देश के दो टुकड़े होना टल नहीं सकता। अतः मेरा कर्तव्य यही था कि जब तक भगवान मुझे जिंदा रखता है, मुझे विभाजन के खिलाफ और हिंदुस्तान-पाकिस्तान के लोगों को एक करने, दंगों को रोकने और सांप्रदायिक जहर को खत्म करने का काम करना चाहिए। मैंने अपनी शक्ति भर यही किया।

यह मैं आत्मप्रशंसा में नहीं कह रहा कि इसके शायद कुछ अच्छे नतीजे भी निकले। पर सांप्रदायिकता का जहर गाढ़ा होता गया। दोनों ओर के लोग मानो पागल हो गए थे। तभी नाथूराम प्रकट हुआ और कुछ ही क्षणों में उसने मेरा काम तमाम कर दिया। मैंने हमेशा हिंसा का विरोध किया। फिर एक दुबले-पतले, थके और निःशेष हो रहे आदमी को मारने में कोई बहादुरी भी नहीं है। फिर भी, इस घटना से मुझे गहरा सुकून मिला। मुझे लगा, मेरा राम मुझे बुला रहा है।

जाहिर है, नाथूराम के इरादे कुछ और थे। वह धर्मनिरपेक्षता पर प्रहार करना चाहता था और हिंदू राष्ट्र बना कर भारतीय सभ्यता के ताने-बाने को नष्ट करना चाहता था। उसकी ख्वाहिश थी कि भारत के सारे मुसलमान डर कर पाकिस्तान चले जाएँ। पर ईश्वर की योजना को कौन जानता है : जो काम जिंदा गाँधी नहीं कर पा रहा था, उसे मृत गाँधी ने अंजाम दे दिया। अपने को देशभक्त माननेवाले हत्यारे का नाम घृणा और हिंसा का प्रतीक बन गया और गांधी की लाश ने सांप्रदायिकता की लहर को मानो रोक-सा दिया। सिहरता हुआ समय आत्मनिरीक्षण में डूब गया कि इस घृणा और हिंसा के लिए कौन जिम्मेदार है। मेरे लिए यह बेहद अफसोस की बात है कि यह सवाल अब भी पूछा जाता है कि गांधी की हत्या के लिए कौन जिम्मेदार था? गोडसे वगैरह तो पकड़े गए, लेकिन जो पकड़े नहीं जा सके, इस कत्ल में क्या उनका कोई रोल नहीं था? क्या सत्य उतना ही होता है, जितना वैज्ञानिक को प्रयोगशाला में और जज को अदालत में दिखाई देता है?

अपनी मृत्यु के बारे में बात करना मुझे अच्छा नहीं लगता, न यह किसी को शोभा देता है। जो चला गया, वह चला गया। जीवित लोगों को अपने बारे में सोचना चाहिए। मुश्किल यह है कि व्यक्ति चले जाते हैं, पर विचारधाराएँ बनी रहती हैं। अगर गांधी व्यक्ति नहीं, विचारधारा था, तो गोडसे भी विचारधारा था। यह विचारधारा, मोटे रूप में वही थी, जिसका प्रतिनिधि विनायक सावरकर और हेडगेवार करते थे। इसलिए इनमें से किसी के प्रति भी व्यक्तिगत स्तर पर आक्रोश नहीं होना चाहिए। इनमें से किसी का भी मुझसे कोई व्यक्तिगत झगड़ा नहीं था। इन्हें जो ठीक लगा, इन्होंने किया। मुझे जो ठीक लगता था, मैंने वह किया। दोनों में एक बड़ा फर्क यह है कि मैं जो सोचता था, उसे छिपाता नहीं था। पर ये कायर थे। ये भीतर-भीतर कत्ल की योजनाएँ बनाते थे और सार्वजनिक रूप से धर्म, हिंदुत्व, देशभक्ति, अखंड वगैरह भारत की बात करते थे। इनमें साहस होता, तो यह खुल कर कहते कि हाँ, हम हिंसा की राजनीति में विश्वास करते हैं।

हिंसा और अहिंसा में यही फर्क है। अहिंसा माँ के दूध की तरह पवित्र और गुणकारी तथा सच्चे शूर की तरह निर्भय होती है। हिंसा शराब की तरह नशीली, जहर की तरह विनाशकारी और चोर की तरह कायर होती है। मुझे बहुत खुशी होती, अगर नाथूराम और उसके सावरकर जैसे मार्गदर्शक तथा राष्ट्रीय स्वयंसेवक संघ जैसे प्रेरक

संगठनों ने यह पूर्वघोषणा कर दी होती कि गांधी देश पर बोझ हो गया है, उसका सफाया कर देना चाहिए। तब दुनिया को हिंसा और अहिंसा की तुलनात्मक शक्ति का पता चल जाता। मुझे नाथूराम पर गर्व होता, अगर वह मेरे सामने आ कर मुझसे कहता कि गांधी, तू पाखंडी, देशद्रोही और हिंदुओं का दुश्मन है, मैं तेरी जान लेने आया हूँ। हो सकता है, तब उसे चार की जगह एक ही गोली खर्च करनी पड़ती – बरबादी चाहे अनाज की हो या गोलियों की, मुझे अच्छी नहीं लगती। हो सकता है, वह मुझसे मिलने के बाद एक नया आदमी बन जाता और पिस्तौल फेंक कर चरखे का काम करने लगता। लेकिन मैं उस पर, उसके गुरु सावरकर पर और उनके सिद्धातों को संगठन में बदलनेवाले संगठन राष्ट्रीय स्वयंसेवक संघ पर शर्मिंदा हूँ। इन्होंने दुनिया भर में भारत की नाक नीची की है।

मैं बार-बार बता चुका हूँ कि मृत्यु से मुझे डर नहीं लगता। मृत्यु से डरनेवाला व्यक्ति जीवन का उत्सव नहीं मना सकता। मृत्यु को मैंने, कई बार, बहुत नजदीक से देखा है – दक्षिण अफ्रीका में ही नहीं, भारत में भी। इसीलिए मैं कहता हूँ कि सिर्फ गांधी की हत्या कोई मुद्दा नहीं है। एक गाधी जीता है या मरता है, इससे कुछ फर्क नहीं पड़ता। दुख का विषय यह है कि इस विचारधारा ने लाखों लोगों की हत्या की है। जर्मनी में हिटलर ने भी यही किया था। मेरा बस चले, तो मैं बार-बार पैदा होऊँ और बार-बार मारा जाऊँ, ताकि घृणा और विनाश की यह राजनीति कमजोर हो सके।

जो अपने को मेरा प्रशंसक और अनुयायी बताते हैं, उनसे मेरा एक निवेदन है। सावरकर वगैरह का बार-बार जिक्र कर एक बड़ी समस्या को कुछ व्यक्तियों तक सीमित न करें। भारत में सांप्रदायिक समस्या तब भी थी, जब राष्ट्रीय स्वयंसेवक संघ और हिंदू महासभा का जन्म भी नहीं हुआ था, जब किसी ने सावरकर का नाम तक नहीं सुना था। मुझे बताया गया है कि राष्ट्रीय स्वयंसेवक संघ के बाहर भी भारी संख्या में ऐसे लोग हैं जो मुसलमानों के खैरख्वाह नहीं हैं। खुद कांग्रेस ने आजादी के बाद मुसलमानों के लिए क्या किया है? संघ की भावना से प्रेरित या उसके समर्थक जब गुजरात में खून की होती खेल रहे थे, तब कांग्रेस के कार्यकर्ता क्या कर रहे थे? असली सवाल यह है कि इस आग को कैसे बुझाया जाए। मैं इसका एक सरल उपाय सुझाना चाहता हूँ। प्रत्येक हिंदू परिवार कम से कम एक मुसलमान परिवार की व्यक्तिगत जिम्मेदारी ले और संकल्प करे कि उसकी रक्षा के लिए हम जान भी दे सकते हैं।

यही अपील मैं मुस्लिम-बहुसंख्यक इलाकों के मुसलमानों से भी करता हूँ। इन इलाकों का प्रत्येक मुसलमान परिवार एक हिंदू परिवार की पूरी जिम्मेदारी ले। एक बड़ी समस्या दंगों में मारे गए लोगों के उन पारिवारिक जनों की है जो मारे जाने से बच गए। ऐसे सभी भाइयों, खासकर बहनों से मैं प्रर्थना करूँगा कि वे अपना शेष

जीवन सांप्रदायिकता विरोधी काम में लगा दें। और अनाथ बच्चे? माता-पिता की हत्या के बाद किसी भी बच्चे को अनाथ होने का एहसास नहीं होना चाहिए। इनमें जो हिंदू हैं, उन्हें मुसलमान परिवार गोद ले और हिंदू धर्म के अनुसार उनका पालन-पोषण करें। जो मुसलमान बच्चे हैं, उन्हें हिंदुओं को गोद लेना चाहिए और मुसलमान के रूप में उनका पालन करना चाहिए।

सावरकर ने क्या किया और क्या नहीं किया, इससे ज्यादा महत्त्वपूर्ण यह है कि हम क्या कर रहे हैं।

गांधी के आलोचकों से

गांधी के अलोचकों से कुछ भी कहना बेकार है। इसलिए नहीं कि उनकी बुद्धि पर संदेह है। इसलिए भी नहीं कि गांधी के प्रति उनके मन में कुछ पूर्वग्रह है। ये दोनों चीजें ऐसी हैं कि इन्हें मान कर चलने से किसी प्रकार का संवाद नहीं हो सकता। दूसरी बात यह है कि आलोचक कैसा भी हो, उसका सम्मान किया जाना चाहिए। आखिर उसने आपको जानने का कष्ट उठाया है और आपको आलोचना के लायक माना है। कहते हैं कि किसी की उपेक्षा करना उसकी सबसे कड़ी आलोचना हैं। इस दृष्टि से गांधी के आलोचकों के बारे में यही कहा जा सकता है कि वे गांधी को कम से कम उपेक्षा के योग्य नहीं मानते। इसलिए गांधी के प्रेमियों को उनका आभार स्वीकार करना चाहिए।

फिर भी, मैं कहता हूँ कि गांधी के आलोचकों से कुछ कहना बेकार है, तो इस सत्य की खातिर कि किसी भी आलोचक से कुछ भी कहना बेकार है। आलोचना की प्रवृत्ति में ही कुछ ऐसा है कि आलोचक किसी तरह का जवाब सुनना ही नहीं चाहता। अभी तक बहुत कम ऐसा देखा गया है कि जवाब सुनने के बाद किसी आलोचक ने अपना मन बदल लिया हो। बल्कि होता इसके ठीक उलटा है। वह अपने मत पर और ज्यादा दृढ़ हो जाता है। यही कारण है कि गांधी पर जो भी बहस हुई है, उससे दोनों पक्षों में से किसी को लाभ नहीं हुआ है। न तो गांधी के प्रेमियों का हृदय परिवर्तन हुआ है, न उनके विरोधियों का। दोनों अपनी-अपनी जगह कड़े और अड़े हुए हैं।

इसके बावजूद गांधी के आलोचकों से कुछ निवेदन करना आवश्यक प्रतीत होता है। दरअसल, उनके माध्यम से यह निवेदन उनसे है जो गांधी को ईमानदारी से समझना चाहते हैं। डर इस बात का है कि वे कहीं गुमराह न हो जाएँ। इसलिए जब भी गांधी पर हमला होता है, तो गांधी के प्रेमियों का नैतिक कर्तव्य हो जाता है कि वे चुप न रहें। गांधी आम तौर पर अपने आलोचकों को जवाब नहीं देते थे। पर उनके साथ जरूर प्रेमिल बहस करते थे जो उनके नजदीकी थे। इसका कारण यह है कि वे नहीं चाहते थे कि उनके नजदीकी लोगों में उन्हें ले कर या उनके विचारों के बारे में कोई भ्रांति हो। इससे गांधी की वह परियोजना अधूरी रह जाती जो उन्होंने

अपने हाथ में ली थी। गांधी के अनन्य भक्त निर्मल कुमार बोस ऐसे ही एक व्यक्ति थे। उन्हें गांधी के ब्रह्मचर्य संबंधी या संयम के प्रयोग पसंद नहीं आए। वे गांधी को छोड़ कर चले गए। गांधी ने अपने इन प्रयोगों के बारे में समझाने की बहुत कोशिश की। दोनों में इस विषय पर काफी पत्र व्यवहार हुआ, जो प्रकाशित है। अंत में बोस ने बहस को आगे न बढ़ा कर उनका साथ ही छोड़ दिया। इस पर, गांधी ने कहा कि तुम जब भी चाहो, मेरे पास आ सकते हो; मैं तुमसे इस विषय पर बातचीत करने के लिए तैयार मिलूँगा। इतना खुला दिल-दिमाग उसी व्यक्ति का हो सकता है जो अपने हर प्रयोग को अत्यंत गंभीरता से लेता हो। ध्यान देने की बात है कि गांधी अपने जीवन को 'सत्य के प्रयोग' मानते थे। यह उनकी एक और विशेषता थी कि जब उन्होंने पाया कि उनके कथित यौन प्रयोगों को ले कर आश्रम के लोगों में भारी भ्रांति फैल रही है तो उन्होंने अपने ये प्रयोग स्थगित कर दिए। उस समय देश के सामने अनेक ज्वलंत सवाल थे और गांधी नहीं चाहते थे कि एक ऐसी चीज पर सभी से उलझा जाए, जिसके मर्म तक वे खुद नहीं पहुँच पाए थे।

गांधी की सबसे बड़ी आलोचना यह की जाती है कि वे जिन लड़कियों या महिलाओं के साथ, खासकर लड़कियों के साथ, निर्वस्त्र सोते थे, उन पर इन प्रयोगों का क्या असर पड़ेगा, इस पर गांधी ने कभी विचार नहीं किया। इनमें उनकी पौत्री मनु गांधी भी थीं, वे अपने को जिसकी माँ मानते थे। वे लड़कियाँ या महिलाएँ विक्षिप्त हो जा सकती थीं। उनकी कोमल और सुकुमार भावनाएँ आहत हो सकती थीं। एकाध के साथ ऐसा हुआ भी; वे आश्रम में अपने को विशिष्ट मानने लगीं और इठला कर चलने लगीं। क्या यह गांधी की क्रूरता नहीं थी कि वे ऐसे लोगों के साथ अपने प्रयोग कर रहे थे, जो इन प्रयोगों का अर्थ नहीं समझती थीं? क्या गांधी उनका शोषण कर रहे थे?

बहुत सतही दृष्टि से देखने पर ऐसा ही प्रतीत होगा। लेकिन जब हम इस बात को ध्यान में रखेंगे कि गांधी सभी आश्रमवासियों के लिए उनके बापू थे, तो हमारा विचार बदल सकता है। जिन लड़कियों या स्त्रियों के साथ वे सो रहे थे – सो रहे थे या जग रहे थे, यह तो वही जानें जो इस प्रयोग में हिस्सेदार थे – वे उनकी बेटियाँ या बहनें थीं। गांधी का सिद्धांत यह था कि पति या पिता गुरु होता है और अपने को गुरु के व्यक्तित्व में समाहित कर देना चाहिए। तभी हम वास्तव में कुछ सीख सकते हैं। पति या पिता भी पत्नी और बेटे-बेटियों के सुख-दुख से एकात्म हो जाता है। गांधी न केवल ऐसा मानते थे बल्कि इसी के अनुसार आचरण भी करते थे। इस तरह, गांधी जिनके साथ अपनी जर्जर वृद्धावस्था में हमबिस्तर हो रहे थे, वे सभी, गांधी की नजरों में, उनके अपने ही अंग थे। फर्क यह था कि गांधी पुरुष थे और वे स्त्रियाँ। इसी फर्क में इन प्रयोगों का तर्क भी था। संभवतः कामुकता से यह गांधी का अंतिम संघर्ष था। इस प्रयोग में काफी जोखिम था। गांधी ने यह जोखिम

उठाना स्वीकार किया। यह जोखिम सिर्फ उन लड़कियों या स्त्रियों के साथ नहीं था। स्वयं गांधी के लिए भी था। वे भी विक्षिप्त हो सकते थे। उनकी अपनी मानसिक शक्तियाँ भी खतरे में पड़ सकती थीं। उनकी अहिंसा और उनके सत्य का नाश हो जा सकता था। गांधी के लिए इससे बड़ी दुर्घटना और क्या हो सकती थी? इस तरह, गांधी क्या अपने को भी गिनिपिग नहीं बना रहे थे? वे दूसरों (हम उन्हें दूसरा मानते हैं, गांधी के लिए वे अत्यंत अपने थे) की ही जिंदगी से नहीं खेल रहे थे, अपनी जिंदगी से भी खेल रहे थे। गांधी ने किसी अंनजान स्त्री के साथ ये प्रयोग नहीं किए। प्रयोग उनकी हिस्सेदारी से किए गए, जो गांधी के अत्यंत निकट थे और उनकी नीयत पर संदेह नहीं कर सकते थे। मनु गांधी ने गांधी को अपनी माँ कहा है। यह कोई मामूली रिश्ता नहीं था। अपने अंतिम दिनों में जो आदमी अपनी जीवन भर की कमाई को दाँव पर लगा रहा हो – एक ऐसे दाँव पर, जिसके बारे में अनुमान करना असंभव था कि उसका नतीजा क्या निकलेगा, उसके साहस और दर्द को मामूली समझने का हमें कोई हक नहीं है!

हममें से ज्यादातर के लिए सेक्स एक आनंददायी चीज है! वह है भी। स्वयं गांधी ने लिखा है, 'कामोत्तेजना एक सुंदर और उदात्त चीज है। इसमें लज्जा की कोई बात नहीं है।' लेकिन गांधी के ये प्रयोग क्या यौन सुख के लिए थे? यहाँ मैं फिर गांधी को उद्धृत करना चाहूँगा–'अगर मैं स्त्रियों के प्रति यौनाकर्षण का अनुभव करता, तो मुझमें इतना साहस था कि, इस उम्र में भी, बहुविवाह करने से न चूकता। मुझे स्वच्छंद प्रेम, जो प्रकट हो अथवा गुप्त, में विश्वास नहीं है। स्वच्छंद और प्रकट प्रेम को मैं कुत्तों की वासना का दर्जा देता हूँ। और, गुप्त भोग तो, उसके अलावा, कायरतापूर्ण भी है।' यह वक्तव्य 4 नवंबर 1939 का है। गांधी के इस सच की पुष्टि उनके कई और वक्तव्यों से होती है। इसके एक साल पहले ही वे बता चुके थे, 'मैं प्रयोगरत हूँ। मैंने यह दावा कभी नहीं किया कि मैं अपनी परिभाषा के अनुसार पूर्ण ब्रह्मचर्य की प्राप्ति कर चुका हूँ। मुझे अपने विचारों पर उतना नियंत्रण प्राप्त नहीं हो सका है जितना अहिंसा से संबंधित मेरे अनुसंधानों के लिए आवश्यक है। यदि मेरी अहिंसा को संसर्गज और संक्रामक बनना है, तो मुझे अपने विचारों पर अपेक्षाकृत अधिक नियंत्रण प्राप्त करना होगा।' बाद में भी उन्होंने ऐसी बातें कही हैं। एक जगह तो उन्होंने यह भी स्वीकार किया है कि ब्रह्मचर्य का व्रत लेने के बाद चार स्त्रियों ने मेरे मन को डिगाया है। गांधी के एक जीवनीकार और उनके पौत्र राजमोहन गांधी ने इनमें से तीन के बारे में अनुमान लगा लिया है, चौथी के बारे में वे कुछ बोल नहीं पाए हैं। सब जानते हैं कि मीरा बेन उन पर कितनी आसक्त थीं। ऐसी कई और स्त्रियों का जिक्र किया जाता है। गांधी का जादू कुछ ऐसा था कि अगर वे सौ स्त्रियों – भारतीय और पश्चिमी – से यौन संबंध का आग्रह करते, तो उनमें से नब्बे इसके लिए राजी हो जातीं। साक्ष्य यही कहते हैं कि गांधी ने अपने

कायिक आचरण पर काफी हद तक नियंत्रण प्राप्त कर लिया था। पर उनका विचार जगत पूरी तरह दोषरहित नहीं हो सका था। लेकिन इसके लिए वे संघर्षरत थे और ऐसा उन्होंने एक बार नहीं, कई बार स्वीकार किया है। ऐसे गांधी को यौन आनंद की खोज के लिए मनु गांधी और सुशीला नैयर ही बची थीं?

भूलने की बात नहीं है कि गांधी अपने ये प्रयोग बंद कमरे में नहीं कर रहे थे। वे हमेशा खुले में सोते थे। वर्धा की उनकी कुटी में दरवाजा नहीं है। इन प्रयोगों के दौरान भी गांधी अन्य लोगों के साथ खुले में सोते थे। उनकी चारपाई के साथ और अनेकों की भी चारपाइयाँ बिछी होती थीं। ऐसे में वे क्या कोई कापालिक या जुगुप्सापूर्ण कृत्य कर सकते थे? गांधी के कुछ आलोचकों में कुसाहस की कोई सीमा नहीं है!

मैं नहीं जानता कि गांधी इन प्रयोगों द्वारा क्या पाना चाहते थे। शायद वे अपनी परीक्षा ले रहे थे। शायद वे दूसरों की भी परीक्षा ले रहे थे, जिसमें उनका अपना मूल्यांकन भी शामिल था। शायद वे यह देखना चाहते थे कि उनके ब्रह्मचर्य में कमी कहाँ रह गई है। इसमें तो कोई संदेह नहीं है कि वे मानते थे कि अगर उन्होंने ब्रह्मचर्य को पूरी तरह साध लिया, तो वे जिन्ना सहित किसी भी समस्या पर विजय प्राप्त कर सकते हैं। उन्होंने इस आशय के बयान भी दिए हैं। उनके इन बयानों की सत्यता के बारे में संदेह करने का कोई कारण नजर नहीं आता। यह जरूर रहस्यमय बना रहेगा कि इन प्रयोगों का मतलब क्या था। हो सकता है, इनके पीछे गांधी की कोई भ्रांति हो। लेकिन जिस आदमी ने अपने विचारों पर आचरण करने में कठोर कदम उठाए हों, उसकी नीयत के बारे में संदेह नहीं किया जाना चाहिए। यह उस महात्मा का ऐसा अपमान है जो कोई क्षुद्र आत्मा ही कर सकती है।

सेक्स और ब्रह्मचर्य के बारे में गांधी की कई धारणाएँ मुझे कतई नहीं जँचती। कुछ लोग कहेंगे, वे मूर्खतापूर्ण थीं। मुझे इनसे सहमत होने मे कोई दिक्कत नहीं है। गांधी शायद सेक्स से कुछ ज्यादा ही आक्रांत थे। यह भी हो सकता है कि वे सेक्स की भयावह ताकत का अनुमान कर रहे थे और अपने समय की सभ्यता को उससे आगाह करना चाह रहे थे। लेकिन आज जो स्थिति है, उसे देखते हुए गांधी की चेतावनी काफी हद तक प्रासंगिक लगती है। ऐसा लगता है कि पूरी आधुनिक सभ्यता स्त्री के शरीर पर टिकी हुई है। स्त्रियों के लिए इससे ज्यादा महत्त्वपूर्ण कोई काम नहीं बचा है कि वे ज्यादा से ज्यादा सेक्सी बनने की कोशिश करें। पुरुषों के लिए बस यही पराक्रम बचा है कि वे ज्यादा से ज्यादा स्त्रियों के साथ ज्यादा से ज्यादा यौन सुख लूटें। अब तो हर सुंदर चीज को 'सेक्सी' कहा जाने लगा है। जो 'कूल' माना जाता है, वह वास्तव में 'हॉट' है! यह सब उपभोक्तावाद का ही कायिक विस्तार है। जो वस्तु के साथ, वही आदमी के साथ। क्या यह उचित समय नहीं है कि इंद्रिय निग्रह की जरूरत पर विचार किया जाए? साधु की तरह

नहीं, गृही की तरह। ऐसे वातावरण में गांधी के जो आलोचक यह साबित करना चाहते हैं कि गांधी बुढ़ापे में भी काम वासना के शिकार की तरह आचरण कर रहे थे, वे अनजाने में उन मूल्यों की ही तरफदारी कर रहे हैं, जो आदमी और कुत्ते के बीच फर्क को मिटा देना चाहते हैं। क्या ऐसा समझ-बूझ कर हो रहा है?

अहिंसा का पाठ

बहुत-से लोगों को यह जान कर हर्ष होगा कि देश के किसी विश्वविद्यालय में पहली बार अहिंसा का स्नातकोत्तर पाठ्यक्रम तैयार किया गया है। जुलाई 2002 से दिल्ली और वर्धा में इस विषय की पढ़ाई शुरू हो गई है। यह महत्त्वपूर्ण कार्यक्रम शुरू करने का श्रेय महात्मा गांधी अंतरराष्ट्रीय हिंदी विश्वविद्यालय को है, जिसकी शुरू से ही आलोचना होती रही है। आलोचना का एक कारण गलतफहमी भी है। आलोचकों ने इस तथ्य की ओर ध्यान नहीं दिया कि महात्मा गांधी अंतरराष्ट्रीय हिंदी विश्वविद्यालय उस तरह का विश्वविद्यालय है ही नहीं, जिस तरह के विश्वविद्यालयों का हमें अनुभव है। विश्वविद्यालय यानी एक विशाल परिसर में एक विशाल भवन तथा कुछ और उससे कम विशाल भवन, प्रोफेसरों का एक बड़ा-सा झुंड और प्रत्येक प्रोफेसर के लिए एक केबिन, विषयों की पूरी सूची जो वहाँ पढ़ाई जाती है, छात्रों का जमावड़ा, आदि-आदि। इस तरह के परंपरागत विश्वविद्यालय पिछले पचास सालों में दर्जन के भाव खुलते रहे हैं, जिसका नतीजा यह हुआ है कि हमारे देश में स्नातक और स्नातकोत्तर शिक्षा प्राप्त ऐसे व्यक्तियों की भीड़-सी हो गई है जिनके लिए उपयुक्त रोजगार की खोज करना बड़े-बड़े अर्थशास्त्रियों के भी वश की बात नहीं। इसलिए यह कतई गलत नहीं हुआ कि हिंदी का जो अंतरराष्ट्रीय विश्वविद्यालय स्थापित किया गया है, वह बिल्कुल ही भिन्न चरित्र का है तथा ऐसे काम कर रहा है जिनकी कल्पना करना भी अन्य विश्वविद्यालयों के लिए कठिन था। यह जरूर है कि इनमें से अनेक कामों पर विश्वविद्यालय के पहले उपकुलपति अशोक वाजपेयी की अभिरुचियों और साहित्यिक सांप्रदायिकता की कुछ गहरी ही छाया है। ऐसा लगता है कि अशोक वाजपेयी की भारत भवन संस्कृति महात्मा गांधी अंतरराष्ट्रीय हिंदी विश्वविद्यालय के रूप में राष्ट्रीय ही नहीं, अंतरराष्ट्रीय आयाम ग्रहण कर रही है। नई लीक बनानेवालों को सावधान रहना चाहिए कि उन पर पक्षपात या मित्रवाद का आरोप तो नहीं ही लगे।

आरोप तो अहिंसा का स्नातकोत्तर पाठ्यक्रम शुरू करने पर भी लग सकता है। आज भी हमारे देश में ऐसे विद्वानों और राजनीतिक कार्यकर्ताओं की कमी नहीं है जिनके अनुसार हिंसा ही हर राजनीतिक समस्या का अंतिम समाधान है। चूँकि उनके सिद्धांत के मुताबिक, जो पूरी तरह आधारहीन भी नहीं है, पूँजीवादी राज्य

व्यवस्था हिंसा पर टिकी हुई है, इसीलिए हिंसक प्रतिरोध के बिना उसका उन्मूलन नहीं किया जा सकता। वर्ग समाज एक हिंसक समाज ही होता है और कोई अहिंसक तरीका नहीं है कि श्रमजीवी वर्ग अपनी उचित माँगें मनवा सके। गाँवों में सामंती अत्याचारों का सामना हिंसक प्रतिरोध के बगैर कैसे किया जा सकता है? जब पूरे वातावरण में ही हिंसा है, तो अहिंसा का पाठ पढ़ाना अन्याय और शोषण के शिकार बहुसंख्यक लोगों के सामने धोखे की खड़ी करना नहीं है, तो और क्या है?

सतही तौर पर यह बात सही लग सकती है, लेकिन तनिक गंभीरता से विचार करने पर अहिंसा के अध्यापन का महाकाव्यात्मक महत्त्व स्पष्ट हो जाएगा। इसमें क्या शक है कि सभ्यता का इतिहास हिंसा के विविध रूपों का भी इतिहास रहा है। प्रागैतिहासिक युग का मनुष्य तो हिंसक था ही, क्योंकि जिस वन्य वातावरण में उसे जीवन बिताना पड़ता था, उसमें अस्तित्व रक्षा के लिए हिंसा का सहारा लेना एक तरह से अपरिहार्य था। लेकिन यह बात भुलाई नहीं जानी चाहिए कि उस युग में हिंसा मनुष्य बनाम पशु की थी या फिर कबीला बनाम कबीला की। कबीले के भीतर का जीवन आम तौर पर अहिंसक ही रहा होगा, क्योंकि इसके बिना कबीले की संरचना को स्थायित्व मिल ही नहीं सकता था। यह जरूर है कि पाषाण काल और उत्तर-पाषाण काल के हथियारों के जो अवशेष मिलते हैं, वे बताते हैं कि प्रागैतिहासिक मनुष्य की हिंसा करने की क्षमता कितनी सीमित थी। कहा जा सकता है कि न्यनूतम हिंसा की यह क्षमता संभवतः जीवन को बनाये रखए के लिए जरूरी हिंसा की क्षमता ही थी। लेकिन जैसे-जैसे निजी संपत्ति का विकास हुआ, विभिन्न रूपों में धन संग्रह करना संभव हुआ, राज्य और फिर महाराज्य तथा साम्राज्य बनने लगे, हिंसा के औजार भी ज्यादा से ज्यादा घातक और कुशल होते गए। वॉल्टर वेंजामिन ने ठीक ही कहा है कि सभ्यता का इतिहास बर्बरता का भी इतिहास है। नागासाकी-हिरोशिमा पर परमाणु बमों का प्रयोग मानव सभ्यता के इतिहास में अब तक की सबसे बड़ी बर्बरता थी।

लेकिन क्या सभ्यता का इतिहास आपसी विवादों को सुलझाने के अहिंसक तरीके विकसित करने का भी इतिहास नहीं है? व्यवस्थित राज्य जब भी बना हो, उसकी एक बुनियादी शर्त यही थी कि कोई अपराध होने पर अपराधी को दंड वह व्यक्ति नहीं देगा जिसके साथ वह अपराध किया गया है। मामला राजा के पास जाएगा और वही निर्णय करेगा कि अपराध हुआ है या नहीं, और हुआ है तो उसकी सजा क्या होनी चाहिए। कई हजार वर्षों तक राजा का दरबार ही न्यायालय का काम करता रहा और राजा ही तुरत-फुरत न्याय कर देता था, जिसके विरुद्ध कोई अपील नहीं हो सकती थी। यानी, राजा ने न्याय करने में भूल कर दी, तो इस भूल को प्रक्षालित करने के लिए कोई फोरम उपलब्ध नहीं था। आज की न्याय व्यवस्था भले ही उतनी सीधी और त्वरित न हो, पर काफी हद तक वस्तुपरक जरूर है। साथ ही,

विभिन्न स्तरों पर अपील की भी व्यवस्था है। दंड प्रणाली को भी ज्यादा से ज्यादा मानवीय बनाने के प्रयोग चल रहे हैं। इस सबका नतीजा यह हुआ है कि आज नागरिक जीवन पहले की तुलना में कम हिंसक है। दुनिया के एक बड़े हिस्से में अहिंसक जीवन ही नियम है – हिंसा अपवाद है। इसके विपरीत, यह भी सच है कि पारिवारिक और नागरिक जीवन में हिंसा के नए-नए रूप सामने आ रहे हैं। उदाहरणतः भारत में स्त्रियों और दलितों के साथ बढ़ती हुई हिंसा एक प्रमुख मुद्दा बन चुकी है। पश्चिम के सामान्य जीवन में भी, खास तौर से युवाओं के बीच, हिंसा का पुनरागमन हुआ है।

दूसरी ओर, यह भी सच है कि राष्ट्रों के बीच यानी अंतरराष्ट्रीय हिंसा को अभी तक समाप्त नहीं किया जा सका है, जिसके दो गंभीर प्रमाण प्रथम और द्वितीय विश्व युद्ध थे, और जिसका एक दुर्भाग्यपूर्ण साक्ष्य हाल ही में अफगानिस्तान और इराक पर अमेरिका के आक्रमण के रूप में विश्व बिरादरी के सामने आया है। द्वितीय विश्व युद्ध के बाद संयुक्त राष्ट्र संघ की स्थापना अंतरराष्ट्रीय हिंसा को रोकने के लिए ही की गई थी। कुछ हद तक राष्ट्र संघ ने अपनी यह जिम्मेदारी निभाई थी – जब तक उसे गंभीरता से लिया जाता रहा। लेकिन शीत युद्ध की समाप्ति के बाद ऐसा लगता है कि संयुक्त राष्ट्र संघ की राजनीतिक उपयोगिता वर्ष-दर-वर्ष सीमित होती जा रही है। आतंकवाद भी अहिंसक अंतरराष्ट्रीय जीवन के क्षेत्र में एक बहुत बड़ी बाधा के रूप में उभर रहा है।

स्पष्ट है कि हिंसा के अनेक रूपों पर काबू पाने में काफी हद तक सफलता मिली है, फिर भी हिंसा की समस्या बनी हुई है। दूसरी ओर, एक जीवन पद्धति के रूप में अहिंसा का स्थापित होना अभी बाकी है। वैसे, सभी धर्मों ने हिंसा से विरत रहने का उपदेश दिया है। बौद्ध और जैन धर्म तो अहिंसा के स्तंभ ही माने जाते हैं। लेकिन यह मानना गलत होगा कि हिंसा की प्रविधि और हिंसा के कारणों का विकास हुआ है, तो अहिंसा वहीं ठहरी हुई है जहाँ ईसा मसीह, महावीर और बुद्ध ने उन्हें छोड़ा था। हमारे अपने युग में महात्मा गांधी ने अहिंसा का एक नया और क्रांतिकारी दर्शन विकसित किया है। उनके लिए अहिंसा का अर्थ यहीं तक सीमित नहीं है कि हिंसा से यथासंभव बचना चाहिए। यह तो उस प्रेम भाव की सहज निष्पत्ति है जो हमें हर प्राणी के प्रति महसूस करना चाहिए। गांधी जी इस बात से दुखी रहा करते थे कि 'अहिंसा' शब्द के कई अन्य विकल्प उन्हें सुझाए गए थे, लेकिन हर विकल्प में कुछ न कुछ कमी थी। बाध्य होकर उन्हें यह अपूर्ण पद स्वीकार करना पड़ा।

इसलिए जो लोग गांधी की अहिंसा का अर्थ सिर्फ यही समझते हैं कि 'दे दी हमें आजादी बिना खड्ग बिना ढाल,' वे गांधी के साथ अन्याय करते हैं। यह गांधी ही थे, जिन्होंने दक्षिण अफ्रीका में अपने हाथों से उस जेलर के लिए चप्पलों

की जोड़ी बनाई थी जिसकी जेल में उन्होंने सजा काटी। दूसरे शब्दों में, वे सभी को अपना मित्र या भाई-बहन ही मानते थे। आज भारत में गांधीवादी अध्ययन के अनेक केंद्र हैं। अहिंसा पर भी काफी विचार-विमर्श होता रहता है। लेकिन इस सबसे अहिंसा के विचार को व्यावहारिक रूप देने में कोई खास सहायता नहीं मिली है। अहिंसा अभी भी शुभकामना जैसा एक सुंदर पर, पर निर्जीव शब्द है।

इसलिए जिज्ञासा यह होती है कि महात्मा गांधी अंतरराष्ट्रीय हिंदी विश्वविद्यालय में अहिंसा का पाठ्यक्रम कैसे बनाया जाएगा, अहिंसा की पढ़ाई करानेवाले कौन होंगे, क्या वे सिर्फ सैद्धांतिक चर्चा करेंगे या यह भी बताएँगे कि व्यावहारिक जीवन में अहिंसा को कैसे चरितार्थ किया जाए। क्षमा करें, अहिंसा महज अध्ययन-अध्यापन का विषय नहीं है। यह तो जीने की एक विधि है। एक संपूर्ण जीवन व्यवस्था। अहिंसा के प्रति कोई कितना प्रतिबद्ध है – इसका निर्णय इस बात से नहीं होगा कि वह अहिंसा पर कितनी देर तक या कितने दिनों तक बोल सकता है; या इस विषय पर उसने कितनी किताबें लिखी हैं। निर्णय तो इसी बात से होगा कि उसके अपने जीवन में कितनी अहिंसा दिखाई देती है। इससे यह प्रश्न भी पैदा होता है कि हमारे समाज में अहिंसा का अध्यापन करनेवाले व्यक्ति कहाँ हैं? ऐसे व्यक्तियों की एक टोली दिल्ली में भी चाहिए और वर्धा में भी। चूँकि अहिंसा का पाठ्यक्रम एम.ए. का है, इसलिए यह सवाल उठना भी लाजिमी है कि एम.ए पास करने के बाद विद्यार्थी करेगा क्या? क्या वह अहिंसा में पीएचडी करेगा और फिर अहिंसा का प्राध्यापक बन जाएगा? या, व्यक्तिगत और सामाजिक जीवन में अहिंसा को लागू करने के प्रयोग करेगा? यदि अहिंसा को भी शास्त्रीय अध्ययन का विषय बना दिया गया, तो यह बहुत ही दुर्भाग्यपूर्ण होगा। यदि महात्मा गांधी और हिंदी के नाम पर बनाए गए इस विश्वविद्यालय से लोगों के व्यावहारिक जीवन में अहिंसा की धाराएँ फूटती हैं, तो इससे बढ़ कर आनंद की बात और क्या हो सकती है?

अहिंसा शायद अध्यापन का विषय उतना नहीं है, जितना अध्ययन और आचरण का। इस सिलसिले में दुनिया भर में चले और चल रहे अहिंसक संघर्षों का विश्लेषण उपयोगी होगा। उनकी तुलना हिंसक संघर्ष की फलश्रुतियों से भी की जा सकती है। विचार और विश्लेषण का एक क्षेत्र यह भी है कि अहिंसा एक निजी गुण है या नागरिकों में अहिंसक चेतना का विकास हो, इसके लिए यह भी जरूरी है कि समाज व्यवस्था को भी अहिंसक बनाया जाए। एक मूलतः अहिंसक समाज में नागरिकों के लिए कुदरतन अहिंसा का पालन करना आसान होगा। इस तरह अहिंसा का संबंध सिर्फ राजनीति या अर्थशास्त्र से नहीं, बल्कि जीवन के हर पहलू से है। यह भी कहा जा सकता है कि अंततः तो अहिंसा व्यक्ति और प्रकृति तथा व्यक्ति और व्यक्ति के बीच संबंधों को रचनात्मक ढंग से परिभाषित करने का मामला ठहरता है। इस दृष्टि से, महात्मा गांधी अंतरराष्ट्रीय हिंदी विश्वविद्यालय ने एक बहुत ही चुनौतीपूर्ण कार्य शुरू किया है।

अहिंसा दिवस के मायने

भारत सरकार 2 अक्टूबर को अंतरराष्ट्रीय अहिंसा दिवस के रूप में मान्यता दिलाने में सफल रही, इस पर वे ही खुश हो सकते हैं जो गांधी को ठीक से नहीं जानते। यह सच है कि गांधी जी आखिरी साँस तक यही कहते रहे कि सत्य और अहिंसा, यही मेरे दो मूल मंत्र हैं। लेकिन सत्य को निकाल दीजिए, तो अहिंसा लुंज-पुंज हो कर रह जाएगी। महात्मा और जो कुछ भी थे, लुंज-पुंज नहीं थे। न वे लुंज-पुंज व्यक्ति या बिरादरी को पसंद करते थे। बल्कि उनकी शिकायत ही यही थी कि भारत के लोगों द्वारा हथियार रखने पर पाबंदी लगा कर अंग्रेजों ने इस देश के लोगों को नामर्द बना दिया। मर्द और नामर्द की शब्दावली आज की नारीवादियों को पसंद नहीं आएगी। लेकिन गांधी जी मर्द थे, मर्दवादी नहीं थे। वे तो अपनी संतानों की माँ और बाप, दोनों बनना चाहते थे। महात्मा की पौत्री मनु गांधी की एक किताब का नाम है, बापू मेरी माँ। इसके बावजूद गांधी जी को मर्दानगी से बहुत लगाव था। जब किसी किस्म की कायरता की निन्दा करनी होती थी, तो वे कहते थे, यह मर्द को शोभा देनेवाली बात नहीं है। मर्दानगी से उनका अभिप्राय शायद पौरुष से था और स्त्रियों में भी पौरुष होता है। सांख्य दर्शन में पुरुष और प्रकृति की बात कही गई है। प्रकृति निश्चेष्ट है और पुरुष में सक्रियता है। जाहिर है, यहाँ पुरुष में स्त्री भी शामिल है। स्मरणीय है कि महात्मा स्त्रियों को भी तेजस्वी देखना चाहते थे। इतनी तेजस्वी कि जरूरत पड़ने पर वे अपने पति को भी ना कह सकें।

फिर भी महात्मा को सत्य का पुजारी नहीं, अहिंसा का पुजारी कहा गया, तो यह बिलकुल अर्थहीन नहीं था। इसके पहले संघर्ष का एक ही अर्थ होता था, हिंसक संघर्ष। भारत की जनता के सामने धनुष-बाण वालेराम की तसवीर हमेशा मौजूद रही है, जिन्होंने रावण का वध करके सीता को छुड़ाया। रामचंद्र शुक्ल जैसे विचारक भी इस क्षात्र धर्म के दीवाने थे। इसीलिए गांधी के संघर्ष में उनका विश्वास नहीं था। अकबर इलाहाबादी जैसे सयाने कवि ने इस पर विस्मय प्रगट किया था कि लड़ने चले हैं, हाथ में तलवार भी नहीं। शायद उस समय के और भी बहुत-से लोग ऐसा ही सोचते हों कि क्या सत्याग्रह करने से आजादी मिल सकेगी? लेकिन मिली और कवि गा उठा कि दे दी हमें आजादी बिना खड्ग बिना ढाल, साबरमती के संत तुमने

कर दिया कमाल। अहिंसा का अर्थ ठीक से नहीं समझनेवालों को इस बात का एहसास नहीं है कि यह कमाल दीन-हीन और निरीह अहिंसा का नहीं, बल्कि साहसी अहिंसा का था।

सच तो यह है कि हिंसक की अपेक्षा अहिंसक बनने में अधिक साहस की जरूरत होती है। यह साहस उसी में हो सकता है जो! मानता है कि मैं सत्य के रास्ते पर चल रहा हूँ। यानी अहिंसक व्यक्ति या समूह में जो ताकत होती है, वह सत्य की होती है। सत्य के बिना अहिंसा आलस्य या कायरता का दूसरा नाम है। महात्मा को अहिंसा के मुकाबले सत्य अधिक प्रिय था, यह बात अगर आज बार-बार दुहराई नहीं जाती, तो इसके पीछे बौद्धिक चतुराई है। यह निश्चित है कि हिंसा और अहिंसा के बीच चुनाव करना हो, तो गांधीवादी अहिंसा का ही चुनाव करेगा। लेकिन उससे बड़ा सच यह है कि अन्याय सहने और हिंसा के बीच चुनाव करना हो, तो गांधी की पसंद का आदमी वही होगा जो हिंसा को चुनेगा। महात्मा ने किसी पर भी अहिंसा लादना नहीं चाहा, न वे किसी भी कीमत पर अहिंसा की वकालत करते थे। वे यह जरूर मानते थे कि अहिंसा ही मानवता का नियम है और इसी में विश्व का भविष्य है – आँख के बदले आँख का सिद्धांत पूरी दुनिया को अंधा बना देगा। लेकिन हिंसा करने से बचने के लिए अगर कोई गुलामी की जिंदगी जीता रहता है, तो वे मानते थे कि यह नामर्दी है। अन्याय का विरोध करो -- अहिंसा से करो तो अच्छा है, पर हिंसा से करो तो वह भी ठीक है बनिस्बत अन्याय को चुपचाप सहने के, महात्मा का मूल मंत्र यह था। इस मंत्र की मूल बात को ढक कर अगर हम अहिंसा का जाप करने बैठ जाएँगे, तो यह महात्मा के प्रति तो अन्याय होगा ही, उससे ज्यादा अपने प्रति अन्याय होगा। यह और बात है कि हिंसक प्रतिकार लुभावना चाहे जितना हो, पर उससे मिलनेवाली सफलता सामयिक होती है और जीवन व्यवस्था को किसी ऊँचाई तक नहीं ले जाती।

अहिंसा वाकई सिंहों का नहीं, बकरों का सिद्धांत है, अगर उसके साथ अन्याय का विरोध नहीं जुड़ा हुआ है। महात्मा के पहले अहिंसा के अधिकांश उदाहरण कायरता के थे। वीर वह था जो युद्ध क्षेत्र में जान देने के लिए तत्पर रहता था। कहा तो यहाँ तक गया कि बरिस अठारह क्षत्री जीए, आगे जीवन को धिक्कार। बुद्ध और महावीर की अहिंसा में व्यक्तिगत वीरता जरूर थी, पर उसके पीछे सामाजिक न्याय का कोई ताकतवर सिद्धांत नहीं था न उसके लिए संघर्ष का आह्वान था। सिर्फ शिक्षा से ज्यादा बदलाव नहीं आता। बदलाव आता है संघर्ष से। ईसा मसीह की अहिंसा में भी वीरता का तत्व था, लेकिन जहाँ तक सत्ता और संपत्ति के केंद्रीकरण के विरोध का सवाल था, इसके लिए सिर्फ प्रार्थना थी। महात्मा भी हृदय परिवर्तन में विश्वास करते थे, पर इसके लिए वे अनंत काल तक इंतजार करने को तैयार नहीं थे। अगर हृदय परिवर्तन की प्रतीक्षा करते रहते, तो 'अंग्रेजो, भारत छोड़ो' के

साथ-साथ 'करेंगे या मरेंगे' का नारा नहीं लगाते। इसीलिए जब महात्मा के साथ अहिंसा को जोड़ने का आग्रह बहुत बढ़ जाता है, तो डर लगने लगता है कि कहीं यह अहिंसा को नपुंसक बनाने की तैयारी तो नहीं है?

संयुक्त राष्ट्र की साधारण सभा ने अंतरराष्ट्रीय अहिंसा दिवस का प्रस्ताव मान लिया, तो यह स्वाभाविक ही था। संयुक्त राष्ट्र विश्व की जनता का प्रतिनिधित्व नहीं करता, वह राष्ट्रों का प्रतिनिधिक संगठन है। संयुक्त राष्ट्र में भारत का प्रतिनिधित्व कौन करेगा, यह भारत की जनता तय नहीं करती, भारत सरकार तय करती है। भारत सरकार के चरित्र से हम अगवत ही हैं। इसी तरह दुनिया के अन्य देशों के लोग भी अपनी-अपनी सरकार के चरित्र से अवगत होंगे। इस अलग-अलग अनुभव का निचोड़ यह है कि दुनिया की सभी सरकारें हिंसा में विश्वास करती हैं। इराक में जो मानव हत्या हुई और हो रही है, उसके लिए जनता नहीं, सरकारें जिम्मेदार हैं। शस्त्र उद्योग जनता के बल पर नहीं, सरकारों के बल पर फल-फूल रहा है। ऐसा लगता है कि दुनिया के किसी भी देश की सरकार को अहिंसक समाज बनाने की कोई चिंता नहीं है। यही कारण है कि निरस्त्रीकरण का आंदोलन एक दिवास्वप्न बन कर रह गया। अभी तो परमाणु निरस्त्रीकरण जैसी बुनियादी माँग भी दिवास्वप्न ही प्रतीत होती है। ऐसी स्थिति में संयुक्त राज्य के सदस्य राज्य अगर अहिंसा दिवस मनाने को मंजूरी देते हैं, तो कल्पना की जा सकती है कि वे अहिंसक होने की माँग किससे कर रहे हैं। वे राज्यों से अहिंसक बनने का आह्वान नहीं कर रहे हैं, जनताओं को छागल धर्म की सीख दे रहे हैं। यह सीख किसके गले उतरेगी?

बेशक आज की दुनिया में जितनी हिंसा है, उसका एक बड़ा भाग आतंकवादी हिंसा का है। यह आधुनिक सभ्यता का एक ऐसा राक्षस है जिसे मार गिराने का मंत्र अभी तक खोजा नहीं जा सका है। आज जितने हथियारबंद समूह विश्व भर में काम कर रहे हैं, उतने इसके पहले शायद कभी नहीं थे। स्पष्ट है कि सभ्यता की हिंसकता राज्यों की सीमा पार कर नागरिक जीवन में प्रवेश कर चुकी है और वह भी लगभग उतनी ही भयावहकता के साथ। आँकड़े पेश किए गए हैं कि दूसरे महायुद्ध के बाद आतंकवादी हिंसा से जितने लोगों की मृत्यु हो चुकी है, उससे काफी कम लोग द्वितीय महायुद्ध के दौरान सैनिक आक्रमणों में मारे गए थे। या, जम्मू-कश्मीर और पंजाब में जितनी जिंदगियाँ आतंकवादी हिंसा से तबाह हुईं, उतनी जिंदगियाँ तो जापान पर एटमी हमले से भी बरबाद नहीं हुई थीं। इसलिए एक बुनियादी जीवन मूल्य के रूप में अहिंसा पर आग्रह एक जरूरी निर्णय है।

लेकिन इससे यह सवाल खारिज नहीं हो जाता कि अहिंसा का प्रचार करने से क्या नागरिक क्षेत्र की हिंसा खत्म हो जाएगी? बुनियादी सवाल शायद यह है कि हिंसा आती कहाँ से है। हिंसा के स्रोत अगर हमारी जीवन व्यवस्था में ही बिखरे हुए हैं, यदि उत्पादन का समस्त आधुनिक तंत्र तरह-तरह की हिंसा पर टिका हुआ है,

यदि परिवार में हिंसा के बीजों को पनपने दिया जाता है, यदि व्यक्तियों के आपसी संबंधों में अहिंसा नहीं है, तो हिंसा के सघन विस्फोटों से छुटकारा नहीं मिल सकता। व्यक्ति को अहिंसा की शिक्षा तो दी ही जानी चाहिए – घर से ले कर स्कूल-कॉलेज तक में और विभिन्न सामाजिक प्रक्रियाओं के माध्यम से भी, लेकिन यह शिक्षा तभी फलीभूत हो सकेगी जब व्यवस्था को भी अहिंसा-प्रधान बनाया जाए। भारतीय राज्य कितना हिंसक है, यह हम सभी अपने दैनिक अनुभव से भी जानते हैं। पुलिस से सभ्यता की आशा ही नहीं की जाती। सरकारी कर्मचारी आम आदमी को भेड़-बकरी मानते हैं। नेता लोगों ने लाशों की गिनती करना छोड़ दिया है। ऐसा तंत्र अगर अहिंसा दिवस की घोषणा पर प्रसन्नता या संतोष जाहिर करता है, तो शक होता है कि कहीं यह शासक वर्ग की रणनीति तो नहीं है कि हिंसा का एकाधिकार हमारे पास ही रहने दो -- तुम प्रजा हो, तुम्हें हिंसा शोभा नहीं देती! हमारी समझ से महात्मा का जन्म दिवस मनाने का सबसे अच्छा तरीका यह होगा कि इसे सत्याग्रह दिवस के रूप में मनाया जाए। हाँ, अहिंसा में नहीं, सत्याग्रह में ही महात्मा की शक्ति का रहस्य छिपा हुआ है। भारत को स्वाधीनता अहिंसा से नहीं, सत्याग्रह से हासिल हुई थी। लोहिया ने ठीक ही कहा था कि जब तक धरती पर अन्याय है, तब तक हिंसा रहेगी। हिंसा का प्रयोग या तो अन्याय आरोपित करने के लिए किया जाएगा या अन्याय का प्रतिवाद करने के लिए। इन दोनों का विकल्प है, अहिंसक समाज की स्थापना। इसी का दूसरा नाम है, समाजवाद। सत्याग्रह वह माध्यम है जिसके बल पर शारीरिक रूप से कमजोर से कमजोर आदमी भी झूठ और अन्याय से लड़ सकता है। मानवता को महात्मा का कोई योगदान है तो यही कि सिर्फ व्यक्ति ही नहीं, समूह भी सत्याग्रह के शक्तिशाली हथियार का इस्तेमाल कर सकते हैं। सत्याग्रह ही अहिंसा की कुंजी है। झूठ पर टिकी हुई सरकारें जब अहिंसा की पुजारी होने का दावा करती हैं, तो वे अपने को कुछ और हास्यास्पद बना लेती हैं।

गांधीगीरी क्यों नहीं चलेगी

आजकल मुन्ना भाई की खूब धूम है। लोग उन्हें देखने के लिए सिनेमाघरों पर टूटे पड़ रहे हैं। यह सफलता गांधी जी और फिल्म निर्देशक, दोनों की है। गांधी जी वैसे नहीं होते जैसे वे थे, तो निर्माता विधु विनोद चोपड़ा और निर्देशक राजकुमार हिरानी की जोड़ी कुछ नहीं कर सकती थी। मुंबई का फिल्म उद्योग आज तक अपनी उर्वरतम कल्पना से एक भी ऐसा चरित्र पैदा नहीं कर पाया है जो लोगों को उस तरह प्रेरित कर सके जिस तरह मुन्ना भाई कर रहे हैं। महात्मा गांधी तो हमारे बीच अरसे से हैं। आज तक कोई भी भारतीय फिल्मकार उन पर कोई उम्दा फिल्म नहीं बना पाया। यह श्रेय ब्रिटेन के रिचर्ड एटनबरो को जाता है। उनकी 'गांधी' एक क्लासिकल फिल्म है, लेकिन उसकी थीम ऐतिहासिक है। उसे देख कर पता चलता है कि गांधाजी कैसे थे। वैसे, प्रेरणा लेनेवाले के लिए फिल्म माध्यम में इतना देखना ही काफी हो सकता है। फिल्म देख कर उसके मन में गांधी जी के बारे में और जानने की उत्सुकता पैदा होगी और वह फिल्म के यथार्थ से जीवन के यथार्थ तक की यात्रा कर सकेगा।

इस दृष्टि से मुन्ना भाई में प्रेरणा के तत्व ज्यादा हैं। दरअसल, यह फिल्म गांधी जी पर उतनी नहीं जितनी गांधीगीरी पर है। गांधी पृष्ठभूमि में हैं। वे अपना रास्ता बताने के लिए बीच-बीच में प्रकट होते हैं। मुख्य चरित्र मुन्ना भाई का है, जो एक संयोग से गांधी जी के बारे में जानने की कोशिश करने लग है। गांधी जी को जाने बिना वह जाह्नवी को, वह जिसके प्रेम मे पड़ गया है, प्रभावित नहीं कर सकता था। धीरे-धीरे वह जितना जाह्नवी का है, उतना ही गांधी जी का भी हो जाता है।

लेकिन फिल्म यह नहीं बताती कि जाह्नवी को पाने के बाद मुन्ना भाई ने कैसी जिन्दगी बिताई। यह किसी भी उपन्यास या कहानी की अनिवार्य सीमा होती है कि उसके कथानक को किसी न किसी बिंदु समाप्त होना होता है। लेकिन अनेक बार संकेत दे दिया जाता है कि आगे क्या हुआ होगा। जैसे 'बंटी और बबली' में बता दिया गया था कि वे दोनों अंत तक पुलिस के लिए काम करते रहे। मुन्ना भाई क्या करते रहे, यह हम नहीं जानते। जाह्नवी के बारे में भी हम नहीं जानते कि मुन्ना भाई को अपना सच्चा प्रोफेसर मान लेने के बाद उसके जीवन में क्या परिवर्तन आया। दरअसल, गांधी के मामले में यही हिस्सा सबसे मुश्किल है।

गांधी इसीलिए गांधी बन सके, क्योंकि उन्होंने अपने जीवन के साथ जो प्रयोग किए, वैसे ही प्रयोग अपनी पत्नी, अपने बेटों और अन्य पारिवारिक जनों के लिए भी किए। इसमें जीविका और जीवन पद्धति, दोनों शामिल हैं। लोगों को असली दिशा तब मिलती जब फिल्मकार यह दिखा पाता कि गांधीगीरी करते हुए मुन्ना भाई ने अपना खर्च कैसे चलाया, उनके संतान हुई तो उसका पालन-पोषण कैसे किया, उसे किसी महँगे स्कूल में भर्ती कराया या खुद पढ़ाया, उसके लिए जीविका कौन-सी तजवीज की आदि-आदि। जो गांधी के रास्ते पर चलने का संकल्प लेता है, उसके लिए ये और इस तरह के प्रश्न ज्यादा महत्त्वपूर्ण हो जाते हैं। किसी को सुधारने के लिए फूल भेजना आसान है, लेकिन अपना निजी जीवन कैसे सुधारा जाए, यह तय करना मुश्किल है।

लोगों को गांधीगीरी ने इस कदर मोहित किया है कि वे यह भुला बैठे हैं कि 'लगे रहो मुन्ना भाई' अपने मूल में एक प्रेम कहानी है। यह प्रेम के माध्यम से एक सफेदपोश अपराधी के सुधरने की भी कहानी है। मुन्ना भाई गांधीगीरी शुरू करने के पहले एक माफिया के लिए मुंबई में मकान खाली कराने के लिए लोगों की हड्डियाँ तोड़ते थे या अपने परम आज्ञाकारी शिष्य सर्किट से तुड़वाया करते थे। एक दिन वे एक रेडियो जॉकी लड़की के प्रेम में पड़ गए। इस लड़की को उन्होंने देखा नहीं था, सिर्फ उसकी मीठी, खनकती हुई आवाज सुनी थी। जब वह अपने विशिष्ट अंदाज में 'गुड मॉर्निंग मुंबई' कह कर अपने श्रोताओं का आह्वान करती थी, तो मुन्ना भाई पर कई बोतल शराब का नशा छा जाता था।

इस लड़की जाह्नवी से मिलने की राह दिखाई पड़ी गांधी पर एक पहेली प्रतियोगिता में हिस्सा लेने की मार्फत। तब तक मुन्ना भाई ने गांधी जी का नाम भी नहीं सुना था। लेकिन प्रतियोगिता जीत कर जाह्नवी से मिलना जरूरी था। सो उन्होंने छल-बल से और सर्किट की मदद से अन्य प्रतिद्वंद्वियों को दबोच कर सभी प्रश्नों के सही उत्तर दे दिए। इसके बाद वे अपने प्रेम से मिले, उसे प्रभावित करने के लिए अपने को प्रोफेसर बताया और उन कसौटी पर खरे उतरने के लिए एक सप्ताह तक दिन-रात गांधी साहित्य पढ़ा। इतना पढ़ा, इतना पढ़ा कि गांधी उन्हें जब-तब अपने आसपास नजर आने लगे और उनकी मुश्किलें हल करने लगे। फिर धीरे-धीरे अपनी प्रेमिका को और ज्यादा मोहित करने के लिए वे गांधीगीरी करने लगे, जिसका एक अहम मुद्दा था उस बँगले को फिर से हासिल करना, जिसमें जाह्नवी और उसके छह बच्चे, यानी गृहहीन और परिवार द्वारा परित्यक्त छह बुजुर्ग रहते थे और जिसे मुन्ना भाई जिस माफिया के लिए अभी भी काम कर रहे थे, उस लकी सिंह ने छल से अपने नाम कर लिया था।

फिल्म की कहानी में वास्तविक मोड़ यहीं से आता है। बँगले को हासिल करने के लिए मुन्ना भाई जिसे गांधीवादी रास्ता समझते हैं, उसे बड़े प्यार से अपनाते हैं

और जैसा कि मुंबइया फिल्मों में होता है, अंत में सब कुछ ठीक हो जाता है। यह प्रेम की ताकत का एक प्रमाण है – उस प्रेम की नहीं, जिसकी सीख गौतम बुद्ध, ईसा मसीह और महात्मा गांधी ने दी है यानी मानव मात्र से प्रेम, बल्कि उस प्रेम की जो स्त्री-पुरुष में होता है, जो मुन्ना भाई की आत्मा में बैठी हुई अच्छाई को झटके से जाग्रत कर देता है और वे फिल्म देखनेवाले लाखों लोगों के आदर्श हो जाते हैं। मुहब्बत जिंदाबाद। मुन्ना भाई में दम है, यह देख कर दर्शक अनुमान लगाते हैं कि मुन्ना भाई जिसके उपासक हो गए हैं, उस बंदे में था दम। सच है, देवता अपने पुजारियों के माध्यम से ही जाने जाते हैं।

जो लोग इस सारी प्रक्रिया को देख कर फूले नहीं समा रहे हैं, उन्हें याद दिलाने पर धक्का लग सकता है कि जिस बँगले को रिहा कराने के लिए मुन्ना भाई ने इतना संघर्ष किया, उसके बारे में स्वयं गांधी की राय क्या होती। शायद वे यही कहते कि बुजुर्ग लोगों को रहने के लिए इतने बड़े बँगले की जरूरत क्या थी। बेशक यह बँगला अगर अन्यायपूर्वक छीना गया है, तो गांधी जी इस अन्याय के विरुद्ध संघर्ष कर सकते थे। लेकिन संघर्ष के बाद बँगला उन्हें वापस मिल जाता, तो वे इसमें रहते नहीं, बल्कि इसे सार्वजनिक काम के लिए समर्पित कर देते। वे वहाँ खादी आश्रम का दफ्तर खोल देते, उसे हरिजन सेवक संघ का मुख्यालय बना देते या किसी ऐसे ही काम में लगा देते।

वायसराय के विशाल महल के बारे में आजादी के बाद गांधी जी ने सार्वजनिक रूप से कहा था कि इसे सरकारी अस्पताल में परिवर्तित कर दिया जाना चाहिए। अगर ऐसा हो जाता, तो यह आजादी की एक गांधीवादी शुरुआत होती। लेकिन नेहरू की सरकार ने उसे राष्ट्रपति भवन बना दिया। जिस देश में इतनी गरीबी हो, वहाँ का राष्ट्रपति इतनी बड़ी जगह में और इतनी भव्यता के साथ रहता हो, यह उस देश के लिए गौरव की नहीं, राष्ट्रीय कलंक की बात है। दिल्ली के राष्ट्रपति भवन में बड़े-बड़े मनीषी, विद्वान और जन नेता रह चुके हैं, लेकिन किसी ने भी यह नहीं कहा कि इतने बड़े भवन में मेरी साँस घुटती है, मुझें कहीं और ले चलो। यहाँ तक कि हमारे वैज्ञानिक राष्ट्रपति ने भी नहीं, जो सभी को बड़े-बड़े संकल्प करते रहते हैं। बँगले को रिहा कराने के बाद गांधीगीर मुन्ना भाई को भी यह नहीं सूझा कि उसमें फिर से रहने आए बुजुर्गों से कहें कि यारो, बहुत हो गया, चलो किसी साधारण-सी बस्ती में रहते हैं और गरीब और अभावग्रस्त लोगों की सेवा करते हुए बाकी जीवन बिता देते हैं।

गांधीवाद सिर्फ अपने विरोधी को फूल भेजना, अपनी गलतियों के लिए 'सॉरी' कहना, अपने पिता या प्रेमिका के सामने अपना झूठ कबूल कर लेना नहीं है। ये सारे काम कोई भी सज्जन आदमी कर सकता है। विरोधी को फूल भेजने में जरूर नवीनता है, जिसके लिए हम फिल्म निर्देशक और पटकथा लेखक की सराहना करते

हैं। लेकिन इस तरह की नाटकीयता गांधी में बिल्कुल नहीं थी। उन्होंने दक्षिण अफ्रीका की जेल में सजा काटते हुए जेलर स्मट्स के लिए एक जोड़ी चप्पल जरूर बनाई थी, लेकिन अपने विरोधी को फूल भेज कर उसका सार्वजनिक उपहास करना उन्हें शायद अच्छा नहीं लगता। वे सत्याग्रह जरूर करते, उपवास भी कर सकते थे, लेकिन जहाँ तक मेरा अनुमान है, फूल उन्हें पौधे के ही शरीर पर अच्छे लगते होंगे।

कोई फूल तोड़ता था, तो गांधी जी पर इसकी प्रतिक्रिया क्या होती थी, यह बतानेवाला कोई प्रसंग मेरी जानकारी में नहीं है। लेकिन मेरा अनुमान है कि उनके सामने कोई फूल तोड़ता तो वे उससे यही कहते कि यह काम दुबारा कभी नहीं करना; क्योंकि यह अनावश्यक हिंसा है। गांधी अहिंसा को जिस तरह समझते थे, उसके दायरे में पशु-पक्षी ही नहीं, पेड़-पौधे और फूल-पत्तियाँ भी आती हैं। आज के गांधी या गांधीगीर का तो ध्यान इस ओर जरूर जाना चाहिए क्योंकि इस बीच हमारी पर्यावरण चेतना का काफी विकास हुआ है।

गांधी को इतना मुलायम बनाना ठीक नहीं है कि उससे कोई बड़ा काम नहीं लिया जा सके। गांधी को समझना आसान नहीं है, क्योंकि उनके व्यक्तित्व के अनेक पहलू रहस्य से घिरे हुए हैं। लेकिन गांधी को मैं जिस हद तक समझ पाया हूँ, उसके आधार पर गांधीवाद का एक संक्षिप्त खाका बनाने की कोशिश करूं, तो उसमें ये तत्त्व शामिल होंगे : आत्म-त्याग (निजी संपत्ति न बनाना, अपनी आवश्यकताओं को कम से कम रखना, अहंकार का लोप आदि), सत्य (सत्य बोलना, सत्य के लिए आग्रह करना, यहाँ तक कि सत्य की रक्षा के लिए जान देने के लिए भी तैयार रहना और इसके साथ ही, सत्य क्या है, इसकी तलाश में लगातार लगे रहना – यहाँ 'लगे रहो मुन्ना भाई' का नारा ज्यादा सार्थक लगता है), अहिंसा (सबसे प्रेम करना, किसी से भी घृणा न करना और जहाँ तक संभव हो, किसी भी स्थिति में हिंसा नहीं करना – इसमें मनुष्य के अलावा अन्य प्राणी भी शामिल हैं), सार्वजनिक जीवन में ऐसी व्यवस्था के लिए रचनात्मक काम और संघर्ष करना जो अहिंसा पर आधारित हो (ऐसी व्यवस्था अनिवार्य रूप से हिंसा, विषमता, अन्याय और अत्याचार से मुक्त होगी और उतने ही प्राकृतिक संसाधनों का उपयोग करेगी, जितने से प्रकृति और जीव जगत का संतुलन बना रहे) और स्त्री-पुरुष के बीच पूर्ण समानता।

ये सभी या इनमें से अधिकतर तत्त्व जब तक साथ नहीं मिलते, तब तक गांधीवाद का फूल पूरा खिलता नहीं है। अगर कोई इनमें से एक, दो, तीन या चार तत्त्व अपना लेता है, तो वह एक श्रेष्ठ व्यक्ति बन सकता है और हमारे लिए आदरणीय होगा, जैसे कि विनोबा भावे जैसे लोग थे, पर कृपया ऐसे महानुभावों को गांधीवादी तो न कहिए। सादगी से रहना गांधीवाद की एकमात्र शिक्षा नहीं है। यह शिक्षा तो सभी धर्म देते हैं और अनेक मनीषियों ने भी इस पर जोर दिया है। किसी जैन साधु से ज्यादा सादगी से कौन रह सकता है, पर वह गांधी का उपासक नहीं

होता। कुछ लोगों का व्यक्तित्व मानव प्रेम से लबालब होता है, जैसे बाबा आमटे हैं या मदर टेरेसा थीं, पर इन्हें गांधी की परंपरा में नहीं माना जाता। गांधी में मुलायमियत है, तो कुछ खुरदुरापन भी है। यह भुला देने पर गांधी हवा मिठाई बन जाते हैं।

आज के स्वार्थी और हिंसक वातावरण में मुन्ना भाई ने निश्चय ही एक बड़ा काम किया है। इस फिल्म की व्यावसायिक और अन्य प्रकार की सफलता से ईर्ष्या करने की कोई बात नहीं है। इस फिल्म से लोगों को एक दूसरी तरह से सोचने की प्रेरणा मिल रही है। लेकिन गांधी के बारे में और गहराई से नहीं जाना और विचारा गया, तो यह संदेह करने का पर्याप्त कारण है कि गांधीगीरी के छिटपुट अनुकरण और गांधीगीरी की तारीफ के पुल बाँधने का वर्तमान वातावरण बहुत समय तक नहीं बना रह सकता। इस बोतल का नशा जल्द ही उतर जाएगा और लोग फिर अपनी पहले की घुटन में लौट आएँगे।

अगर संजय ने गांधीगीरी की होती

किसी अभिनेता से यह माँग करना ठीक नहीं है कि उसने किसी फिल्म में जोरदार अभिनय किया है, तो वह वास्तविक जीवन में भी वैसा ही करके दिखाए। अभिनेता को तरह-तरह की भूमिकाएँ करनी होती हैं – ऐसी भूमिकाएँ भी, जिनके संदेश से वह सहमत नहीं है। जिस संजय दत्त को हम गांधीगीरी के पहले जानते थे, उसमें कोई ऐसा तत्त्व नहीं था जो उसे गांधी या गांधीगीरी से जोड़े। लेकिन फिल्मी पर्दे पर गांधीगीरी करके दिखानेवाले संजय दत्त ने अनगिनत लोगों का मन मोह लिया। वह भूमिका ही कुछ ऐसी थी। या कहिए कि गांधी में ही कुछ ऐसी बात है कि उनका तनिक-सा स्पर्श भी किसी चरित्र को असाधारण बना देता है। मुन्नाभाई भी रातोंरात एक असाधारण चरित्र बन गए, क्योंकि उनकी राह पर चल कर सैकड़ों लोगों को यह खुशवार एहसास हुआ कि दुनिया को बदलने का एक सरल-सा नुस्खा उनके हाथ लग गया है।

कुछ मामलों में इस नुस्खे ने काम भी किया। लेकिन नकल नकल ही होती है। मरा-मरा कहने से हमेशा राम की प्राप्ति नहीं होती। सो कुछ महीनों के बाद ही अब कोई गांधीगीरी के प्रयोग करके दिखानेवाला दूर-दूर तक दिखाई नहीं पड़ता। यहाँ तक कि उन विद्वानों ने भी सत्य के ये प्रयोग करके नहीं दिखाए जो 'लगे रहो' की सफलता के दिनों में अखबारों के खारे पन्नों पर गांधीवाद के मीठे चित्र उकेर रहे थे। जो गांधी अचानक जी उठा था, वह उतनी ही अचानकता के साथ मर भी गया। बचे रहे तो संजय दत्त, जो अपार लोकप्रियता के बावजूद कानून की नजर में मुलजिम थे।

उस अपराध की गुत्थियाँ अब सुलझा ली गई हैं। संजय दत्त कैदी का जीवन बिता रहे हैं। सजा सुनते समय और सजा सुनने के बाद बेशक उन्होंने संयम और धैर्य का परिचय दिया। वे गिर कर बेहोश नहीं हो गए और न ही उनकी आँखों में आँसू आए। यह बड़ी बात है। इससे पता चलता है कि दर्द को सहने के मामले में वे साधारण व्यक्तियों की तरह नहीं हैं। लेकिन दर्द को सहना ही काफी नहीं है। दर्द के साथ लड़ना भी पड़ता है और ऐसे रास्ते खोजने पड़ते हैं जिनसे बह कर वह संजीवनी बन जाए। ऐसे रास्ते हर सभ्यता ने बनाए हैं, पर उन पर इतनी घास-फूस

जमा हो गई है कि अनभ्यस्त आँखों को वे दिखाई नहीं पड़ते। ऐसे लोगों की स्मृति जरूर हमारे साथ बनी रहती है जिन्होंने इस रास्ते पर चलते हुए दर्द से दवा का काम लिया। संजय दत्त तो, भले ही एक अभिनेता के रूप में, ऐसे ही एक चरित्र के साथ काफी समय बिता चुके हैं। बाद में उनहोंने यह भी देखा कि वह चरित्र इतना शक्तिशाली है कि लोग अपने विरोधियों को फूल दे-दे कर उनका अभिनंदन करने लगे हैं।

जब स्वयं संजय दत्त पर पाप का पहाड़ टूटा और यह दिखने लगा कि वे अपने अपराधी अतीत के दंड से छुटकारा नहीं पा सकेंगे, तब भी उन्हें अपने उस सीधे-सादे, पर चमत्कारी चरित्र की याद क्यों नहीं आई? कहते हैं, दुख में ईश्वर याद आता है। पर अदालत की खाक छानते हुए भी संजय दत्त को खुद पर और अपने विद्वान वकीलों पर भरोसा बना रहा। वे उम्मीद करते रहे कि अपने तर्कों से अदालत को कायल कर लेंगे कि वह एक निर्दोष व्यक्ति को सजा देने जा रही है। मेरा सुचिंतित खयाल है कि अगर संजय दत्त ने कानून के बाल की खाल निकालने में समय न गँवा कर 'लगे रहो' के असली नायक की आँखों में आँख मिला कर देखने का साहस किया होता तो शायद अदालत उन्हें माफ कर देती या बहुत मामूली सजा देती। झूठ की तुलना में सत्य हमेशा ज्यादा कारगर होता है। यह हमारा अंधापन है कि हमें अक्सर झूठ में ही मुक्ति दिखाई देती है।

संजय दत्त का सत्य क्या है? यह हम पूरी तरह नहीं जानते, क्योंकि उन्होंने उस पर प्रकाश डालना आवश्यक नहीं समझा है। उन्होंने टाडा की विशेष अदालत को उतना ही बताया जितने से उनका कानूनी लक्ष्य सध सकता था। उनके पास दो घातक हथियार पाए गए थे। इसलिए संजय के लिए यह बताना जरूरी था कि उन्हें ये हथियार कैसे मिले और बाद में उनका क्या हुआ। लेकिन उनके इस स्पष्टीकरण से टाडा अदालत संतुष्ट नहीं हुई। कोई भी व्यक्ति संतुष्ट नहीं हो सकता। जरूर, संजय दत्त की कहानी में ऐसे कई पन्ने हैं जो अभी तक दुनिया के सामने खुले नहीं हैं। इन्हें संजय ही खोल सकते हैं। जरूरी नहीं कि उन पन्नों पर आतंकवाद या अपराध की ही उपकथाएँ लिखी हुई हों। पर उन पर इन उपकथाओं का साया तो होगा ही। अन्यथा उन्हें एके-56 और उसके कारतूस खरीदने की कोई जरूरत नहीं थी। अदालत को सिर्फ सत्य और पूरा सत्य बताना संजय गांधी के लिए किस कदर जरूरी और फायदेमंद था, इसकी ओर संकेत करने के लिए मैं महात्मा जी की अमर कृति 'सत्य के प्रयोग अथवा आत्मकथा' का एक मार्मिक हिस्सा यहाँ पेश करने की अनुमति चाहता हूँ।

'बीड़ी के ठूँठ चुराने और इसी सिलसिले में नौकर के पैसे चुराने के दोष की तुलना में मुझसे चोरी का दूसरा जो दोष हुआ, उसे मैं अधिक गंभीर मानता हूँ। बीड़ी दोष के समय मेरी उमर बारह-तेरह साल की रही होगी; शायद इससे कम भी हो।

दूसरी चोरी के समय मेरी उमर पंद्रह साल की रही होगी। यह चोरी मेरे मांसाहारी भाई के सोने के कड़े के टुकड़े की थी। उन पर मामूली-सा, लगभग पच्चीस रुपए का, कर्ज हो गया था। उसकी अदायगी के बादे में हम दोनों भाई सोच रहे थे। मेरे भाई के हाथ में सोने का ठोस कड़ा था। उसमें से एक तोला सोना काट लेना मुश्किल न था।

'कड़ा कटा। कर्ज अदा हुआ। पर मेरे लिए यह बात असह्य हो गई। मैंने निश्चय किया कि आगे कभी चोरी करूँगा ही नहीं। मुझे लगा कि पिता जी के सम्मुख अपना दोष स्वीकार भी कर लेना चाहिए। पिता जी स्वयं मुझे पीटेंगे, इसका डर तो था ही नहीं। मुझे याद नहीं पड़ता कि उन्होंने कभी हममें से किसी भाई को पीटा हो। पर खुद दुखी होंगे, शायद सिर फोड़ लें। मैंने सोचा कि यह जोखिम उठा कर भी दोष कबूल कर ही लेना चाहिए, उसके बिना शुद्धि नहीं होगी।

'आखिर मैंने तय किया कि चिट्ठी लिख कर दोष स्वीकार किया जाए और क्षमा माँग ली जाए। मैंने चिट्ठी लिख कर हाथोंहाथ दी। चिट्ठी में सारा दोष स्वीकार किया और सजा चाही। आग्रहपूर्वक विनती की कि वे अपने को दुख में न डालें, और भविष्य में फिर ऐसा अपराध न करने की प्रतिज्ञा की।'

'मैंने काँपते हाथों से चिट्ठी उनके हाथों में दी। मैं उनके तख्त के सामने बैठ गया। उन दिनों वे भगंदर की बीमारी से पीड़ित थे, इस कारण बिस्तर पर ही पड़े रहते थे। खटिया के बदले लकड़ी का तख्त काम में लाते थे।

'उन्होंने चिट्ठी पढ़ी। आँखों से मोती की बूँदें टपकीं। चिट्ठी भीग गई। उन्होंने क्षण भर के लिए आँखें मूँदीं, चिट्ठी फाड़ डाली और स्वयं पढ़ने के लिए उठ बैठे थे, सो वापस लेट गए।'

'मैं भी रोया। पिता जी का दुख समझ सका। अगर मैं चित्रकार होता, तो यह चित्र आज संपूर्णता से खींच सकता। आज भी वह मेरी आँखों के सामने इतना स्पष्ट है।'

'मोती की बूँदों के उस प्रेमबाण ने मुझे बेध डाला। मैं शुद्ध बना। इस प्रेम को तो अनुभवी ही जान सकता है।'

मुझे कल्पना होती है कि संजय दत्त यह अनुभवी हो सकते थे। जरूर, यह गांधीगीरी नहीं हैं, मूल गांधी हैं। बल्कि मूल गांधी भी नहीं, बनते हुए गांधी हैं। ऐसी ही घटनाओं के सहारे गांधी जी ने सीखा होगा कि गलती हो जाए तो क्या करना चाहिए। गलती को छिपाने में बहादुरी नहीं है। यह तो कोई भी कायर कर सकता है। अपनी गलती को सामने लाने में बहादुरी है। जब मैं अपनी गलती को किसी और के सामने रखता हूँ और शुद्ध हृदय से क्षमा माँगता हूँ, तो मैं एक नया आदमी हो जाता हूँ; उस गलती से मुक्त हो जाता हूँ। उसे उसी के मैदान में पटकनी दे कर उसका कचूमर निकाल देता हूँ। यह मेरे लिए दवा का काम करता है। दिमाग के

जिन रसायनों के परिणामस्वरूप मैंने पहली बार गलती की थी, उनका स्राव शिथिल हो जाता है। इस तरह, एक गलती के साथ किया गया उचित सलूक सैकड़ों गलतियों के निवारक का काम करता है। जहाँ तक दुनिया को पता है, इस घटना के बाद गांधी जी ने कभी चोरी नहीं की।

संजय दत्त ने टाडा अदालत के समक्ष स्वीकार किया कि उन्होंने गलती की। लेकिन यह स्वीकारोक्ति संपूर्ण नहीं थी। अगर उन्होंने सुनवाई के दौरान ही अपनी गलती को, उसके पूरे संदर्भ में, स्वीकार कर लिया होता – चाहे पत्र लिख कर चाहे एकांत में बता कर, तो पुलिस के लिए गलती करनेवाले अन्य व्यक्तियों, अपराधियों और माफियाओं को पकड़ने में आसानी होती। हो सकता है तब कुछ और अपराधियों को सजा मिलती। संजय दत्त को सरकारी गवाह बना लिया जाता।

संजय दत्त के आँसुओं ने उनके अपराध को धो दिया होता। यह भी हो सकता था कि जिस तरह 'आत्मकथा' में पिता-पुत्र दोनों साथ-साथ रोते हैं, उसी तरह न्यायमूर्ति कोडे और संजय दत्त भी साथ-साथ रो रहे होते। एक अपराध कथा का यह कितना सुंदर अंत होता। तब लोग गांधीगीरी की शक्ति में सचमुच यकीन करने लगते। संभव है, देश भर में फिर एक बार गांधीगीरी – इस बार नकली नहीं, असली – की लहर दौड़ जाती। उसके प्रभाव में पता नहीं और कितने लोगों ने, जिन्होंने अपराध किया या जिनसे अपराध हो गया, जज के सामने रो-रो कर अपना अपराध कबूल कर लिया होता।

संजय दत्त के पास अब भी मौका है। जब वे उच्चतम न्यायालय में अपील करने के लिए हाजिर होंगे, तो चतुराई भरे तर्क रखने के बजाय वे सत्य का आश्रय ले सकते हैं। मुझे पूरा विश्वास है कि सत्य से उन्हें लाभ ही होगा, नुकसान नहीं होगा। जज निर्दय नहीं होते। वे भी पिघलते हैं। बल्कि सबसे अच्छा जज वही होता है जो पश्चात्ताप की आँच में खुद पिघल सके और दूसरों को भी पिघला दे। अगर एक आदमी द्वारा किया गया अपराध पूरी मानवता का अपराध है, तो एक आदमी का पश्चात्ताप भी समग्र मानवता का पश्चाताप हो सकता है।

इतिहास का नमक

इतिहास को रिकॉर्ड करने और उससे शिक्षा लेने के अलावा हम इतिहास के साथ कुछ और नहीं कर सकते। उसकी अनुकृति करना तो सबसे भोंडा काम है। यह काम रचनात्मक तभी बनता है जब आप किसी ऐतिहासिक थीम पर नाटक खेल रहे हों या फिल्म बना रहे हों। आज भी दीर्घ अवधि की तपस्या के बाद भगवान बुद्ध का सुजाता के हाथ से खीर खाने का दृश्य किसी को भी द्रवित कर सकता है। ऐसी ही क्षमता राणा प्रताप के जीवन में आए हताशा के उन क्षणों में है जब वे चित्तौड़ के लिए अकबर से संघर्ष कर रहे थे। लेकिन ये इतिहास की अनुकृतियाँ नहीं, उसका पुनराख्यान या उसकी पुनः प्रस्तुति है। यह अपने समय से पीछे जा कर उस युग में जीना है जब कोई महत्त्वपूर्ण घटना घट रही थी – लेकिन इस एहसास के साथ कि यह सब अभिनय है। बेशक अभिनय की सफलता इस बात में है कि वह यथार्थ जैसा जान पड़े। लेकिन थियेटर से निकल कर हम अभिनेताओं को बधाई देते हुए यही कहते हैं कि आपने बुद्ध, सुजाता या राणा प्रताप की भूमिका बहुत अच्छे ढंग से की। अगर हम उन्हें ऐतिहासिक चरित्र मान बैठें, तो राम और कृष्ण का अभिनय करनेवाले बहुत-से ठग पता नहीं कितने लोगों का शोषण करते रहें।

इसीलिए केंद्र में सत्तारूढ़ कांग्रेस पार्टी द्वारा आयोजित दांडी यात्रा-दो प्रहसन बन जाने को बाध्य थी। महात्मा गांधी की दांडी यात्रा पर फिल्म बनाई जाए या नाटक खेला जाए, तो उनमें से कोई भी एक अद्‌भुत कलाकृति बन सकती है। नमक कानून तोड़ने के लिए साठ वर्ष की उम्र और पैंतालीस किलोग्राम वजन के गांधी और उनके सत्याग्रहियों का जत्था साबरमती आश्रम से रवाना हो कर दांडी गाँव की ओर कूच कर रहा है और वे सभी अपनी पोशाक और दिनचर्या से भारत के गरीब आदमियों का प्रतीकात्मक नहीं, वास्तविक प्रतिनिधित्व कर रहे हैं, यह देख कर किसी की भी आँखों से आँसू छलक सकते हैं। लेकिन यह दृश्य फिल्म या नाटक में होना चाहिए। यह वास्तविक जीवन में दुहराया जाएगा, तो घोर प्रहसन लगेगा – इसलिए नहीं कि कार्ल मार्क्स ने ऐसा कहा है, बल्कि इसलिए कि वह प्रहसन ही हो सकता है। हमारे आसपास अगर गांधी जैसा कोई व्यक्ति या उन सत्याग्रहियों जैसा कोई जत्था है, तो वह आज नमक कानून तोड़ने की ऐतिहासिक घटना का अभिनय नहीं करेगा। उसके

पास इसके लिए न समय होगा न अभिरुचि। हो सकता है आज वह इस माँग को ले कर लंबी कूच करे कि पानी जैसी आम जरूरत की चीज पर टैक्स न लगाया जाए और पानी को व्यापार का विषय तो बिल्कुल न बनाया जाए। यह भी हो सकता है कि वह रास्ते में पैकेज किए हुए पानी की बोतलों को तोड़ता भी जाए।

हर घटना की एक पृष्ठभूमि होती है। गांधी जैसे आदमी के लिए तो यह संभव ही नहीं था कि वे एक दिन सुबह उठें और अपने आदमियों को लेकर दांडी की ओर कूच कर दें। गांधी जी आदतन कानून का पालन करनेवाले व्यक्ति थे (दांडी यात्रा-दो में हिस्सा ले रहे लोग अगर पक्के कांग्रेसी हैं तो उनमें शायद ही कोई ऐसा होगा जो अपने फायदे और सुख-सुविधा के लिए आदतन कानून न तोड़ता हो)। गांधी जी को जब राजनीतिक कारणों से किसी कानून को तोड़ने की जरूरत महसूस होती थी, तो वे इसके लिए पूरी तैयारी करते थे। सबसे पहले तो वे कानून बनानेवालों या कानून को लागू करनेवालों को पत्र लिखते थे कि इन-इन कारणों से आप अमुक कानून को वापस ले लें, नहीं तो हम अमुक तारीख को अमुक स्थान पर इसे तोड़ेंगे और कानून तोड़ने की पूरी सजा भुगतेंगे। वे चोर या डकैत की तरह नहीं, बहादुर की तरह कानून तोड़ते थे। नमक कानून को तोड़ने का नोटिस देते हुए उन्होंने तत्कालीन वायसराय को क्या लिखा था? उनके पत्र का एक अंश इस प्रकार है :

'समस्त आय का बहुत बड़ा भाग भूमि से प्राप्त होता है। उस पर जो भयंकर दबाव है, उसमें स्वतंत्र भारत में पर्याप्त परिवर्तन होना चाहिए। सारी आय पद्धति में ऐसा सुधार होना चाहिए कि उससे किसानों का मुख्य रूप से भला हो। लेकिन ब्रिटिश पद्धति तो ऐसी बनाई गई प्रतीत होती है कि उससे किसान का जीवन ही कुचल दिया गया है। अपने को जीवित रखने के लिए उसे जिस नमक का प्रयोग करना पड़ता है, उस तक पर इस ढंग से कर लगा कि उसका सबसे अधिक बोझ उसी पर पड़ता है। कानून सबको एक लाठी से हाँकता है। गरीब आदमी के लिए यह कर और भी भारी दीख पड़ता है, जब यह ध्यान आता है कि यह ऐसी चीज है जिसे गरीब आदमी अमीर से अधिक खाता है।

'ऊपर जिस अन्याय का जिक्र किया गया है, वह उस विदेशी शासन को चलाने के लिए किया जाता है जो स्पष्टतः संसार का सबसे महँगा शासन है। अपने वेतन को ही लीजिए। वह प्रतिमास इक्कीस हजार रुपए से ऊपर पड़ता है, अप्रत्यक्ष भत्ते आदि अलग। आपको सात सौ रुपये प्रतिदिन से अधिक मिलता है, जबकि भारत की औरत आमदनी दो आने प्रतिदिन से भी कम है। इस प्रकार आप भारत की औसतन आमदनी से पाँच हजार गुने से भी कही अधिक ले रहे हैं। ब्रिटिश प्रधानमंत्री ब्रिटेन की औसत आमदनी का सिर्फ नब्बे गुना लेता है। मैं घुटने टेक कर आपसे विनय करता हूँ कि आप इस विषय पर विचार करें। यह निजी दृष्टांत मैंने एक दुखद सत्य को आपके गले उतारने की खातिर लिया है। मनुष्य के रूप

में आपके प्रति मेरे मन में इतना मान है कि मैं आपकी भावनाओं को चोट पहुँचाने की इच्छा नहीं कर सकता। मैं जानता हूँ, जितना वेतन आप लेते हैं, उतने की आपको आवश्यकता नहीं है। शायद आपका समूचा वेतन दान में जाता है। लेकिन जिस नियम द्वारा ऐसी व्यवस्था होती है, उसे तत्काल खत्म कर देना चाहिए। वायसराय के वेतन के बारे में जो सत्य है, वही सारे आम शासन के बारे में सत्य है।'

दांडी यात्रा-दो में शरीक होनेवालों या उनकी यात्रा की शुरूआत पर बधाई देते हुए उन्हें विदाई देनेवाले कांग्रेसी नेताओं को, जिनमें पार्टी की उच्चतम नेता भी शामिल थीं, क्या इस बात का थोड़ा भी एहसास था कि वे ऐसा करके भारत की गरीब जनता के साथ-साथ अपने साथ भी कितना बड़ा मजाक कर रहे हैं? ऐसा लगता है जैसे वे वर्तमान से अचानक कूद कर पचहत्तर वर्ष पुराने इतिहास में चले गए हों। अगर उन्होंने नमक सत्याग्रह के बारे में थोड़ा भी जान-समझ लिया होता, तो वे शर्म के मारे ही इस यात्रा को स्थगित कर देते। गांधी जी का विरोध सिर्फ नमक कर से नहीं था। उनका विरोध इसलिए था कि ब्रिटिश सरकार की नीतियों के कारण भारत का किसान इतना दरिद्र हो चुका था कि नमक कर उस पर एक अतिरिक्त बोझ की तरह था। लेकिन गांधी जी का आग्रह सिर्फ यह नहीं था कि नमक कर वापस ले लिया जाए। इतना ही जोर इस बात पर भी था कि भारत की आम जनता के जीवन स्तर में सुधार हो, शासक और शासित के बीच की दूरी कम हो। नमक सत्याग्रह के कुछ दिनों बाद नमक कर वापस ले लिया गया, पर शासक और शासित के बीच की दूरी बढ़ती गई। यह दूरी आजादी के पहले जितनी ज्यादा थी, आज उससे कई गुना ज्यादा है। क्या कोई सुधी पाठक प्रामाणिक सूचनाओं के आधार पर हिसाब लगा कर बता सकता है कि भारत के गरीब लोगों की औसत आदमनी और भारत के प्रधानमंत्री पर होनेवाले खर्च में कितने गुने का फर्क है? मेरा अनुमान है कि यह फर्क पचास हजार गुने से कम नहीं होगा।

इतिहास से लाभ उठाया जा सकता है, पर उसके साथ चालाकी कर राजनीति नहीं की जा सकती। कांग्रेस ने केंद्र में जिस सत्ता को विस्थापित किया है, वह इतिहास के साथ एक गंदे खेल पर आधारित सत्ता थी। उसकी एक शाखा गुजरात में अभी भी कायम है। गुजरात के लोग जिस दिन जगेंगे, वे इस शाखा को उखाड़ फेंकेंगे। उन्हें यह देख कर जरूर तकलीफ होगी कि उखाड़ फेंकने की इस प्रक्रिया में उन्हें ऐसे लोगों का समर्थन करना पड़ रहा है जो इतिहास के साथ मजाक करके खुश होते हैं।

लेकिन इसमें गुजरात की जनता का क्या दोष! किसी भी चुनाव में विकल्प हमेशा सीमित होते हैं। लेकिन चुनाव के पहले और चुनाव के बाद राजनीतिक विकल्प व्यापक होने चाहिए। जीवन की शोभा तो असीमित विकल्पों में ही है। क्या

इतिहास भी हमेशा अनेक विकल्प नहीं देता? अगर तुमने इतिहास का नमक चखा है, तो तुम कोल्हू के बैल की तरह कुछ रूढ़ियों पर चलते नहीं रह सकते – चाहे यह राजनीति में हो या जीवन में।

महानता का बोझ जीवन को अस्वाभाविक और आदमी को कृत्रिम बना देता है। उसकी तुलना में साधारण जीवन बहुत अच्छा है। और, इस बात की कोई वजह नहीं कि साधारण जीवन को तुच्छ तरीके से जिया जाए। तुच्छता प्रयासहीन होती है। उससे ऊपर उठने के लिए भीतर से कुछ जोर लगाना पड़ता है। इसमें जितना कष्ट है, आनंद उससे कहीं ज्यादा है।

दरअसल, गांधी विचार की मूल कसौटी ही यही है। यहाँ कोई विचार तब तक विचार नहीं है, जब तब उसके अनुसार जीने की कोशिश नहीं की जाती। अगर सादगी अच्छी चीज है तो उसे कल पर उठा कर नहीं रखा जा सकता। आज ही अमल करना होगा। बल्कि आज भी नहीं, अभी, इसी क्षण, नहीं तो यह भी हो सकता है कि आप सादगी का मंत्र जपते हुए का नाम ले कर दूसरों को बेवकूफ बनाना चाहें। ऐसा आजकल बहुत ज्यादा हो रहा है। इसी का प्रताप है कि 'रास्ता तो गांधी के ही पास है', 'गांधीवाद आज पहले से कहीं ज्यादा प्रासंगिक है', 'गांधीवाद ही भविष्य की विचारधारा बनेगी', 'आइए गांधी की ओर लौटें' आदि-आदि कहते रहनेवालों की संख्या लगातार बढ़ती जा रही है, लेकिन वातावरण में गांधी का कोई असर दिखाई नहीं देता। यह स्वभाविक ही है। बार-बार कुनैन का नाम लेने से मलेरिया का बुखार चला नहीं जाता; इसके लिए कुनैन खाना पड़ता है। गांधी का नाम लेनेवाले अगर यह दिखा सकें कि आज की परिस्थिति में गांधी को मानना किस हद तक संभव है, तो आगे का रास्ता अपने आप खुलता जाएगा।

कोई कह सकता है कि आज की परिस्थितियाँ कितनी कठिन हैं। इसका प्रतिप्रश्न यह है : जिन परिस्थितियों में गांधी गांधी बने थे, आज की परिस्थितियाँ क्या उनसे भी ज्यादा कठिन हैं?

गांधीगीरी का गलत नमूना

एक मित्र ने मुझे एक एसएमएस भेजा है, जो गांधीगीरी की व्याख्या एक अश्लील लतीफे के जरिए करता है। इसे थोड़ा सभ्य ढंग से इस तरह पेश किया जा सकता है कि अगर किसी स्त्री के साथ बलात्कार हो गया और बलात्कारी दुबारा दिखाई पड़ गया, तो गांधीवादी रास्ता क्या होगा? गांधीवादी रास्ता यह होगा कि वह स्त्री दुबारा बलात्कार करने के लिए उसे आमंत्रित करे। जाहिर है, गांधी का मजाक उड़ाने के लिए या उनके रास्ते को बदनाम करने के लिए ही यह लतीफा गढ़ा गया है। फिल्म में संजय दत्त कहता है कि अगर कोई तुम्हारे एक गाल पर तमाचा मारे, तो तुम्हें अपना दूसरा गाल उसके सामने कर देना चाहिए। फिर वह खुद पूछता है, वह दूसरे गाल पर भी तमाचा मार दे, तो? इस प्रश्न के जवाब में मुन्नाभाई सामनेवाले आदमी को धुन कर रख देते हैं। लेकिन वह प्रक्रिया एक सिद्ध की नहीं, साधक की है। अभी मुन्नाभाई पूरी तरह मुन्नाभाई नहीं बने हैं। यह उनका पहले वाला गुंडई का स्वभाव है, जो अचानक अपनी पूरी हिंसकता के साथ उभर आता है। जाहिर है, गांधीगीरी में सिद्ध हो जाने के बाद मुन्नाभाई ने हिंसा को पूरी तरह त्याग दिया होगा। अब वे किसी की धुनाई नहीं कर सकते थे। दूसरे गाल पर थप्पड़ खाने के बाद वे उसे फूलों का गुलदस्ता पेश करते या कोई और खूबसूरत चीज भेंट करते। सवाल यह है कि क्या यह गांधीवादी रास्ता है? क्या स्वयं महात्मा गांधी ने कभी ऐसा किया था? क्या वे ऐसा कर सकते थे?

जिस तरीके को गांधी का रास्ता कह कर प्रचारित किया जा रहा है, वह गांधी का तरीका नहीं है। यह रास्ता ईसाइयत का है। बाइबिल में जीसस अपने भक्तों से कहते हैं – अगर तुम सुनने को इच्छुक हो, तो मैं कहता हूँ, अपने दुश्मनों को प्यार करो। जो तुमसे नफरत करते हैं, उनका भला करो! ..... अगर कोई तुम्हारे एक गाल पर तमाचा मारता है, तो तुम दूसरा गाल उसके सामने कर दो। अगर कोई तुम्हारा कोट माँगता है, तो उसे अपनी कमीज भी दे दो।, (ल्यूक, 6-27-36) गांधी का रास्ता इससे अलग है। गांधी के साथ कई बार हिंसा की गई – दक्षिण अफ्रीका में भी और भारत में भी। उन्होंने किसी भी हिंसा के जवाब में प्रतिहिंसा नहीं की। लेकिन यह हिंसा का स्वीकार या उसके सामने आत्मसमर्पण नहीं था। यह एक अहिंसक का मौन विरोध था! इसमें कोई संदेह नहीं कि गांधी अपने शत्रुओं को भी

प्यार करने की सीख देते थे। संभवतः वे खुद भी अपने शत्रुओं को प्यार करते थे। या यह कहना ज्यादा ठीक रहेगा कि वे किसी को अपना शत्रु मानते ही नहीं थे। इसका एक उदाहरण यह है कि डॉ. आंबेडकर उनके कटु आलोचक थे, वे कांग्रेस के भी घोर विरोधी थे, पर स्वाधीनता मिल जाने पर जो संविधान सभा बनाई गई, उसमें आंबेडकर को लाने की पहल गांधी ने ही की थी। इसी के अगले कदम के रूप में आंबेडकर केन्द्र की पहली सरकार में मंत्री बने। दक्षिण अफ्रीका में गांधी पर हमला हुआ, तो पुलिस के लाख कहने पर भी उन्होंने हमलावरों के खिलाफ रपट नहीं लिखवाई। लेकिन गांधी ने अन्याय को कभी सहन नहीं किया। दक्षिण अफ्रीका में पहले दर्जे का टिकट पास होने के बावजूद गांधी को उस दर्जे में सफर नहीं करने दिया गया। इसे उन्होंने चुपचाप स्वीकार नहीं कर लिया, न ही ऐसा करनेवालों को उदारतापूर्वक माफ कर दिया। इसके विपरीत, रेल विभाग के अधिकारियों से संघर्ष करते हुए उन्होंने पहले दर्जे में यात्रा करने की सुविधा हासिल की। ऐसे गांधी के एक गाल पर कोई थप्पड़ मारता, तो वे उसके सामने दूसरा गाल कभी भी पेश नहीं कर सकते थे। यह न उनके स्वभाव में थे, न सिद्धांत में।

यह भी एक बहुत बड़ा भ्रम है कि गांधी पूर्ण रूप से हिंसा का तिरस्कार करते थे। यह प्रचार असत्य है। गांधी की मुख्य विशेषता यह है कि वे अन्याय के विरोधी थे। कहते थे, अगर तुममें दम है, तो अहिंसक तरीके से विरोध करो। लेकिन अहिंसा तुम्हें भारी लगती है, तो हिंसा करने से परहेज मत करो। अगर तुम हिंसक और अहिंसक, दोनों में से कोई भी तरीका अपनाने से इनकार कर देते हो और अन्याय सहते रहते हो, तो तुम कायर और नामर्द हो। गांधी के साहित्य में नामर्द या नामर्दी और मर्दानगी शब्दों का प्रयोग इतनी बार हुआ है कि आश्चर्य होता है। उन्होंने यह टिप्पणी भी कई बार की है कि जब से अंग्रेजों ने भारतीयों से हथियार रखने का अधिकार छीन लिया, देश नामर्द हो गया। ऐसे गांधी को फूल भेजनेवाला बनाकर या बताकर गांधीवाद के साथ बहुत बड़ा अन्याय किया गया है। दरअसल, गांधी की इन्हीं गलत छवियों के कारण इस तरह के मुहावरे आम हो गए हैं कि मजबूरी का नाम गांधी है। इसका अर्थ यह नहीं है कि बाइबिल में जो सीख दी गई है, वह बेकार है। वह और भी ऊँचा रास्ता है। उस पर चलना और भी कठिन है। सभी से इसकी उम्मीद नहीं की जा सकती। पर अन्याय के अहिंसक प्रतिकार का रास्ता सभी के लिए खुला हुआ है। यह रास्ता हिंसक रास्ते की तुलना में ज्यादा सच्चा और व्यावहारिक भी है। पर अन्याय को चुपचाप बर्दाश्त करना वाकई नामर्दी है।

फिर से खादी पहनने का समय

कहते हैं, इतिहास जब अपने को दुहराता है, तो वह स्वाँग बन जाता है। लेकिन यह एक अर्धसत्य है और सब प्रकार के इतिहास के बारे में सच नहीं है। जब तक वस्तुपरक स्थितियों में कोई खास परिवर्तन नहीं आता, यह हमारा पवित्र कर्त्तव्य है कि हम उस इतिहास को अपने को दुहराने का मौका दें जिसने कभी हमारी कोई कठिन समस्या हल की थी। इसी हक से खादी आज हमें मौन आमंत्रण दे रही है। हम इस आमंत्रण को नहीं सुनेंगे, तो देश और समाज के साथ विश्वासघात करेंगे।

खादी से महात्मा गांधी को बहुत उम्मीद थी। सच कहा जाए तो उनकी आशाओं के केंद्र में खादी ही थी। 'यंग इंडिया' के 8 दिसंबर 1921 के अंक में उन्होंने लिखा, 'मुझे मेरी भूल-चूकों के लिए आनेवाली पीढ़ियाँ दोष दे सकती हैं, लेकिन मुझे इस बात का पक्का भरोसा है कि चरखे के पुनरुद्धार के लिए वे मुझे आशीष ही देंगी। मैंने इसके लिए अपना सब कुछ दाँव पर लगा दिया है। बात यह है कि चरखे का हर चक्कर शांति, सद्भावना और प्रेम बुनता है। और जिस प्रकार चरखे के लोप हो जाने से भारत गुलाम हो गया था, उसी प्रकार इसके तथा इससे जुड़ी सभी बातों के स्वैच्छिक पुनरुद्धार से भारत की आजादी मिलेगी।' आगे चल कर, इसी पत्र के 17 नवंबर 1925 के अंक में उन्होंने लिखा, 'चरखे का संदेश उसकी परिधि से व्यापक है। उसका संदेश है सादगी, मानव जाति की सेवा, इस प्रकार जीना कि दूसरों को कष्ट न पहुँचे, धनवानों और निर्धन, पूँजी और श्रम और राजा और रंक के बीच अमिट संबंधों की स्थापना। इसका व्यापक संदेश तो स्वभावतः सभी के लिए हुआ।' ऐसा लगता है कि खादी उनके लिए सत्य और अहिंसा, दोनों का पर्याय थी।

लेकिन भारतवासियों ने, महात्मा के जीवन काल में ही, खादी के इस संदेश को ग्रहण नहीं किया। ज्यादा से ज्यादा, यह ब्रिटिश शासकों द्वारा भारत के आर्थिक शोषण का विरोध करने का एक जोरदार प्रतीक बना रहा। जो लाखों लोग चरखा चलाते थे, वे गांधी को म. ाते थे, पर उनके संदेश को नहीं समझते थे। चरखा चलाना उनके लिए उसी प्रकार की एक नैमित्तिक गतिविधि थी जैसे राम नाम का जाप करना या देवता के आगे दीप जलाना। आदतन की जानेवाली ऐसी क्रियाओं से देवता कूच

कर जात हैं और उनकी छाल पड़ी रह जाती है। हम इस छाल को ही देवता का आशीर्वाद मान कर ओढ़ लेते हैं और समझते हैं कि आध्यात्मिक प्रगति यही है। यही कारण है कि राजनीतिक आजादी मिलते ही और महात्मा के विदा होते ही हमने खादी को इस तरह त्याग दिया जैसे लोग किसी महामारी-ग्रस्त इलाके से भागते हैं। स्वतंत्र भारत के संविधान में खादी का जिक्र तक नहीं था। शायद ही किसी पुत्र ने अपने पिता की हत्या इस निर्ममता से की हो। जो खादी की हत्या के गुनहगार हैं, उन पर गोडसे से भी बड़ा मुकदमा चलाया जाना चाहिए।

बहुत समय से खादी को गुंडों की वर्दी कहा जा रहा है, जैसे पुलिस को वर्दीवाला गुंडा कहने का रिवाज हो गया है। इसके बावजूद आज के भारत की अनेक आर्थिक कठिनाइयों को दूर करने के लिए मैं खादी की वकालत किए बिना नहीं रह सकता। इसके साथ यह जोड़ना मैं आवश्यक समझता हूँ कि अब वह खादी नहीं चलेगी जिसके धागे तकली से बुने जाते थे। गांधी की खादी एक अतिरंजना थी – इस अर्थ में कि कई बार अतिरंजना से ही सत्य को प्रगट किया सकता है। लेकिन खादी का सत्य आज भी मरा नहीं है। वह कमजोर भी नहीं हुआ है। लेकिन आज की खादी तकली से नहीं, हैंडलूम और पॉवरलूम से तैयार की जाएगी। वह श्रम को ऐसी टेक्नोलॉजी से जोड़ेगी जिससे आदमी का काम हलका होता हो और उसकी उत्पादकता बढ़ती हो – लेकिन इस तरह नहीं कि शोषण का वर्तमान तंत्र जारी रहे और नए-नए कपड़ा सेठ पैदा होते रहें।

मैं नहीं जानता कि खादी के इस नए संस्करण से वे उद्देश्य सिद्ध होंगे या नहीं जो महात्मा जी ने खादी के साथ जोड़ रखे थे। हो सकता है और नहीं भी हो सकता। यह इस पर निर्भर करेगा कि नई खादी के अर्थशास्त्र को हम जीवन व्यवस्था के व्यापक दर्शन और संगठन से कितना जोड़ पाते हैं। लेकिन मैं निश्चय के साथ यह कह सकता हूँ कि इससे बेरोजगारी की समस्या का एक मूल्यवान हल निकल सकता है। संभव है, खादी की यह उपयोगिता प्रगट होते ही इस सिद्धांत को उत्पादन के दूसरे क्षेत्रों में भी लागू किया जाए। यह सोने में सोहागा होगा। लेकिन पहले सोना तो हमारे हाथ आए।

देश के सामने उपस्थित बेरोजगारी की समस्या कितनी भयावह है, इसका हमें एहसास तक नहीं है। हम अक्सर सरकारी आँकड़ों की भूल-भुलैया में खो कर अपनी दिशा और रास्ता खो बैठते हैं। घीसू और माधव जैसे अपवादों को छोड़ दिया जाए, तो वास्तव में बेरोजगार बहुत कम लोग होते हैं। होते हैं तो शहरों में ही ज्यादा होते हैं, जहाँ शिक्षित लोगों की अधिकता है और उनके मनोनुकूल रोजगार नहीं है। गाँवों और कस्बों में और शहरों के उन हिस्सों में जो गाँव और कस्बों जैसे हैं, हर कोई कुछ न कुछ करता नजर आता है। जन हितैषी अर्थशास्त्रियों का मानना है कि ये सभी रोजगार वास्तव में रोजगार नहीं हैं, क्योंकि इनमें से ज्यादातर रोजगारों से इतनी भी

आय नहीं होती कि एक पूरे परिवार का भरण-पोषण किया जा सके। ऐसे रोजगार वास्तव में छद्‍म् रोजगार हैं। यह मानने में कोई बाधा दिखाई नहीं पड़ती कि खादी को फिर से अपनाने पर एक बड़ी आबादी के लिए सार्थक रोजगार पैदा हो सकता है और उनके रहन-सहन का स्तर ऊँचा हो सकता है।

यह जरूरी नहीं कि खादी को सफेद ही होना चाहिए। सफेद खादी के साथ गांधी युग की पवित्र स्मृतियाँ जुड़ी हुई हैं, लेकिन इसके साथ वह सब कुछ भी जुड़ा हुआ है जो खादी पहननेवालों ने 15 अगस्त, 1947 के बाद किया है। उन्होंने मानो देश की अस्मिता ही नष्ट कर दी है और उसे विध्वंस के कगार पर धकेल दिया है। इसलिए रंगीन खादी को भी उतना ही पवित्र मानना चाहिए जितना सफेद खादी को। जो चाहे, वह सफेद पाजामा और कुर्ता पहने, पर मेरा अनुमान है कि ज्यादातर लोग रंगीन खादी पहनना ही पसंद करेंगे। कुछ लोग कहेंगे, हाथ से बनी खादी ही असली खादी है; बाकी सब उसका स्वाँग है। मेरा निवेदन है कि गांधी युग में भौतिक रूप से लौटने की कोई जरूरत नहीं है। हो सकता है, हाथ की खादी में ज्यादा गुण हों, पर मैं पॉवरलूम और जहाँ पॉवर नहीं है, वहाँ हैंडलूम की बनी खादी को ही अपना वोट दूँगा। महात्मा जी भी टेक्नोलॉजी के विरोधी नहीं थे। उनका कहना था कि तकली भी एक मशीन ही है – ऐसी मशीन जो मनुष्य के स्वाभिमान की रक्षा करती है, उसी पूँजी का गुलाम और विषमता का शिकार नहीं बनाती।

लेकिन आज लोगों को इसके लिए प्रेरित नहीं किया जा सकता कि वे हाथ से सूत कातें और हाथ से ही कपड़ा बनाएँ। मेरा खयाल है, पॉवरलूम का प्रयोग ही आज की आवश्यकता है। इसमें शारीरिक श्रम कम लगेगा और उत्पादन भी ज्यादा हो सकेगा। फिर महात्मा के समय में बिजली का अभाव था। ज्यादातर घरों में दीए से ही रोशनी होती थी। जहाँ तक मुझे पता है, खुद वर्धा आश्रम में भी बिजली नहीं थी और महात्मा जी लालटेन की रोशनी में वे लेख और चिट्ठियाँ लिखा करते थे, जिनके शाश्वत मूल्य को आज दुनिया भर में पहचाना जा रहा है। हमें उस लालटेन युग में लौटने की रूढ़िपरक ललक नहीं दिखानी चाहिए। यह पवित्र हो सकता है, पर प्रसंगिक नहीं है। जहाँ भी संभव और उचित हो, बिजली का प्रयोग होना चाहिए। पर यह कहने की नौबत नहीं आनी चाहिए कि अंधेर हो रहा था बिजली की रोशनी में।

लेकिन आज खादी पहनेगा कौन? तब की बात और थी – उस समय महात्मा का नैतिक दबाव था और राष्ट्रीयता की पुकार थी। आज अपने देश में महात्मा को गंभीरता से लेनेवाले कम ही दिखाई पड़ रहे हैं। खादी आज भी काती जाती है और कुछ लोग पहनते भी हैं। राहुल गांधी चाहते थे कि कांग्रेस के सदस्यों को खादी पहनने की अनिवार्यता से मुक्त कर देना चाहिए, लेकिन कांग्रेस कार्य समिति ने

उनकी इस 'थोड़ी-सी बेवफाई' को स्वीकार नहीं किया। बहरहाल, कांग्रेसजन द्वारा खादी पहनते रहने भर से खादी का उत्पादन उतना नहीं बढ़ सकता जितना इस बात के लिए जरूरी है कि वह देश की अर्थव्यवस्था में कोई कारगर हस्तक्षेप कर सके। यह खादी तो निरीह की खादी है या फिर गुंडागर्दी का लाइसेंस। उस खादी से ही कोई बड़ा परिवर्तन हो सकता है जो देश के प्रत्येक स्त्री-पुरुष के बदन पर शोभे। सोचने की बात यह है कि यह कैसे संभव किया जाए।

महात्मा जी नैतिक प्रभाव से खादी को फैलाना चाहते थे। विदेशी कपड़ों के उपयोग के मामले में उन्होंने जरूर आंदोलन का रुख अपनाया, पर भारतीय कपड़ा मिलों की तरफ उनकी भृकुटि नहीं तनी। आज भारत के बाजार में इन्हीं कपड़ा मिलों का वर्चस्व है। इसलिए संभव हो तो आंदोलन से, सत्याग्रह जिसका एक महत्त्वपूर्ण अंग होगा, और जरूरी हो तो कानून से सभी कपड़ा मिलों को तत्काल बंद कर देना चाहिए और विदेशी कपड़े के आयात पर रोक लगा दी जानी चाहिए। कपड़ा मिलें बड़े पैमाने पर तरह-तरह का कपड़ा पैदा कर रही हैं, जिससे नफीस और सुंदर पोशाकें तैयार की जा रही हैं। इस परिधान में पुरुष और स्त्रियां आकर्षक भी लगते हैं। लेकिन यह एक ऐसा सौंदर्यशास्त्र है जिसका कोई नैतिक आधार नहीं है। राष्ट्रवादी दृष्टि से देखने पर बेहयाई लगेगी।

वास्तव में ऐसे हम सभी लोग अपने समाज के साथ अनजाने में ही एक ऐसा अपराध कर रहे हैं जिसकी कोई माफी नहीं है। यह अपराध लाखों-करोड़ों भारतीयों से वह रोजगार छीनने का है जो उन्हें सहज ही मिल सकता है। इसमें आप चाहें तो महात्मा जी को नहीं भी ला सकते हैं। यह सीधा और सहज अर्थशास्त्र है। अर्थशास्त्र वही अच्छा माना जा सकता है जो सभी लोगों के जीवन को आसान और सुंदर बनाए। खादी का कपड़ा मिल के कपड़े से महँगा जरूर होगा। लेकिन इससे आय का ऐसा पुनर्वितरण होगा जिसके फायदे खादी के महँगा होने के नुकसान से ज्यादा हैं। वेश्या के पास जाना विवाह करने से सस्ता है। क्या इसलिए विवाह न किया जाए? मिल का कपड़ा क्या कर रहा है? वह अनगिनत लोगों को बेरोजगार बना रहा है, मुट्ठी भर लोगों को अमीर बना रहा है और पहनने वालों की सामाजिक चेतना को कुंद कर रहा है। यह एक ऐसा जहर है जो चखने पर स्वादिष्ट लगता है, पर वास्तव में हमारे राष्ट्रीय जीवन को निर्जीव बना रहा है।

कपड़ा मिलों के मालिकों से अनुरोध किया जाना चाहिए कि अगर उनमें तनिक भी राष्ट्रीय चेतना बची हुई है तो वे अपनी पापी मिलों को खुद बंद कर दें और अपने कर्मचारियों को एक-एक पॉवरलूम उपहार में दें। अगर मिल मालिक स्वयं ऐसा नहीं करते, तो देश की चेतना को इतना जगाया जाए कि वह इसके लिए उन्हें बाध्य कर

दे। महात्मा ठीक ही कहते थे, खादी वस्त्र नहीं, विचार है। उसी तर्क से, मिल का कपड़ा भी एक विचार है। दोनों में फर्क यह है कि एक विचार अमृत वर्षा करता है और दूसरा विचार जहर फैलाता है। यह जहर हम-आप कब तक पीते रहेंगे और अमृत की उपेक्षा करते रहेंगे?

अथ कुल्हड़ कथा

यह मुझे तब सूझा जब मैंने दफ्तर में ही चाय बनाना शुरू किया। अच्छा तो यह होता कि मैं घर से, काँच का या इस्पात का, एक गिलास लेकर अपने केबिन में रख लेता और उसी में चाय पीता। पर इसमें दिक्कत यह थी कि हर बार चाय पीने के बाद उसे ठीक से धोना पड़ता। मैं अपने-आपको आधुनिक समझ रहा था और यह प्रक्रिया थोड़ी परंपरागत लग रही थी – झंझट भरी तो खैर थी ही। हमारे दफ्तर में चपरासियों से काम लेने की कुछ निश्चित सीमाएँ हैं।

जब चपरासी स्वयं चाय बनाया करते थे, क्योंकि हमारा अपना कैफेटेरिया नहीं था, तब प्याले भी वही धोते थे। लेकिन कैफेटेरिया बनने के बाद चाय पिलाने का पूरा काम प्रोफेशनल लड़कों को सौंप दिया गया। अब चपरासी भी वहीं चाय पीते थे और उन्हें अपना प्याला भी नहीं धोना पड़ता था। मैंने भी कैफेटेरिया में बहुत दिनों तक चाय पी, लेकिन कुछ कारणों से मैं अब वहाँ चाय पीना नहीं चाहता था। तभी मैंने अपनी मेज पर चाय बनाने का निर्णय किया।

इसका सबसे बड़ा फायदा यह था कि मैं जब चाहता तभी चाय पी सकता था। दूसरा फायदा यह कि प्रोफेशनल व्यक्ति द्वारा चाय बनाने में जो समय लगता है, वह बच रहा था। तीसरा फायदा यह था कि मैं चाय पीते हुए कुछ काम भी कर सकता था। लेकिन इसमें झंझट प्याला धोने की थी। सो मैंने समाधान यह निकाला कि प्लास्टिक के या थर्मोकोल के गिलास खरीद लिए जाएँ। उनमें चाय या कॉफी पीता हुआ आदमी स्मार्ट लगता है। मैं भी स्मार्ट दिखना चाहता था, तो इसमें मेरा कसूर क्या था। जमाने की हवा सभी पर असर करती है – किसी पर ज्यादा, किसी पर कम।

मेरे विचार शुरू से ही समाजवादी रहे हैं, पर मेरे किसी भी समाजवादी मित्र ने यह नहीं बताया था कि तुम्हारा कर्म भी समाजवादी होना चाहिए। नहीं तो मैं शुरू से सावधान रहता और महँगी चीजों के इस्तेमाल के दुश्चक्र में नहीं पड़ता। बेशक, महँगी चीजों का इस्तेमाल एक दुश्चक्र ही है। हर महँगी चीज अपने आसपास महँगी चीजें ही देखना चाहती है। अगर आपकी पैंट महँगे कपड़े की है, तो लाजिमी है कि कमीज सस्ते कपड़े से बनी नहीं हो सकती। कमर की अच्छी पेटी भी छह-सात सौ

रुपए से कम की क्या आएगी। फिर जूते भी आपको महँगे ही पहनने पड़ेंगे। उसके बाद मोजे, घड़ी, घड़ी की पट्टी या चेन, कोट और अगर आप टाई पहनते हैं, तो टाई भी। सिर के बाल भी अच्छे शैंपू से धुले होने चाहिए। और शैंपू करेंगे तो क्या कंडीशनर का इस्तेमाल नहीं करेंगे?

थोड़ा और आगे बढ़ेंगे, तो आपको अपना घर भी महँगी चीजों से भरना होगा और बस में या ऑटो से यात्रा करना बंद करना होगा। मारुति 800 में चलना अपनी गरीबी का सार्वजनिक इजहार करना है। कम से कम जेन, इंडिका या सेंट्रो तो लेनी ही होगी। मेरे कई मित्र वैगनआर में शान ने निकलते हैं। यह उनकी सफलता का साठ से सत्तर किलोमीटर की रफ्तार से दौड़ता हुआ प्रमाणपत्र है। आगे की कहानी आप खुद जोड़ सकते हैं। इस तरह आप एक शोभा यात्रा से दूसरी शोभा यात्रा की ओर बढ़ते जाएँगे। आप सोचेंगे कि आप अच्छा जीवन बिता रहे हैं, पर वास्तव में आप पूँजीवाद, जिससे हो सकता है आप बिल्कुल सहमत न हों, की जड़ों को मजबूत कर रहे होंगे। मुझे माफ किया जाए, यह मामूली-सी बात समझने में मुझे चालीस साल लग गए।

जब तक यह समझ मुझसे कोसों दूर थी, कुछ दिनों तक ऐसा ही चला। यानी मैं प्लास्टिक के गिलास में ही चाय पीता रहा। सब कुछ कितना आसान था। चाय पियो और कुल्हड़ को डस्टबिन में फेंक दो। न धोना, न पोंछना। इस बीच मुझे एक बीमारी लग गई। मैं महात्मा को पढ़ने लगा। महात्मा से मेरी मुराद गांधी जी से है। गांधी जी कहने में मुझे अच्छा नहीं लगता। इस नाम का इस्तेमाल तो सभी करते हैं। मुझे लगता है, महात्मा कहने से उनके गुण ज्यादा प्रकट होते हैं। महात्मा वह होता है, जिसकी सन्निधि में आप कुछ सीखे बिना नहीं रह सकते। खादी और अर्थव्यवस्था पर उनके विचार पढ़ते-पढ़ते मैंने यह सीखा कि आज अगर सभी लोग यह निश्चय कर लें कि वे हैडलूम के कपड़े ही पहनेंगे, तो देश में बड़ी संख्या में रोजगार पैदा हो सकता है।

इससे आर्थिक समृद्धि क्षैतिज रूप से फैलेगी, उसका ऊर्ध्वमुखी केंद्रीकरण नहीं होगा। कपड़ा सेठ खत्म हो जाएँगे। कारखानों के मजदूर जरूर कुछ दिनों के लिए बेरोजगार हो सकते हैं। लेकिन यह सिर्फ संक्रमण काल की समस्या होगी। उन्हें राष्ट्र की ओर से कुछ दिनों तक बेकारी भत्ता देना होगा। उनमें से अनेक सरकार या बैंक से कर्ज लेकर जुलाहा बन सकते हैं और अपने घर पर ही कपड़ा पैदा कर सकते हैं। तब वे मेहनत भी करेंगे और उद्यमी भी बन जाएँगे। यह सोने में सुहागा होगा। सबसे संतोषजनक बात यह होगी कि वे किसी और के गुलाम नहीं, अपनी मरजी के मालिक होंगे।

पूँजीवाद के बारे में कहा गया है कि वह पुरुषों को गुलाम और औरतों को वेश्या बनाने की कोशिश करता है। हो सकता है, यह बात पूरी तरह सच न हो – खासकर

आजकल, जब भ्रम यथार्थ की जगह लेता जा रहा है और जिसके कारण लोकतंत्र भी हमें यथार्थ लगता है, पर यह दावा कौन कर सकता है कि इसमें सचाई का तत्त्व नहीं है? इसी दृष्टि से मैंने अपने चाय बनाने को देखा, तो मुझे अपनी प्याला समस्या का भी समाधान दिख गया।

मामला यह था कि प्लास्टिक या थर्मोकोल का कुल्हड़ महँगा पड़ रहा था – एक अदद का एक रुपया। चाय का एक बैग भी लगभग एक रुपए का आता है। चीनी और दूध न लेने पर भी चाय का एक प्याला दो रुपए का पड़ रहा था – अगर बिजली के दाम को जोड़ दिया जाए तो, जो दफ्तर से मुफ्त उपलब्ध हो रही थी। महात्मा ने अनजाने में मुझे यह सुझाया कि चाय पीने के लिए मिट्टी के गिलास का उपयोग क्यों नहीं करते? बात मुझे पते की लगी। पकाई हुई मिट्टी का गिलास सस्ता तो पड़ेगा ही, मेरे कंप्यूटर सहयोगी संजय शर्मा ने बताया कि अगर वह टूटे न, तो बरसों चल सकता है। इसे धोना भी आसान है। सिर्फ थोड़ा-सा पानी चाहिए। और कठिनाई भी हो, तो मेरा निवेदन है कि पाप की आसानी से पुण्य की कठिनाई बेहतर है।

जहाँ एक स्मार्ट लगने का सवाल है, मिट्टी का गिलास इसका भी सरल समाधान प्रस्तुत करता है। अगर कोई आदमी मेरे केबिन में आता है तो वह मिट्टी के गिलास में चाय पीते देख कर मुझे झक्की नहीं, प्रयोगवादी समझेगा। प्रयोगवादी होना हमेशा स्मार्ट होना होता है। मुझे याद आता है, समता संगठन के स्थापना सम्मेलन में, जो बंगलूर में हुआ था, जेएनयू के एक युवा प्रोफेसर बीड़ी पर बीड़ी फूँके जा रहे थे। अपनी आधुनिक दाढ़ी में वे काफी स्मार्ट लग रहे थे। लेकिन मिट्टी के गिलास का उपयोग करना एक और दृष्टि से स्मार्ट होना है। स्मार्ट होने में कुछ बौद्धिक चुस्ती भी निहित है। जो फालतू पैसे लुटा रहा हो, उसे स्मार्ट नहीं, बेवकूफ कहना चाहिए।

इस विचार पर लट्टू होने के बाद मैंने पता लगाना शुरू किया कि मिट्टी का गिलास मिलेगा कहाँ। दिल्ली के सुंदर इलाकों में से एक, कनॉट प्लेस में सेंट्रल कॉटेज इंपोरियम नाम की एक सुंदर दुकान चलती है। उसमें पैर रखते ही आपको एहसास होने लगेगा कि आप किसी कुटिया में नहीं, जिसमें गरीब रहते हैं, बल्कि कुटीर में आ गए हैं, जो संपन्न लोग एक खास शौक के तौर पर अपने लिए बना रहे हैं – फार्महाउस की तरह।

तो मिट्टी का गिलास इस कॉटेज इंपोरियम में शायद मिल जाए, शायद क्या जरूर ही मिल जाएगा, क्योंकि इस तरह की चीजें बेचने के लिए ही सरकार ने यह भव्य दुकान खोली है, पर वह काफी महँगा पड़ेगा, क्योंकि वह खास तौर से डिजाइन किया हुआ होगा और इंपोरियम के रख-रखाव को देखते हुए ज्यादा मुनाफा कमाए बगैर उसे बेचा नहीं जा सकता। सो पचास पैसे की चीज वहाँ पाँच रुपए में मिलेगी।

यह अमीरों का और अमीरों के लिए, भले ही अमीरों के द्वारा नहीं, चलनेवाला कुटीर उद्योग है। यहाँ खरीदारी करने वाले अपनी वेश-भूषा और भाषा-शैली में बहुत कम भारतीय लगते हैं। कुछ तो सिर्फ अंग्रेजी बोलते हैं।

ऐसे कुटीर उद्योग से साधारण जनता का भला नहीं हो सकता। यह वह कुटीर उद्योग है जो कारखाने को खत्म नहीं करता, उसका विकल्प भी नहीं बनना चाहता है, बल्कि उसके पूरक के रूप में बने रहना चाहता है। इस तरह वह मिल की संस्कृति को ही पुष्ट करता है। कुटीर उद्योग का लक्ष्य उद्योग बन जाना नहीं हो जाना चाहिए जो आर्थिक विषमता को गहन करता है और श्रमिकों के जीवन में बोरियत लाता है। बहरहाल, बड़ी मुश्किल से पता चल सका कि मिट्टी का गिलास ठीक दाम पर कहाँ मिलेगा। जीवन के अनेक मूल्यों की तरह वह भी दुर्लभ हो चला है, क्योंकि हम लोगों ने उसकी कदर नहीं जानी है।

अगर स्मार्ट होने का मतलब यह है कि आप थोड़ा बुद्धिमान भी दिखें, तो मिट्टी के गिलास में काफी संभावना नजर आती है। सबसे बड़ी बात यह है कि हैंडलूम की तरह इसमें भी बड़े पैमाने पर रोजगार के सृजन की गुंजाइश है। अगर मिट्टी के गिलास में चाय, दूध शरबत आदि पीना फैशनेबल हो जाए, तो गाँवों और शहरों में कुम्हार भी नए जुलाहों की तरह श्रमिक भी होंगे और उद्यमी भी। फुटकर रोजगार संपन्नता का थोक दरवाजा खोल देगा।

एक दूसरी समस्या भी हल होगी, जिसकी ओर मानवता का ध्यान हाल ही में गया है। चीनी मिट्टी, जिससे प्याले बनते हैं, और प्लास्टिक, काँच, थर्मोकोल (शायद) आदि जमीन में जल्दी नहीं घुलते। मिट्टी के बरतन जमीन पर जाते ही मानो अपने पुश्तैनी घर में बहुत जल्द घुल-मिल जाते हैं। मिट्टी मिट्टी में समा जाती है, जैसे जल जल में और हवा हवा में मिल जाती है। इस तरह हम प्रकृति के ज्यादा नजदीक चले जाते हैं और अपने साथ सहज रहते हैं। भारत में विकास का अभी जो स्तर है, उसमें हैंडलूम की तरह मिट्टी के खूबसूरत बरतन भी हमारा उद्धार कर सकते हैं। यह जीने का ज्यादा स्मार्ट और आधुनिक तरीका है, वे तरीके नहीं जो समाज में बेरोजगारी और आर्थिक विषमता और धरती माता के सीने में रोज नए जख्म पैदा कर रहे हैं।

सत्याग्रह का अधिकार किसे है

किसी भी अच्छे शब्द को नष्ट करने का सबसे अच्छा तरीका यह है कि उसे किसी खास रूढ़ि के साथ जोड़ दिया जाए। अच्छाई सर्वकालिक और सार्वभौमिक होती है – अगर वह वास्तव में अच्छाई है। रूढ़ि देश-काल से बँधी होती है। रूढ़ि के साथ बँधते ही यद्यपि अच्छाई को तुरंत पहचान लेना और याद रखना आसान हो जाता है, पर उनकी अनंत महिमा भी धूमिल पड़ने लगती है। इसके कई उदाहरण हमारे सामने हैं, सत्याग्रह जिनमें से सिर्फ एक है। निःशस्त्रीकरण एक दूसरा उदाहरण है। हथियारविहीन विश्व की कामना करते हुए विद्वान लोग सिर्फ 'नाभिकीय निःशस्त्रीकरण' की चर्चा करने लग गए, मानो नाभिकीय हथियार खत्म हो जाए, तो हथियार की समस्या अपने आप खत्म हो जाएगी। हथियार का तात्पर्य क्या है, हथियारों का विकास क्यों होता है, सबसे अच्छा हथियार किसे माना जाए – इन बुनियादी प्रश्नों को वे आसानी से भुला देते हैं। हथियार का स्वभाव ही है ज्यादा से ज्यादा घातक और खूँखार होते जाना। इसलिए जिस सभ्यता में युद्ध को थोड़ी भी मान्यता है और युद्ध करनेवालों के खिलाफ कोई सामूहिक कार्रवाई नहीं की जाती, उस सभ्यता में चरम हथियार की खोज जारी रहेगी, क्योंकि जब लड़ना ही है यानी अपनी पाशविक शक्ति का परिचय देना ही है, तो कौन-सा पशु है जो अपनी पशुता की सीमारेखा खींचना चाहेगा? इसी तरह, सत्याग्रह अपने आपमें एक पूरा जीवन दर्शन है। अगर इसे नमक सत्याग्रह या असहयोग आंदोलन के साथ नत्थी कर दिया जाता है और लोगों को यह नजरअंदाज करने के लिए प्रेरित किया जाता है कि सत्य की खोज किसी भी बिंदु पर रोकी नहीं जा सकती और सत्य से लगाव है तो उसके लिए आग्रह भी बना रहेगा, तो सत्याग्रह शब्द उन लोगों के लिए काफी निरापद हो जाता है जो शोषण और अन्याय की व्यवस्था को चला रहे हैं या किसी भी रूप में उसके लाभार्थी हैं। सत्याग्रह में सत्य पहले आता है, आग्रह बाद में। गांधी जी के जीवन दर्शन के केंद्र में मूल विचार दो ही हैं – सत्य और अहिंसा। इनमें भी सत्य उन्हें ज्यादा प्रिय था। उनका कहना था कि अहिंसा के बजाय सत्य मेरे स्वभाव के ज्यादा अनुकूल है। वे मानते थे कि सत्य की खोज करने से अहिंसा अपने आप सध जाती है, क्योंकि हिंसा की उपासना करने से सत्य किसी के हाथ लग ही नहीं सकता। गांधी जी के शब्द हैं, 'जो मानते हैं कि ईश्वर प्रेम है, उनके साथ स्वर में स्वर मिला कर मैं भी

कहूँगा कि ईश्वर प्रेम है। लेकिन अपने अंतरतम में मेरा मानना है कि यद्यपि ईश्वर प्रेम है, पर सर्वोपरि ईश्वर सत्य है। यदि मनुष्य की वाणी के लिए ईश्वर का पूरा-पूरा वर्णन करना संभव हो तो मैं इस निष्कर्ष पर पहुँचा हूँ कि जहाँ तक मेरा संबंध है, ईश्वर सत्य है।' एक और उद्धरण : 'मनुष्यता के लिए प्रेम से बड़ा कोई सिद्धांत अभी तक खोजा नहीं जा सका है। न्याय शायद इसना ही महत्त्वपूर्ण या इससे भी ज्यादा महत्त्वपूर्ण सिद्धांत है, पर जब तक प्रेम नहीं होगा, न्याय भी अन्याय में बदल सकता है। इतिहास में इसके अनंत उदाहरण है कि प्रेम से विरहित हो कर न्याय कितना कठोर और अत्याचारी हो सकता है। फिर न्याय को समझना और समझाना पड़ता है, प्रेम अपने आप दिखाई पड़ जाता है।' गांधी सत्य को प्रेम से भी बड़ा दरजा देने को तैयार हैं, तो इसीलिए कि सत्य की खोज हमें कोमल, विनयी और अहिंसक बनाती है। मजे की बात है कि सत्य के प्रति प्रतिबद्धता न हो तो प्रेम भी खूँखार हो जा सकता है। स्त्रियों से अधिक इसे और कौन जानता है? यही कारण है कि गांधी जी इसी वक्तव्य में आगे कहते हैं, 'लेकिन दो वर्ष पहले मैंने एक कदम और आगे बढ़ा कर कहा कि सत्य ईश्वर है। इन दो कथनों – 'ईश्वर सत्य है' और 'सत्य ईश्वर है' के सूक्ष्म भेद को आप समझें। मैं इस निष्कर्ष पर लगभग पचास वर्ष तक सत्य की निरंतर खोज करते रहने के बाद पहुँचा हूँ। और यह भी कि 'मेरा अनुराग केवल सत्य के प्रति है, और मैं सत्य के अलावा किसी और का अनुशासन नहीं मानता।'

परम आश्चर्य की बात है कि ऐसे गांधी को उनकी मृत्यु के बाद सिर्फ अहिंसा के पुजारी के रूप में प्रतिष्ठित कर दिया गया। यह बात, लगभग षडयंत्रपूर्वक, भुला दी गई कि सत्य के प्रति उनका आग्रह ज्यादा प्रबल था। वे हिंसा को एक बार सह सकते थे, पर असत्य को तो बिलकुल ही नहीं। अन्याय का विरोध करना उनके लिए सत्य को अपनाने की प्रक्रिया का एक हिस्सा था। अन्याय इसलिए गलत है क्योंकि वह असत्य पर टिका हुआ है। विषमता इसलिए बुरी है क्योंकि वह असत्य पर टिकी हुई है। इसीलिए गांधी जी ने शुरू से आखिर तक इस बात पर बराबर जोर दिया कि अगर तुम अन्याय का विरोध अहिंसक तरीके से नहीं करते या नहीं कर सकते, तो तुम्हें हिंसा करने में संकोच नहीं करना चाहिए। यदि तुम हिंसक और अहिंसक, दोनों में से किसी भी तरीके से अन्याय का विरोध नहीं करते और उसे सहते रहते हो, तो तुम नामर्द हो और तुम्हारे जीवन में असत्य भरा हुआ है। आज गांधी जी होते, तो चुप रह कर अन्याय सहन करनेवालों और नक्सलवादी तरीकों से अन्याय का विरोध करनेवालों के बीच वे नक्सलवादी को ही ज्यादा मनुष्य मानते।

आज जब गांधी जी की चर्चा में काफी तेजी आ गई है और सत्याग्रह की सौवीं जयन्ती मनाने का सिलसिला जारी है, जिसके लिए कुछ तैयारियाँ तो इतनी भव्य

हैं कि गांधी जी इन्हें फिजूलखर्ची की कोटि में रखते, यह पूछना जरूरी लग रहा है कि सत्याग्रह के सबसे जरूरी हिस्से सत्य का क्या हुआ? आग्रह तो आखिर सत्य के लिए ही किया जाएगा। इसलिए जो यह नहीं बताता कि उसका सत्य क्या है या सत्य के किन रूपों में उसकी आस्था है, तब तक उसके द्वारा सत्याग्रह की बड़ाई करना या तो महज रस्मी है या फिर उसमें गहरा छल है। महात्मा जी के लिए सत्य कोई ऐसी रहस्यमय चीज नहीं था, जिसे पाने के लिए हिमालय की गुफाओं में साधना करनी पड़े या जिसे समाज से कट कर प्रयोगशाला में खोजा जा सकता हो। वे इतने अहंकारी नहीं थे कि यह दावा करते कि मैंने सत्य को जान लिया है। वे मानते थे कि वे सत्य की खोज में हैं और सत्य का स्वरूप इतना गहन है कि इंद्रियों की सीमा में रहते हुए उसे पूरी तरह से जाना नहीं जा सकता। लेकिन सत्य कोई ऐसी अबूझ चीज भी नहीं है कि उसके पीछे न पड़ा जाए। छोटा से छोटा बच्चा भी सत्य को जानने की कोशिश करता है, क्योंकि यह खोज हमारे अस्तित्व के साथ गुँथी हुई है और जीवन को चलाने की शक्ति इसी में है। आखिर यह सत्य ही है जो भले-बुरे और गलत-सही के बीच तमीज करने में मदद करता है। हथियारों का बल नहीं, सत्य के प्रति यह लगाव ही मनुष्य को अजेय बनाता है। गांधी जी के शब्दों में, 'मैं कितना ही तुच्छ होऊँ, पर जब मेरे माध्यम से सत्य बोलता है, तो मैं अजेय हो जाता हूँ।' वे इस सत्य के लिए ही जिए और इसी सत्य की वेदी पर उन्होंने जान दी। गांधी जी की शहादत जिस सत्य की रक्षा के लिए हुई, वह यही था कि हिंदू और मुसलमान में कोई फर्क नहीं है और भारत तथा पाकिस्तान को ऐसा बनना चाहिए कि जिसमें दोनों तथा अन्य समुदाय प्रेम और भाईचारे के साथ रह सकें।

लेकिन यही उनका एकमात्र सत्य नहीं था, जिसके लिए उन्हें याद किया जाए। सर्वधर्म बंधुत्व या धर्मनिरपेक्षता का विचार तो और भी अनेक विचारधाराओं में प्राप्त होता है। गांधी जी का विचार यह भी था कि हम सब एक ही ईश्वर की संतानें हैं, इसलिए हमारे बीच किसी प्रकार की आर्थिक, सामाजिक या राजनीतिक विषमता नहीं होनी चाहिए। इसी तर्क से स्त्री और पुरुष, दोनों का दरजा एक बराबर है। अगर हम अपनी जरूरत से ज्यादा का संग्रह करते हैं, तो हम चोर हैं, क्योंकि ऐसा करके हम दूसरों के हक में सेंध लगा रहे हैं। जहाँ भी सत्ता का केंद्रीकरण है, उपभोग का केंद्रीकरण है, एक की कीमत पर दूसरा मजबूत हो रहा है, वहाँ इस सहज और प्रत्यक्ष सत्य का हनन हो रहा है कि यह पृथ्वी सबकी है, सबके रहने के लिए है और अगर कोई अपने लिए विशेषाधिकार की माँग करता है, तो वह दूसरों को उनके अधिकार से वंचित करता है। सत्य की अवधारणा जब इतनी बड़ी, उदात्त और सर्वव्यापी हो, तभी उस पर आग्रह किया जा सकता है और तभी वह सत्याग्रह कहलाएगा। 'सत्य के प्रति आग्रह से जो शक्ति मुझे प्राप्त होती है, उसके अतिरिक्त मेरे पास कोई शक्ति नहीं है। इसी आग्रह से अहिंसा का प्रस्फुटन होता है।'

आज जब भी सत्याग्रह की बात की जाती है, तो सबसे पहले जिस चीज को बहस से बाहर कर दिया जाता है, वह सत्य ही है। कोई नहीं बताता कि गांधी जी जिसे सत्य मानते थे या जिसमें सत्य होने की संभावना देखते थे, क्या वह उससे सहमत है? उदाहरण के लिए गांधी जी का एक सत्य यह था कि मानव जीवन का उद्देश्य दूसरों की सेवा करना है। मैं स्वयं इससे बहुत ज्यादा सहमत नहीं हूँ, लेकिन गांधी का गुणगान करनेवालों को बताना चाहिए कि क्या वे इसे मानने को तैयार हैं? गांधी जी का एक और सत्य यह था कि सेवक को उनसे अधिक सुविधाओं का उपयोग करने का कोई अधिकार नहीं है जिनकी वह सेवा कर रहा है। यह बात सौ टके सच है, लेकिन इस कसौटी को मानने के लिए कितने लोग तैयार हैं? गांधी जी के लिए साध्य और साधन में कोई अंतर नहीं था। जो ऐसा मानेगा, वह किसी भी कार्य को सिद्ध करने के लिए कभी भी झूठ, बेईमानी और धोखाधड़ी का सहारा नहीं लेगा। उसका जीवन पारदर्शी होगा। गांधी जी के बारे में हम जितना जानते हैं, उनके अनुयायियों के जीवन के बारे में भी हम क्या उतना जानने का दावा कर सकते हैं? गांधी जी ने अपनी आत्मकथा को 'सत्य के प्रयोग' का नाम दिया। सत्याग्रह की जयंती मनानेवालों में से कितनों के बारे में हम कह सकते हैं कि उनके जीवन में थोड़ी-बहुत ही सही, पर सच्चाई से निकलनेवाली पारदर्शिता है? बेशक, गांधी की प्रशंसा करने के लिए उनके जैसा बन कर दिखाने की कोई जरूरत नहीं है। जैसे गांधी जी अपना सत्य खोज रहे थे और जो उन्हें सत्य जान पड़ता था, उस पर चलते हुए वे अपनी जान की बाजी भी लगा देते थे, वैसे ही हमें भी अपने सत्य की ईमानदारी से साक्षात्कार करना चाहिए और उस पर अटल रहना चाहिए। अगर हम रुपए में चार आना भी गांधी जैसी ईमानदारी दिखाने के लिए तैयार नहीं हैं, तब भी उनकी प्रशंसा करने का हक हमें हैं, लेकिन इस हसरत या आत्मस्वीकृति के बाद कि काश, हम गांधी के रास्ते पर कुछ दूर तक तो चल पाते या हम स्वीकार करते हैं कि इतनी ईमानदारी बरतने का साहस हममें नहीं हैं। लेकिन यह आत्मस्वीकृति किसी साधारण आदमी को ही शोभा देगी। महत्त्वपूर्ण पदों पर बैठे हुए लोग, देश की नियति तय कर रहे लोग, समाज की ओर से बड़े-बड़े फैसले लेनेवाले लोग अगर सार्वजनिक रूप से गांधी जी की समारोहपूर्वक उपासना करते नजर आते हैं और अपने निजी या प्रोफेशनल जीवन में दिन-रात गांधी जी की धज्जी उड़ाते हैं, तो यह गांधी को बरबाद करने की कोशिश है, क्योंकि कोई भी देवता अपने पुजारियों के माध्यम से ही जाना जाता है। लेकिन सत्य यह भी है कि पुजारी आते-जाते रहते हैं, देवता अमर होते हैं। गांधी जी अगर अमर हैं, तो इसी अर्थ में।

आधुनिक समय में शौर्य

आज सुभाष बाबू का जन्म दिवस है। लेकिन पश्चिम बंगाल को छोड़ कर देश के किसी भी हिस्से में यह उस उत्साह से नहीं मनाया जाता, जिस उत्साह से गांधी जी का या जवाहरलाल नेहरू का जन्मदिन मनाया जाता है। इसका कारण क्या हो सकता है? सुभाष बाबू ने एक समय गांधी जी से टक्कर ली थी और जीत जाने के बाद भी हार गए थे। गांधी जी ने उन्हें एक तरह से बाध्य कर दिया था कि वे कांग्रेस के अध्यक्ष पद से इस्तीफा दे दें। वे लोग आज की तरह के नेता होते, तो उनके बीच जिंदगी भर की अदावत हो जाती। लेकिन जब सुभाषचंद्र बोस ने जर्मन रेडियो से प्रसारण शुरू किया, तो उन्होंने सबसे पहले महात्मा को ही संबोधित किया और उन्हें राष्ट्रपिता कह कर उन्हें सलाम किया। तभी से गांधी को राष्ट्रपिता कहा जाने लगा। इसके बावजूद सरकारी प्रतिष्ठान में नेता जी को वह सम्मान नहीं मिल सका, जो उन्हें सहज ही मिलना चाहिए था।

क्या एक समय में गांधी जी का विरोध करने के कारण वे सरकार की निगाह में अवांछनीय व्यक्ति बन गए थे? प्रतिष्ठान ने भले ही नेता जी के महत्त्व को नकारने की कोशिश की हो, पर वे जनता के हृदय में बड़ी गहराई से बैठे हुए हैं। लोग उनके कारनामों की, उनके शौर्य की, उनके साहस की तारीफ करते रहते हैं। ऐसे लोग भी हैं जो नेता जी को गांधी या जवाहरलाल से बड़ा मानते हैं। उनका कहना है कि आजादी के बाद अगर सुभाष बाबू ने दिल्ली की गद्दी सँभाली होती, तो आज भारत की हालत कुछ और ही होती। इसी तरह भगत सिंह का कांग्रेसी हलकों में उतना सम्मान नहीं है, जितना जनता के मन में। भगत सिंह ने भी गांधी जी के नेतृत्व को चुनौती दी थी। सुभाष की तरह वे भी भारत माता के नाम पर शहीद हुए। शहादत तो गांधी जी को भी देनी पड़ी, पर उनकी शहादत आमंत्रित नहीं थी। इसके बजाय भगत सिंह और नेताजी ने मृत्यु को निमंत्रण दिया था। किसी भी समाज में ऐसे शहीदों का बढ़-चढ़ कर सम्मान होता है। लोग देश पर कुरबान होनेवालों को सिर-माथे रखते हैं और उन्हें जनश्रुतियों में स्थान दे कर अमर बना देते हैं। यह धरती वास्तव में वीरों के लिए ही है। नक्सलवादी नेताओं के प्रति भी जनता के मन में इसीलिए सम्मान है कि वे भी अपना सिर अपनी हथेली पर लेकर चलते हैं।

दुनिया में सबसे प्यारी चीज है जान और जिसने जनता की सेवा में अपनी जान न्यौछावर कर दी, उससे बड़ा कौन हो सकता है?

लेकिन इस संदर्भ में कुछ पुनर्विचार की भी जरूरत है। मैं निवेदन करना चाहता हूँ कि वीरता की पुरानी परिभाषाओं को भूलने और नई परिभाषाओं को गढ़ने का समय आ गया है। वीरता जरूरी नहीं कि हिंसा के माध्यम से ही व्यक्त हो। वह अहिंसक संघर्ष के माध्यम से भी उतनी ही तीव्रता के साथ व्यक्त हो सकती है। भगत सिंह हँसते-हँसते फाँसी पर झूल गए, सुभाष चंद्र बोस रणभूमि में शहीद हुए, लेकिन वे लोग भी कम वीर नहीं थे जिन्होंने पुलिस की लाठियाँ खाईं, जिनका शरीर गोलियों से छलनी हो गया, जिन्हें अंदमान की जेलों में ठूँस दिया गया या जिनके घर जला दिए गए, लेकिन जिन्होंने अंग्रेजों की प्रति कुछ द्वेष नहीं पाला। जो लोग कहते हैं कि गांधी जी ने बिना लड़ाई के ही हमें आजादी दिला दी, वे लड़ाई का मतलब नहीं समझते। उनके लिए लड़ाई का मतलब सिर्फ तीर-कमान या पिस्तौल-गोली से लड़ना है। यह भी लड़ाई है, लेकिन यह एक ऐसी लड़ाई है, जिसे कुछ गिने-चुने लोग ही लड़ सकते हैं। गणतांत्रिक व्यवस्था में ऐसी लड़ाइयों को ज्यादा स्थान और महत्त्व मिलना चाहिए जो अहिंसक और लोकतांत्रिक तरीकों से लड़ी जाती हैं। ऐसी लड़ाई में पुरुष ही नहीं, स्त्रियाँ और बच्चे भी आसानी से भाग ले सकते हैं। इसके लिए किसी बाहरी साजो-सामान की नहीं, बल्कि सिर्फ मानसिक बल की जरूरत होती है। भविष्य में ऐसे संघर्षों का महत्त्व बढ़ता जाएगा, क्योंकि दुनिया में सर्वत्र राज्य की शक्ति में ऐसा इजाफा हो रहा है कि किसी आधुनिक राज्य को हिंसा के बल पर झुकाना संभव नहीं है। लेकिन अहिंसक संघर्ष सुविधा-असुविधा या व्यावहारिकता-अव्यावहारिकता का मामला नहीं है। यह सिद्धांत और मानसिकता की बात है। 'मरेंगे, पर मारेंगे नहीं' कहने के लिए बहुत विशाल हृदय जिगर चाहिए।

वस्तुतः भगत सिंह और नेता जी भी मूलतः हिंसा के पक्ष में नहीं थे। भगत सिंह ने बार-बार कहा कि मैं हिंसक माध्यमों का पक्षधर नहीं हूँ। जनता की लड़ाई तो जन संगठन से ही हो सकती है। इसी तरह नेता जी ने भी आजादी का लंबा संघर्ष कांग्रेस की छतरी के तले ही किया था। भगत सिंह ने बहरे कानों को सुनाने के लिए असेंबली हॉल में बम विस्फोट किया था, तो नेता जी दूसरे विश्व युद्ध के दौरान अंग्रेजों की संकटापन्न स्थिति का सामरिक लाभ उठाना चाहते थे। दोनों ही हृदय से समाजवादी थे और समाजवादी आदर्शों के लिए ही उन्होंने शहादत दी।

कहा जा सकता है कि कोई और विकल्प न होने की स्थिति में इन वीरों ने हथियार उठाया था। लेकिन वे कोई हिंसक लोग नहीं थे। उनका हृदय प्रेम और करुणा से लबालब भरा हुआ था। उनकी वीरता का ज्यादा से ज्यादा सम्मान करते हुए भी जरूरी नहीं कि हम उन्हीं माध्यमों की शरण में जाएँ, जो उन्होंने मजबूरी में चुने थे। हमें भूलना नहीं चाहिए कि वीरता की परिभाषा हर युग में बदलती रहती

है। आज लोकतांत्रिक तरीकों के पालन में ज्यादा वीरता दिखाई पड़ सकती है। नेता जी से प्रेरणा लेने की बात यह है कि हमारा हृदय भी देशभक्ति से उतना ही भरा हुआ हो। इसकी अभिव्यक्ति किस रूप में होगी, यह साध्य नहीं, साधन का मामला है। साध्य वही रहने पर भी साधन बदल सकते हैं। इसलिए जब हम महापुरुषों के योगदान की चर्चा करते हैं, तो उनके देशकाल को नहीं भूलना चाहिए और अपना कर्त्तव्य निर्धारित करते समय अपने देशकाल को नहीं भूलना चाहिए।

गांधी से भी बड़े गांधीवादी

निर्मला देशपांडे भाव-विभोर स्वर में बता रही थीं कि गांधी जी का रास्ता भले ही भारत में अब उतना लोकप्रिय न रह गया हो, दूसरे देशों में इस रास्ते पर चलनेवालों की संख्या बढ़ती ही जा रही है। इसके एक उदाहरण के तौर पर उन्होंने कजाकिस्तान का संस्मरण सुनाया। जब वे कजाकिस्तान गई थीं, वह तत्कालीन सोवियत संघ में था। वहाँ की महिलाओं से उन्हें जानने को मिला कि सोवियत संघ के शासक कजाकिस्तान में परमाणु परीक्षण किया करते थे, जिसके अनेक दुष्परिणाम वहाँ के लोगों को भोगने पड़ रहे थे और वहाँ का पर्यावरण दूषित हो रहा था। इसका अहिंसक प्रतिवाद किया कजाक महिलाओं ने। वे तब तक धरना देती रहीं जब तक सोवियत सरकार ने यह घोषणा नहीं कर दी कि अब कजाकिस्तान में परमाणु परीक्षण नहीं किए जाएँगे।

अवसर था, राजस्थान विश्वविद्यालय, जयपुर के गांधी अध्ययन केंद्र द्वारा आयोजित राष्ट्रीय संगोष्ठी। 'गांधी दर्शन और शासन की वैकल्पित प्रणालियाँ' – इस विषय पर विचार करने के लिए आयोजित इस संगोष्ठी की परिकल्पना केंद्र के निदेशक प्रकाश शास्त्री ने की थी और बहुत ही जिम्मेदार तथा आत्मीय तरीके से उसके व्यावहारिक पहलुओं का उत्तदायित्व सँभाल रखा था केंद्र की उप-निदेशक शीला राय ने।

उधर निर्मला जी कजाकिस्तान के अनुभव सुना रही थीं और उनके निकट ही बैठा मैं सोच रहा था कि महात्मा गांधी कब-कब विदेश गए थे। निर्मला जी और उनकी तरह के अनेक गांधीवादी गांधी जी का संदेश फैलाने के लिए विश्व भ्रमण करते ही रहते हैं। आज विश्व के प्रायः सभी देशों में गांधी या शांति अध्ययन केंद्र चल रहे हैं। उन केंद्रों में काम करनेवाले विद्वान गांधी की जन्मभूमि भारत आते हैं और भारत के गांधी विशेषज्ञ उन केंद्रों द्वारा आयोजित अंतरराष्ट्रीय परिसंवादों में हिस्सा लेने के लिए विदेश जाते हैं। इस मामले में गांधी का अपना रेकॉर्ड गांधीवादियों की तुलना में बेहद कमजोर है। वे अपना संदेश फैलाने के लिए एक बार भी विदेश नहीं गए।

मोहनदास करमचंद गांधी ने कई बार इंग्लैंड की यात्रा की – पहली बार छात्र के रूप में और बाद में या तो दक्षिण अफ्रीका में उनके नेतृत्व में चल रहे संघर्ष के

सिलसिले में या फिर कांग्रेस के प्रतिनिधि के रूप में गोल मेज सम्मेलन में शरीक होने के लिए। अपनी एक इंग्लैंड यात्रा के दौरान वे स्विट्ज़रलैंड गए थे – अपने मित्र रोमाँ रोलाँ से मिलने और रोम भी – वहाँ के गिरजाघरों को देखने। गोल मेज सम्मेलन सितंबर से दिसंबर 1931 तक हुआ था। उसके बाद वे लगभग 17 साल तक जीवित रहे। यही वह समय था जब उनके व्यक्तित्व का पूर्णतम विकास हुआ। यही वह समय था जब वे महात्मा गांधी कहलाए, हालाँकि उनकी किताबें 'एम.के गांधी' के ही नाम से छपती रहीं और आज भी इसी नाम से छपती है। दुनिया ने उचित कारणों से उन्हें 'महात्मा' मान लिया था, सो दुनिया भर के लोग उन्हें अपने-अपने देश बुलाना चाहते थे। अमरीकियों ने तो बहुत जिद की। सभी को एम. के. गांधी ने यही सीधा-सादा जवाब दिया : जब तक मैं भारत में सत्य और अहिंसा के प्रयोगों को सफल होते देख नहीं लेता, मैं किस मुँह से दूसरे देश के लोगों को इस राह पर चलने की सलाह दे सकता हूँ? हाँ, दुनिया भर के व्यक्ति महात्मा का मार्ग दर्शन पाने के लिए या उनसे तर्क-वितर्क करने के लिए भारत आया करते थे और महात्मा सभी के लिए कुछ न कुछ समय निकाल लेते थे।

गांधी की प्रासंगिकता के बारे में सुश्री निर्मला देशपांडे ने जो कुछ कहा, वह अक्षरशः सत्य था – यह मैं कहना जरूर चाहता हूँ, पर कह इसलिए नहीं सकता कि गांधी के रास्ते ही से विश्व की सभी समस्याओं का समाधान हो सकता है, यह आस्था का विषय हो सकता है, इसका परीक्षण होना अभी बाकी है। स्वयं मोहनदास करमचंद अपने जीवन काल में यह साबित नहीं कर पाए कि वे सत्य और अहिंसा के रास्ते से भारतीयों की व्यक्तिगत और सामूहिक, सभी समस्याओं का समाधान करने में सक्षम हैं। दक्षिण अफ्रीका मे कुली कहे जानेवाले भारतीयों का जीवन वे जरूर कुछ कम कठिन कर पाए थे। भारत को राजनैतिक आजादी मिलना भी उनकी एक सफलता थी। लेकिन गांधी के सभी प्रशंसक जानते हैं कि उनका संघर्ष राजनीतिक आजादी के लिए था ही नहीं। यह आजादी तो उन चीजों की ओर बढ़ने का एक आवश्यक माध्यम थी जिनसे गांधी के अनुसार जीवन जीने योग्य बमता है। इस दूसरे काम में वे बुरी तरह विफल रहे। भारत के खूनी विभाजन ने तो उनका सारा आत्मविश्वास ही हर लिया और वे बार-बार यह कहते हुए पाए गए कि मुझे अपने चारों ओर अँधेरा नजर आता है। उन्हीं दिनों उन्होंने अपने ब्रह्मचर्य की परीक्षा लेने के लिए कुछ गैर-परंपरागत प्रयोग किए, जिसके लिए अभी तक उन्हें माफ नहीं किया जा सका है।

मोहनदास करमचंद गांधी का दावा था कि वे दूसरों की सेवा करने के लिए जीते हैं, और इसीलिए वे अपने जीवन को एक सेवक के अनुरूप ढालते रहे। यह मानने में कठिनाई नहीं होनी चाहिए कि उन्होंने दूसरों की समस्याएँ सुलझाई या नहीं, पर अपनी अधिकांश समस्याएँ सुलझा ली थीं। शायद यही कारण है कि उन्हें अपनी

जीवन शैली को ले कर कोई ग्लानि नहीं थी। ग्लानि थी तो इस प्रकार की कि उन्हें तीसरे दरजे में सफर करना पड़ता था, क्योंकि रेल में चौथा दरजा नहीं होता था। आज कितने गांधीवादी, या अन्य-वादी यह दावा कर सकते हैं कि उन्हें अपनी जीवन-शैली में ग्लानि करने योग्य कुछ भी दिखाई नहीं देता?

इन सब सूचनाओं का महत्त्व क्या है? महत्त्व यह है कि मोहनदास जो खोज रहे थे, उन्होंने अपने निजी जीवन में उसे एक-एक कर लगभग हासिल कर लिया था। इसीलिए उनके चेहरे पर शांति बनी रहती थी। इन्हीं वर्धमान उपलब्धियों के आधार पर वे आसपास की समस्याएँ सुलझाने का संघर्ष कर रहे थे – इस विनम्रता के साथ कि 'इन प्रयोगों के बारे में मैं किसी भी प्रकार की संपूर्णता का दावा नहीं करता। जिस तरह वैज्ञानिक अपने प्रयोग अतिशय नियमपूर्वक, विचारपूर्वक और बारीकी से करता है, फिर भी उनसे उत्पन्न परिणामों को वह अंतिम नहीं कहता, अथवा वे परिणाम सच्चे ही हैं, इस बारे में भी वह संशक नहीं तो तटस्थ अवश्य रहता है, अपने प्रयोगों के बारे में मेरा भी वैसा ही दावा है। मैंने खूब आत्म-परीक्षण किया है, एक-एक भाव की जाँच की है, उसका पृथक्करण किया है। किंतु उसमें से निकले हुए परिणाम सबके लिए अंतिम ही हैं, वे सच हैं अथवा वे ही सच हैं, ऐसा दावा मैं कभी करना नहीं चाहता। हाँ, यह दावा मैं अवश्य करता हूँ कि मेरी दृष्टि से ये सच हैं और इस समय तो अंतिम-जैसे ही मालूम होते हैं। अगर न मालूम हों तो मुझे उसके सहारे कोई भी कार्य खड़ा नहीं करना चाहिए।' (सत्य के प्रयोग अथवा आत्मकथा, नवजीवन प्रकाशन मंदिर, अहमदाबाद, पृष्ठ 7)

दृढ़ता और विनय का इससे सुंदर संगम क्या हो सकता है? दृढ़ता आई है, जो ठीक लगा वही करने के कठोर संकल्प से – उसकी कीमत जो भी हो; विनय आया है, क्या ठीक है इस पर वैज्ञानिक की तरह विचार और प्रयोग करने से। जीवन में दोनों की निश्चित उपयोगिता है।

यह सब देखते हुए यह बात क्या कुछ अजीब-सी नहीं लगती कि गांधी तो, जिन्होंने अपने प्रत्येक विचार की कीमत चुकाई, क्योंकि वह सिर्फ विचार नहीं था, आचरण-संहिता का एक सूत्र भी था, अपने प्रस्तावों को ले कर दूब जैसी विनम्रता दिखाते रहे, पर उनके प्रसिद्ध, प्रसिद्धतर और प्रसिद्धतम भक्त, जिनके पास खादी के अलावा गांधी की कोई और विरासत दिखाई नहीं देती, बड़े गर्व के साथ सभी को यह बताते चलते हैं कि गांधी की ओर लौटने के अलावा कोई और रास्ता नहीं है। प्रो. यशपाल ने भी कुरुक्षेत्र के आजादी बचाओ आंदोलन में यही दुहराया।

गांधी की ओर लौटने का अर्थ क्या है? जब देश का बहुमत गांधी को स्वीकार लेगा, तभी लौटने की प्रक्रिया शुरू होगी? लेकिन बहुमत गांधी को क्यों स्वीकार करेगा? क्या 'हिंद स्वराज' और 'सत्य के प्रयोग' की प्रतियाँ भारत के हर घर में बँटवा देने के बाद? जब गांधी को उनके जीवन काल में ही बहुमत द्वारा स्वीकार नहीं किया

आ सका, तो उनकी किताबों के निर्जीव पन्ने कौन-सा जादू कर सकते हैं? लेकिन अपने आसपास के जीवन को देखते हुए क्या ऐसा नहीं लगता कि कोई जादू नहीं हुआ, तो जीवन का रस छलछलाता रहेगा, पर हमेशा हमसे चार हाथ की दूरी पर। वह रस हम चख भी सकें, जाहिर है इसके लिए एक गांधी का जीवन काफी नहीं है। दर्जनों गांधियों को अपने-अपने जीवन से यह साबित करना होगा कि इस रास्ते पर चलना सुगम ही नहीं, आनंददायक भी है। लोग किताबों के पीछे नहीं, आदमियों के पीछे चलते हैं। जिन्होंने ईसा मसीह को अपना मॉडल बनाया, वे ज्यादा नहीं तो कुछ-कुछ उनके जैसा बन सके। जो बाइबिल की प्रतियाँ बगल में दबाए देश-विदेश की खाक छानते रहते हैं, उनके मनोभावों के बारे में जानना हो तो तेजिंदर का नया उपन्यास 'काला पादरी' पढ़ना चाहिए।

लेकिन सिर्फ गांधी की क्यों? मार्क्स भी क्यों नहीं? सिमोन और गियर ने क्या अपराध किया है? हर महापुरुष अपने इर्द-गिर्द अकेला ही होता है। वह अपने समय को अपनी चमत्कारिक छाया से जरूर भर देता है। लेकिन उसके बाद आनेवाली पीढ़ियाँ किसी एक ही महापुरुष के पिंजरापोल में क्यों बँधी रहें? सत्य पर किसी का एकाधिकार नहीं है। इसी तर्क से, हर आदमी की जिंदगी उसकी अपनी है और उसके फैसले किसी मुर्दे से पूछ कर नहीं किए जा सकते। अंततः तो हर आदमी को अपने ही अंतःकरण से पूछना होगा : मैं जो देख रहा हूँ, क्या वह सत्य है? मैं जो करने जा रहा हूँ, क्या वह ठीक है?

कोई भी व्यक्ति इसीलिए महापुरुष बन पाया कि उसने आपसे इस तरह के सवाल किए। उनके उत्तर हमारे काम के हो सकते हैं, उनके विचारों को हम स्वीकार कर सकते हैं, पर इसका फायदा तभी होगा जब हमने उनके उत्तरों या विचारों को भलाभांति जाँच कर अपना उत्तर या विचार बना लिया हो। इस प्रक्रिया में उन्हें संशोधित करने की जरूरत पड़े, तो इससे किसी को क्यों हिचकना चाहिए?

गांधी महान थे तो इसीलिए कि उन्हें कभी यह नहीं लगा कि सत्य की उनकी खोज पूरी हो गई है या अहिंसा का कोई प्रयोग अब बचा नहीं रहा। वे निश्चित होते हुए भी एक अनिश्चित व्यक्ति थे। गांधीवादी गांधी से भी ज्यादा 'महान' हैं तो इसीलिए कि इनकी सभी जिज्ञासाएँ शांत हो चुकी हैं। इनके पास हर समस्या का समाधान है – शंका एक भी नहीं है।

मेरे गांधीवादी

कल तीस जनवरी को महात्मा गांधी को महान और गांधीवाद को जीवन का श्रेष्ठतम दर्शन बतानेवाले वक्ताओं के लिए एक सार्थक दिन होगा। चुप रहेंगे या मन ही मन कुलबुलाएँगे तो वे चिंतक और उनसे कुछ कम चिंतक, जो गांधी जी को परम धूर्त और ऐयार मानते हैं। यह ठीक ही है, क्योंकि जन्मदिन या मृत्यु दिवस नायकों का मनाया जाता है, न कि उनका जिन्हें हम बदमाश या 'सूअर का बच्चा' (ऋत्विक घटक) मानते हैं। गांधी के इन आलोचकों से तर्क कीजिए, जिसके लिए ये तैयार बैठे मिलते हैं, तो सुनने को मिलता है कि वह इतना पहुँचा हुआ पाखंडी था कि अपने पाखंड को सफल बनाने के लिये सादगी और त्याग की उच्चतम सीढ़ी तक जा सकता था। कम से कम कपड़ों से काम चलाना, हर स्त्री को (जिसमें उसकी अपनी पत्नी भी शामिल थी) माँ, बहन या बेटी मानना, दिन भर दूसरों के हित में सोचना और काम करना, कोई संपत्ति न बनाना, अपनी पत्नी और बेटों की सुख-सुविधा की बिल्कुल परवाह न करना आदि-आदि काम वह इसलिए करता था ताकि लोग उसे 'महात्मा' कहें और भारत की भोली जनता उसके चरण स्पर्श करने के लिए उतावली रहे। खुद कंगाल था, पर बड़े-बड़े सेठों से उसकी दोस्ती थी और जीवन के आखिरी दिनों में बिड़ला भवन में रहने भी लगा था। गांधी न होता तो देश आज इतना पोंगापंथी न होता। पहले गौतम बुद्ध ने, फिर गांधी ने देश को कायर और नपुंसक बना डाला।

ये बातें इतनी बार कही जा चुकी हैं और आज भी कही जाती हैं कि गांधी की इज्जत करनेवाला व्यक्ति भी कुछ क्षणों के लिये संशय में पड़ जाता है। लेकिन कुछ ही क्षणों के लिए, क्योंकि जैसे ही वह गांधी जी के जीवन और उनके इन हिंस्र आलोचकों के जीवन, व्यक्तिगत और सार्वजनिक दोनों, की तुलना करता है तो पाता है कि उस पाखंडी से दूसरों को कुछ अच्छा ही मिला (जिन्हें यह नहीं मिल सका, उनकी संख्या भी है, जैसे दलित) लेकिन ये गैर-पाखंडी या पाखंड-विरोधी दूसरों के लिए क्या कर रहे हैं? वह चाहता तो रजनीश की तरह शान-शौकत से रह सकता था, पर उसने (पाखंडवश ही सही) अपने लिए, अपनी पत्नी और बच्चों के लिए, अपने आश्रम में रहनेवालों के लिए बहुत ही सादा जीवन चुना और कड़ाई से उसे लागू किया। इस तरह, उसने अपना पूरा जीवन ही दूसरों को दे दिया। दूसरी तरफ,

ये पाखंड-विरोधी अपनी सुख-सुविधाओं को लगातार बढ़ाते जाना चाहते हैं और सार्वजनिक कामों के लिए इनकी जेब से एक चवन्नी भी नहीं निकलती। बल्कि इनकी सारी शान-शौकत ही इनके सार्वजनिक जीवन पर निर्भर है। इनमें बहुत-से प्रसिद्ध और कुछ कम प्रसिद्ध गांधीवादी भी शामिल हैं, यह भी शोक का एक विषय है।

कभी-कभी सोचता हूँ, जब गांधी जी बार-बार यह दावा करते थे कि 'दुनिया को सिखाने के लिए मेरे पास कोई नई बात नहीं है। सत्य और अहिंसा उतने ही पुराने हैं जितने पर्वत। और मैं किन्हीं नए सत्यों का प्रतिनिधित्व नहीं करता, मैं (चिरंतन) सत्य का, जैसा कि उसे जानता हूँ, अनुगमन और प्रतिनिधित्व करने का प्रयास करता हूँ।' तो उनके जाने के बाद एक भी दूसरा गांधी क्यों नहीं दिखाई पड़ता? जब गांधी जी शाश्वत या चिरकालीन सत्य को ही जीने का प्रयास कर रहे थे, तो वह सत्य आज कहाँ जा छिपा है? इतनी भारी तादाद में लोग असत्य को नहीं ढो सकते तो क्या गांधी जी का दावा गलत था या हम अपनी आँखों का इस्तेमाल उचित ढंग से नहीं कर रहे हैं?

इस दूसरी बात के समर्थन में कुछ तथ्य दिखाई देते हैं। कृपया अपने अब तक के जीवन को याद करें। अपने चारों ओर देखें। जब मैं ऐसा करता हूँ, तो मुझे दर्जनों ऐसे चेहरे दिखाई पड़ते हैं जिन्होंने बिना किसी स्वार्थ के मेरी अथवा अन्यों की मदद की है और यह उनके लिए सुखद ही था। दो-एक चेहरे तो ऐसे हैं जो अपने लिए कम और दूसरों के लिए ज्यादा जीते हैं। कोई चाहे, तो मैं उसे इनसे मिला भी सकता हूँ। मेरा अनुमान है, आप सभी के जीवन में भी ऐसे परोपकारी व्यक्ति जरूर आए होंगे। सार्वजनिक जीवन में बाबा आमटे जैसे व्यक्ति और विपत्ति के समय में अपरिचितों को बचाने के लिए जान की बाजी लगानेवाले कब नहीं होते?

क्या मैं प्रस्ताव कर सकता हूँ कि इन्हें गांधीवादी ही कहा जाए? छोटे-छोटे गांधीवादी, अधूरे गांधीवादी, फिर भी गांधीवादी! पूरा गांधीवादी तो कहाँ मिलेगा? गांधी जी की एक बुनियादी मान्यता यह थी कि मानव जीवन का लक्ष्य दूसरों की सेवा करना है – अपनी सुख-सुविधाओं की चिंता करना नहीं। यह पहाड़ पर सीधी चढ़ाई की तरह है। गांधी जी ऐसा कर सके, तो कोई और भी ऐसा कर ही सकता है। पर जो इतनी दूर तक आत्ममुक्त न हो सके, उसे भी हम गांधी का यानी शाश्वत सत्य का अनुयायी क्यों न कहें?

'हिन्द स्वराज' की कुछ उलझनें

'हिन्द स्वराज' जितना सीधा और सरल है, जिंदगी उतनी सीधी और सरल नहीं है। इस पुस्तक को एक रौ में पढ़ा जाए, तो बहुत आनंद आता है। कुछ लोगों को, खास तौर से वे जो आधुनिक या आधुनिकतावादी हैं, गुस्सा भी आता है। उदाहरण के लिए, जवाहरलाल नेहरू 'हिन्द स्वराज' का मजाक ही उड़ाते। उन्होंने शायद मजाक उड़ाया भी है। वामपंथियों को यह किताब कूड़े के ढेर में फेंकने लायक लगेगी। खुशवंत सिंह को 'हिन्द स्वराज' अश्लील भी लग सकता है। मनमोहन सिंह कहेंगे कि यह किताब तो बहुत अच्छी है, पर आज के हालात में यह बिलकुल ही प्रासंगिक नहीं है। मैं उन सार्वजनिक बयानों की चर्चा नहीं कर रहा हूं जो ये लोग 'हिन्द स्वराज' के बारे में देंगे। मैं उस मत के बारे में बता रहा हूं जो ये अपने मन में रखते हैं। गांधी जी के सार्वजनिक प्रशंसकों और व्यक्तिगत आलोचकों की जमात बहुत बड़ी है।

मुझे 'हिन्द स्वराज' बहुत दिनों से आकर्षित करता रहा है। इसका मूल विचार बहुत ही ऊँचा है और उससे असहमत होने का सवाल ही नहीं है। लेकिन यह पुस्तक मेरे मन में कुछ उलझनें भी पैदा करती हैं। यहाँ मैं 'हिन्द स्वराज' के एक महत्त्वपूर्ण अध्याय 'सच्ची सभ्यता कौनसी' पर कुछ टिप्पणी करना चाहता हूँ। आशा है, गांधीवादी मुझे गांधी का दुश्मन नहीं करार देंगे। मैं मानता हूँ कि मोहनदास गांधी जैसा कोई और व्यक्ति न कभी पैदा हुआ है और न होगा।

गांधी जी कहते हैं, 'हिंदुस्तान पर आरोप लगाया जाता है कि वह ऐसा जंगली, ऐसा अज्ञान है कि उससे जीवन में कुछ फेर-बदल कराए ही नहीं जा सकते। यह हमारा गुण है, दोष नहीं। अनुभव से जो हमें ठीक लगा है, उसे हम क्यों बदलेंगे? बहुत से अकल देनेवाले आते-जाते रहते हैं, पर हिन्दुस्तान अडिग रहता है। यह उसकी खूबी है, यह उसका लंगर है।' मेरा खयाल है, इस स्थापना का तथ्य से कुछ भी लेना-देना नहीं है। कोई भी समाज इस कदर परिवर्तनहीन नहीं हो सकता। हिन्दुस्तान उपनिषदों के काल में जैसा रहा होगा, कालिदास के जमाने में वैसा नहीं रह गया था। चंद्रगुप्त मौर्य के समय का भारत अकबरकालीन भारत से भिन्न था। यहाँ तक कि गांधीकालीन भारत भी वह नहीं था जो वह 1857 के समय था। यह

सच है कि भारतीय संस्कृति में एक निरंतरता देखी जाती है, पर यह निरंतरता टूटती भी रही है। हिंदुस्तान बाहर से कम, पर भीतर से ज्यादा बदलता रहा है।

मेरे खयाल से हिंदुस्तान की सभ्यता में तीन बड़े दोष रहे हैं। एक, इस सभ्यता ने ज्ञान-विज्ञान और शोध के क्षेत्र में प्रतिभा और श्रम का विनियोग करना बंद कर दिया। हमारा प्राचीन चिंतन बहुत उच्च कोटि का था। पर सिर्फ चिंतन से कोई समाज आगे नहीं बढ़ता। उसे सत्य के विभिन्न पहलुओं को जानने की दिलचस्पी भी होनी चाहिए। यह काम लगभग डेढ़ हजार वर्षों से ठप रहा। इससे आम हिन्दुस्तानी की जिंदगी में वैज्ञानिक चेतना का संचार नहीं हो पाया। वह ऐसे विश्वासों का शिकार बना रहा जिनका कोई बुद्धिगत आधार नहीं था। गरीबी से संतोष करना अच्छी बात है। पर यह गरीबी दिमागी भी क्यों हो? जो सत्य को जानने से परहेज करता है, वह झूठ में जीता है।

दो, हिन्दुस्तानी सभ्यता का दूसरा बड़ा दोष यह रहा कि उसने आत्मनिरीक्षण की क्षमता का परिचय नहीं दिया। व्यक्ति हो या समाज, आत्मनिरीक्षण के बिना वह पोखर बन कर रह जाता है – अपना शुद्धीकरण नहीं कर सकता। यही कारण है कि भारत में जाति प्रथा इतने लंबे समय तक जारी रही और अब भी जारी है। स्त्रियों और दलितों के साथ जैसा अत्याचार हिन्दुस्तान ने किया है, वैसा दुनिया के किसी भी अन्य देश में किसी आबादी के साथ नहीं हुआ है। इसी आत्मपरीक्षणरहित समाज में 'पूजहुँ बिप्र जदपि गुनहीना' जैसा गंदा वाक्य लिखा जा सकता था। गांधी जी कहते हैं, 'आपने जो दोष बताए वे तो सचमुच दोष हैं। उन्हें कोई सभ्यता नहीं कहता। वे दोष सभ्यता के बावजूद कायम रहे हैं।' यह बात तथ्यसम्मत नहीं लगती। हिन्दुस्तान की सभ्यता में ऊपर बताए हुए दोष बुनियादी हैं, हाशिए के नहीं। इसकी वजह यह है कि हिन्दुस्तान ने अपनी सामाजिक रचना में अपने ऋषियों और ज्ञानियों के उपदेश की भरपूर उपेक्षा की। जिस सभ्यता को अपनी बुनियादी बीमारियों का इलाज करना नहीं आता, उसे सभ्यता मानने की कोई वजह नहीं है।

तीन, हिन्दुस्तान की जनता ने विदेशी गुलामी और स्थानीय सामंतवाद के विरुद्ध लंबे समय तक विद्रोह नहीं किया। 1857 एक महत्त्वपूर्ण वर्ष है। पर उसके पहले ऐसा सन्नाटा मिलता है जो किसी और देश में दिखाई नहीं देता। यह शर्म की बात है। हैरत की बात है कि विदेशी गुलामी के संदर्भ में सिर्फ अंग्रेजों की गुलामी की चर्चा होती है, देशी गुलामी की नहीं। डॉ. लोहिया ने एक अजीब तर्क निकाला था कि बाबर विदेशी था, पर अकबर देशी था। मैं इससे सहमत नहीं हूँ। भारत में सामंतवाद था, तो हमारे राजा-महाराजा भी हिन्दू होने चाहिए थे। लोकतंत्र की तरह सामंतवाद में भी अल्पसंख्यकों का शासन वांछनीय नहीं है। हिन्दुस्तान में ऐसा हुआ, इसीलिए हिन्दू-मुसलमान एकता और सौहार्द्र एक स्वप्न रहा है। उल्लेखनीय है कि

स्वयं गांधी जी विदेशी गुलामी से लड़ते हुए नहीं, बल्कि सांप्रदायिक चेतना से पैदा होनेवाले दुर्गुणों की वजह से मारे गए।

अंत में एक और बात। सभ्यता की परिभाषा करते हुए गांधी जी लिखते हैं, 'सभ्यता वह आचरण है, जिससे आदमी अपना फर्ज अदा करता है। फर्ज अदा करने के मानी हैं नीति का पालन करना।' मेरी समझ में, सभ्यता की यह परिभाषा एकांगी और सीमित है। नीति पालन का संबंध दूसरों के प्रति हमारे कर्तव्य से है। लेकिन अपने प्रति भी कुछ फर्ज होते हैं, जिसके बारे में गांधी जी लिखते हैं, 'नीति के पालन का मतलब है अपने मन और इंद्रियों को बस में रखना।' यह सभ्यता की नीरस अवधारणा है। संत लोग, जो असामान्य व्यक्ति हैं और इसीलिए हर देशकाल में इनकी संख्या बहुत सीमित होती है, इससे आकर्षित हो सकते हैं, पर सामान्य आदमी का काम इतने से नहीं चल सकता। उसे राग भी चाहिए, अनुराग भी चाहिए और, शायद, थोड़ा-सा खटराग भी चाहिए। स्त्री-पुरुष के बीच अदम्य आकर्षण को कोई भी वाद सीमित नहीं कर सकता। इस नदी पर पुल बन सकते हैं, बाँध नहीं। दरअसल, नीति यह नहीं बताती कि क्या करना चाहिए। वह यह बताती है कि क्या नहीं करना चाहिए। वह यह भी बताती है कि हम जो कर रहे हैं, उसकी मर्यादा क्या है।

मानव जीवन का उद्देश्य क्या है, यह हममें से कोई नहीं जानता। इसलिए मानव आचरण को मानवीय आचरण बनाने की माँग तो जायज और आवश्यक है, पर मानव आचरण के आयाम क्या-क्या हों, इस पर बहस हमेशा बनी रही है और आगे भी जारी रहेगी। गांधी जी के मन में इसे ले कर द्वंद्व नहीं था तो इसलिए कि वे एक अत्यंत असाधारण व्यक्ति थे। साधारण लोगों से उनकी तरह की असाधारणता की अपेक्षा नहीं की जा सकती। वे अगर सामान्य जीवन जीना चाहते हैं, तो उन्हें पापी क्यों माना जाए?

संभव गांधी : असंभव गांधी

महात्मा गांधी की सबसे बड़ी विशेषता क्या थी? हर कोई इस प्रश्न का जवाब अपनी तरह से देगा – अपनी समझ और अपने समय की जरूरतों के हिसाब से। कोई कहेगा, वे शांति के सबसे बड़े प्रवक्ता थे, तो कोई इस पर जोर देगा कि उन्होंने भारत जैसे विशाल देश को संघर्ष करना सिखाया। कोई उनके सादगी के अर्थशास्त्र को विश्व को उनकी सबसे बड़ी देन बताएगा, तो किसी की नजर में वे नैतिक मनुष्य की अवधारणा के शीर्षस्थ उदाहरण होंगे। जो विचारक जितना मौलिक होगा, वह अपनी बात को उतने ही मौलिक और नए ढंग से रखेगा। उदाहरण के लिए, एक विदेशी विद्वान ने हाल ही में गांधी जी को व्यक्ति की स्वायत्तता के संदर्भ में बहुत ही विलक्षण ढंग से याद किया है। उनका कहना है कि व्यक्ति तभी स्वायत्त हो सकता है जब समाज स्वायत्त होगा। भूमंडलीकरण और अंतरनिर्भरता के समय में यह एक अनोखी सूझ है। गांधी के व्यक्तित्व में इतनी ज्यादा गुंजाइशें हैं कि सूझों की यह शृंखला खत्म नहीं हो सकती। ऐसा लगता है कि गांधी ने एक जीवन में कई-कई जीवन जिए – और हम हैं कि एक ही जीवन जी पाना भारी लगता है!

गांधी की विशेषताओं को दो वर्गों में डाल दिया जाए, तो इससे कई समस्याओं का हल निकल सकता है। ये दो वर्ग हैं – संभव गांधी और असंभव गांधी। अन्य अनेक महापुरुषों की तरह, गांधी भी एक असंभव व्यक्ति थे। असंभव यानी एक ऐसा व्यक्ति, जिसकी तरह का होना या जिसकी ऊँचाई तक जा पाना किसी भी व्यक्ति को असंभव लगता है। यहाँ इस कुतर्क के लिए कोई जगह नहीं कि कोई किसी और की तरह – लेनिन, गांधी या माओ की तरह भी – क्यों होना चाहे? गांधी जी ने स्वयं भी ऐसा नहीं किया था। वे कहते थे कि मैं कोई नई बात नहीं बता रहा हूँ; जिन आदर्शों में मेरा विश्वास है, वे तो युग-युगों से चले आ रहे हैं – भारत में ही नहीं, दुनिया के सभी देशों में। लेकिन पहले के किस महापुरुष के साथ गांधी के जीवन का सादृश्य है? क्या ईसा मसीह ने यरुशलम में कभी हड़ताल कराई थी? क्या गौतम बुद्ध और महावीर गृहस्थ का या सार्वजनिक जीवन बिताते हुए मोक्ष की साधना कर सकते थे? क्या लेनिन और चे ग्वेरा में यह नैतिक साहस था कि अपने आंदोलन के दौरान वे कोई कानून तोड़ें, तो शासन को बता कर तोड़ें और गिरफ्तार

होने के बाद न्यायाधीश से माँग करें कि उन्हें कड़ी से कड़ी सजा दी जाए? क्या अब्राहम लिंकन, जब तक दास प्रथा समाप्त नहीं हो जाती, अपनी जीवन-शैली को दासों के उतना निकट ले जा सकते थे जितना उनके लिए संभव था? कोई चौथी कक्षा का बच्चा भी कह सकता है कि इस तरह के सवालों की झड़ी लगाना बेहूदा है, क्योंकि कोई भी दो व्यक्ति एक जैसे नहीं हो सकते, इसलिए उनकी आपस में तुलना करना उचित नहीं है। बात सौ प्रतिशत सही है, लेकिन इससे इस तर्क की धार कुंद नहीं हो जाती कि ये सभी एक जैसे महापुरुष थे और अपनी परिस्थिति, प्रतिभा और सामर्थ्य के अनुसार उन्होंने जीवन को – अपने जीवन को और सार्वजनिक जीवन को – बेहतर बनाने का प्रयास किया। इस अर्थ में, इनमें से सभी असंभव व्यक्ति थे। उन्होंने इतनी ऊँचाई पर जा कर जीवन को जिया कि हम सामान्य लोगों के लिए उसका अनुकरण करना संभव नहीं है। काँच हीरा नहीं बन सकता।

यह और बात है कि हर काँच में हीरा बनने की तमन्ना (और संभावना भी) छिपी होती है। कोई इस तमन्ना को फलने-फूलने नहीं देता, तो कोई उसे पूरा करने की कोशिश में अपने को जोकर बना लेता है। आज गांधी को 'महात्मा गांधी' कहना बहुत ही सहज प्रतीत होता है, लेकिन स्वयं गांधी जी को कैसा लगता था, जब उनकी उपस्थिति में उन्हें 'महात्मा' कहा जाता था? गांधी जी की कुछ प्रतिक्रियाओं पर गौर किया जाए :

◆ इस महात्मा की पदवी ने मुझे बड़ा कष्ट पहुँचाया है और मुझे एक क्षण भी ऐसा याद नहीं जब इसने मुझे गुदगुदाया हो।

◆ मेरे लिए सत्य 'महात्मापन' से कहीं अधिक प्रिय है। 'महात्मापन' तो मेरे ऊपर सिर्फ एक बोझ है। यह अपनी सीमाओं और अकिंचनता का बोध ही है, जिसने मुझे 'महात्मापन' के अत्याचारी स्वरूप से बचाए रखा है।

◆ मैं अविवेकी लोगों द्वारा की जानेवाली आराधना-स्तुति से सचमुच परेशान हो गया हूँ। इसके स्थान पर यदि वे मेरे ऊपर थूकते, तो मुझे अपनी असलियत का सही अंदाजा रहता।

◆ यद्यपि मैं एक असहयोगी हूँ, पर यदि कोई ऐसा विधेयक लाया जाए जिसके अनुसार मुझे महात्मा कहना और मेरे पाँव छूना अपराध घोषित किया जा सके तो मैं खुशी-खुशी उसका समर्थन करूँगा। जहाँ मैं अपना कानून चलाने की स्थिति में हूँ, जैसे कि अपने आश्रम में, वहाँ ऐसा करने पर एकदम पाबंदी है।

अगर ये बातें सचमुच गांधी के हृदय से निकली थीं, तो कौन कहेगा कि वे महात्मा नहीं थे? स्पष्ट है कि उन्होंने 'महात्मा' होने की इतनी ऊँची कसौटी बनाई थी कि हमारी नजर में महात्मा होने पर भी वे अपनी नजर में महात्मा नहीं थे–'मुझे

नहीं लगता कि मैं महात्मा हूँ।' लेकिन क्या स्वयं गांधी जी के जीवन काल में ही कई इलाकों में कुछ व्यक्तियों को वहाँ का गांधी नहीं कहा जाने लगा था? कोई राज्य स्तर का गांधी था (बंगाल के गांधी, आंध्र के गांधी), कोई जिला स्तर का (मेदिनीपुर के गांधी, इलाहाबाद के गांधी), तो कोई गाँव स्तर का गांधी (पोरो के गांधी)। यह गांधी के बारे में अज्ञान का नतीजा था और इन लघुमानवों के साथ मजाक, जिसे वास्तविक मान कर ये भी प्रसन्न और आत्ममुग्ध होते रहे हैं। कोई आज भी वैसे ही चरखा कातता है, जैसे गांधी जी काता करते थे, कोई हरिजन कॉलोनी में आधुनिक सुविधाओं से युक्त घर या आश्रम बना कर रहता है और सोचता है कि वह गांधी जी के रास्ते पर चल रहा है (हालाँकि अपनी व्यस्त दिनचर्या में से समय निकाल कर राज्य सभा की सदस्यता के लिए प्रयास करता रहता है और अंततः पा भी जाता है), कोई गांधी मार्ग की वकालत करते हुए, साल में पाँच-छह लेख लिख कर समझ लेता है कि वह गांधीवादी की पुनःस्थापना के महान अभियान में लगा हुआ है, तो कोई हर समस्या का हल यह कह कर निकाला करता है कि मैं फिर कहता हूँ, गांधी; और उनकी संख्या भी थोड़ी नहीं है जो गांधीवाद का प्रचार करने के लिए अपना वतन भारत छोड़ कर पश्चिम के संपन्न देशों में घूमते रहते हैं या वहीं बस जाते हैं या कोई एनजीओ बना कर 'पीस स्टडीज' में लग जाते हैं। ये सभी एक बड़ी ट्रेजेडी के अंग हैं। इनकी पटकथा इतनी करुण है कि इन पर हँस पाना मुश्किल है – अगर हम मानव स्वभाव के कृष्ण पक्ष पर हँसने का घटिया सुख नहीं चाहते।

जो चीजें आज कॉमेडी लगती हैं, वे ही सिर्फ साठ-सत्तर साल पहले तक वास्तविक और पवित्र लगती थीं। गांधी जी, अपने पूरे व्यक्तित्व में, एक असंभव व्यक्ति लगते थे, पर वे राम या कृष्ण की तरह देवता नहीं थे, न ही सत्यवादी हरिश्चंद्र की तरह दंतकथा। वे किसी महाकाव्य के धीरोदात्त नायक भी नहीं थे। इसलिए यह मान कर नहीं चला जा सकता था कि गांधी जी को छोड़ो; कोई देवता उनके वेश में आया था, हमें मानव योनि मिली है, हम उनकी बराबरी नहीं कर सकते। गांधी जी थे। सबकी आँखों के सामने थे। युवावस्था में जब उनके पिता मृत्यु शैया पर आखिरी साँसें ले रहे थे, वे पत्नी के साथ अभिसार कर रहे थे। यह उनकी पत्नी थी, जिसे उन्होंने किसी अतिथि का मल-मूत्र साफ करने से इनकार करने पर धक्का दे कर घर से बाहर निकालने की कोशिश की थी। उनके बच्चे थे, उनका आश्रम था, वे मजिस्ट्रेटों से बहस करते थे और जेल जाते थे। रेल के तीसरे दर्जे में सफर करते थे और जब भी अवसर आता था, उपवास करने लगते थे। ऐसे व्यक्ति के बारे में यह कैसे कहा जा सकता था कि वह आदमी नहीं है!

और, गांधी जी भी आखिर आदमी ही हैं, जो बीमार पड़ते हैं, जिनके कई ऑपरेशन होते हैं, जो कई बार मरते-मरते बचते हैं, जिनके मन में ब्रह्मचर्य का व्रत

लेने के बाद भी काम-वासना उत्पन्न होती रहती है, जो डेढ़ पसली के होते हुए भी बर्तानवी हुकूमत को चुनौती दे सकते हैं, जो हिंदू-मुसलमान सौहार्द स्थापित करने के लिए कुछ भी उठा नहीं रखते, जो दलितों को हिंदू समाज का सम्मानित अंग बनाने के लिए सवर्णों से ही लोहा नहीं लेते, बल्कि वेदों, स्मृतियों और पुराणों की प्रामाणिकता पर भी शक करते हैं। अगर उनमें अस्पृश्यता का समर्थन मिलता है, तो दूसरे लोग, हजारों-हजार लोग, लाखों-लाख लोग गांधी के रास्ते पर क्यों नहीं चल सकते? वे अपने आचरण से यह साबित क्यों नहीं कर सकते कि श्रेष्ठता के जो तत्त्व गांधी जी में दिखाई पड़ते हैं, उसका कुछ हिस्सा हर आदमी के भीतर है – सिर्फ उसे जगाने और प्रशिक्षित करने की जरूरत है; भारत का स्वतंत्रता संघर्ष गवाह है कि हजारों-लाखों लोगों ने छोटा-मोटा गांधी बनने की, गांधी की तरह जीने की, सत्य और अहिंसा का यथाशक्ति पालन करने की (गांधी जी भी सत्य और अहिंसा का यथाशक्ति ही पालन करते थे! ऐसा उन्होंने स्वीकार भी किया है) कोशिश की थी। इनमें से सैकड़ों ने – या, शायद हजारों ने – गांधी के साथ अपना मानसिक वादा निभाते हुए जान भी दे दी। इस तरह, मानवता के एक काफी बड़े अंश ने यह साबित कर दिखाया कि गांधी पूरी तरह असंभव नहीं हैं, वे संभव भी हैं! अपने जीवन को दीये की तरह जला कर गांधी को फिर से संभव किया जा सकता है। गांधी की मृत्यु के बाद संयुक्त राज्य अमेरिका में मार्टिन लूथर किंग नाम का एक अश्वेत हुआ, जिसने गांधी को बहुत दूर तक संभव करके दिखाया और गांधी की ही तरह गोली से मारा भी गया।

गांधी इतने तमाम लोगों के लिए संभव हुए, तो यह एक दुतरफा प्रक्रिया थी। इसका श्रेय गांधी को था, तो उनको भी कम नहीं था जिन्होंने अपने भीतर की साधारणता पर विजय पाई। लेकिन यह विजय बहुत ही अस्थायी साबित हुई – क्योंकि इसके पीछे अनुकरण का आनंद ज्यादा था, अपनी बुद्धि का प्रयोग कर देखा हुआ सत्य और उसके आधार पर अहिंसा का संकल्प कम। त्वचा का रंग बदल गया था, पर उसके नीचे बह रहे खून का रंग वही था। यही कारण है कि 1946-47 में जब सांप्रदायिकता का लावा फूट पड़ा और भारत के लाखों व्यक्ति अचानक इतने वहशी हो गए जिसके तुल्य वहशीपन इतिहास में कम ही देखा गया है तो महात्मा ने सहसा अपने को अकेला पाया। युद्ध क्षेत्र में सिर्फ सेनापति बचा हुआ था – उसके सैनिक पलायन कर गए थे। उन्हीं दिनों गांधी जी को रवींद्रनाथ ठाकुर का यह गीत मानो अपने जीवन का थीम-गीत जान पड़ने लगा – जोदि तोर डाक सुने केउ ना आसे, तोबे ऐकला चलो! यह गांधी का ही कलेजा था कि इस वृद्धावस्था में भी, जब उन्हें 'बापू' कहनेवाले शासन का सुख भोग रहे थे, वे बिहार के मुसलमानों और नोआखाली के हिंदुओं का दर्द कम करने के लिए लगभग अकेले निकल पड़े – अपने प्रिय साथियों को कह दिया कि वे अपने-अपने क्षेत्र में काम करें, उनके

साथ या उनके पीछे-पीछे जाने की कोई जरूरत नहीं है। संभव था कि वे इसी यात्रा में ईश्वर के साथ निराकार हो जाते, लेकिन शायद ईश्वर को उनकी मृत्यु का भी कुछ उपयोग करना था, ताकि भारत की अंतरात्मा में यह तीर हमेशा के लिए खुबा रहे कि सांप्रदायिकता के जुनून में हमारे ही एक भाई ने उस निहत्थे, बूढ़े आदमी के प्राण, छलपूर्वक ले लिए।

गांधी का वह अकेलापन, गांधी की वह हत्या हमारे हाल के अतीत का नग्न सत्य है। गांधी जैसे व्यक्तित्व का हमारे बीच से ही होना जैसे यह सांत्वना प्रदान करता है कि भारत संभावनाविहीन नहीं है, वैसे ही गांधी को माननेवालों द्वारा गांधी का हठात परित्याग हमारे भीतर इस दर्द को जगाता है कि वातावरण उचित और प्रेरक हो, तो मनुष्य उठने की कोशिश जरूर करता है, पर अक्सर वह जल्द ही पतित भी हो जाता है। इस प्राचीन देश में पता नहीं कितनी बार ऐसे ज्वार आए जब समाज और व्यक्ति में उठान आया और पता नहीं कितनी बार ऐसे अँधेरे समय आए, जब बुराई से समझौता करने, किसी भी कीमत पर अपनी जान बचाने और दूसरों का नुकसान कर अपना फायदा करने का लालच सामान्य वक्तों की तुलना में ज्यादा मजबूत और व्यापक हो गया। इस ऐतिहासिक दृष्टि के सहारे ही हम पिछले छह-सात दशकों की पतन गाथा को, जिसका एक नया अध्याय रोज ही लिखा जा रहा है, समझ सकते हैं और अपने को निराश होने से बचा सकते है। इतिहास, किसी नया-नया चलना सीखनेवाले शिशु की तरह हमेशा उठता-गिरता चलता है, पर अंततः बढ़ता है आगे को ही।

क्या इतिहास सिर्फ महापुरुषों के हस्तेक्षप से आगे बढ़ता है? नहीं, वे दीपक जलाने का काम करते हैं। दीपक को जलते रहना है तो तेल-बत्ती का प्रबंध जनसामान्य को करना होता है। आदमी कोई ऐसी चीज नहीं कि उसके दिमाग में कोई अच्छा विचार भर दिया जाए, तो वह विचार उसकी पीढ़ी-दर-पीढ़ी के दिमाग में काम करता रहेगा। जैविक गुणों का हस्तांतरण अनायास होता रहता है; सभ्यता प्रत्येक पीढ़ी और प्राणी द्वारा स्वयं अर्जित करनी होती है। इसलिए ऐसे महापुरुषों और महात्माओं का कोई सामाजिक उपयोग नहीं जिनका समाज के साथ लेन-देन का कोई रिश्ता बना ही नहीं। वही महापुरुष सच्चे महापुरुष होते हैं जो अपनी सीखी हुई हर चीज समाज से साझा करना चाहते हैं। लेकिन यह साझेदारी एक सीमा तक ही हो पाती है। जिस हद के बाद साझेदारी संभव नहीं हो पाती, वहाँ प्रत्येक बड़ा आदमी अपने को अकेला पाता है। गांधी भी अनेक स्तरों पर अपने को अकेला पाते थे। यह क्षेत्र असंभव गांधी का है। इस क्षेत्र में ऐसी अनेक घटनाएँ होती हैं, जिन्हें हम समझ नहीं सकते। गांधी के बहुत-से आलोचकों ने इसका लाभ उठाया है और कुछ मामलों में तो उन्हें बदनाम भी किया है। लेकिन इससे अब गांधी जी को क्या!

वे प्रशंसा और आलोचना, दोनों से परे हो चुके हैं। हम गलत या द्वेषपूर्ण आलोचना करेंगे, तो इससे हमारा ही जीवन प्रभावित होगा—और उनका जो गांधी की तुलना में हमसे ज्यादा प्रभावित हैं। मृतक अपने लिए नहीं, हमारे लिए जीते हैं।

असंभव गांधी का एक क्षेत्र वह भी है, जहाँ वे ऐसी बातें करते हैं जो स्पष्टतः तथ्य या तर्क-विरुद्ध लगती हैं। शायद हर आदमी में तार्किक और अतार्किक का मेल होता है। अतार्किक चीजों को लेने की कोई जरूरत नहीं है। उन्हें गांधी के ही पास छोड़ देना चाहिए। जैसे, ब्रह्मचर्य संबंधी उनके विचार। या, उनका यह मत कि मानव जीवन दूसरों की सेवा करने के लिए ही होता है। कोई दूसरों की सेवा करते हुए और अपनी इच्छाओं और जरूरतों का ध्यान से ज्यादा त्याग करते हुए जीवन बिता दे, तो हम उसकी तारीफ ही करेंगे, लेकिन वह सभी से यह आग्रह या माँग नहीं कर सकता कि वे भी अपना जीवन इसी आदर्श के अनुसार बिताएँ। यह संभव नहीं है। मानव जीवन की कोई भी इतिहास-सम्मत व्याख्या ऐसे आदर्श का समर्थन नहीं करती। लेकिन हम चाहें तो गांधी जी के इन असंभव आदर्शों से भी अपने लिए कुछ संभव शिक्षा निकाल सकते हैं। जैसे, ब्रह्मचर्य हमारा आदर्श न हो, तब भी स्त्री-पुरुष हमेशा एक-दूसरे को यौन भावना से ही देखें, यह कहाँ तक ठीक हैं? क्या जीवन में यौनिकता के लिए इतनी जगह होनी चाहिए? क्या ऐसा करके हम मानवता को एक ही बिंदु पर केंद्रित नहीं कर देते? दूसरी ओर सेवा का आदर्श अपनाना संभव न हो, पर यह तो हो ही सकता है कि हमारी संवेदना का ज्यादा से ज्यादा विस्तार हो, ज्यास से ज्यादा से लोगों और प्राणियों का दुख हमें अपना दुख लगे, तो यह बुरा होगा या अच्छा? गांधी जी की जीवन-शैली और विचार-पद्धति में इस तरह की कई चीजें हो सकती हैं। एक चीज तो तत्काल याद आ रही है — भूकंप के कारणों पर उनके विचार, जिसे ले कर रवींद्रनाथ ठाकुर काफी उद्वेलित हुए थे।

लेकिन असंभव गांधी का दायरा बहुत बड़ा नहीं है। इसके विपरीत गांधी जहाँ संभव नजर आते हैं, वह क्षेत्र काफी विस्तृत है और हम सभी के काम का है। जहाँ हम उनसे जितना सीख सकते हैं, हम अपने को उतना ही बेहतर मनुष्य बनाएँगे। बहुत-से लोग कहते हैं कि गांधी ने अच्छाई का जबरदस्त पाखंड किया था। किया होगा। अगर उन्होंने पाखंड में इतनी अच्छाई दिखाई तो आप प्रामाणिकता के साथ इतनी अच्छाई दिखाइए — आप गांधी से भी बड़े हो जाएँगे। लेकिन सवाल बड़ा और महत्त्वपूर्ण होने का नहीं है। गांधी जी महान होने के लिए नहीं निकले थे। उन्होंने ईमानदारी से जीने की कोशिश की — और वे महान हो गए। कोई जरूरी नहीं कि हम महान होने की साधना करें। बल्कि ऐसी साधना नहीं करना ही उचित है। महानता का बोझ जीवन को अस्वाभाविक और आदमी को कृत्रिम बना देता है। उसकी तुलना में साधारण जीवन बहुत अच्छा है। और, इस बात की कोई वजह नहीं

कि साधारण जीवन को तुच्छ तरीके से जिया जाए। तुच्छता प्रयासहीन होती है। उससे ऊपर उठने के लिए भीतर से कुछ जोर लगाना पड़ता है। इसमें जितना कष्ट है, आनंद उससे कहीं ज्यादा है।

दरअसल, गांधी विचार की मूल कसौटी ही यही है। यहाँ कोई विचार तब तक विचार नहीं है, जब तक उसके अनुसार जीने की कोशिश नहीं की जाती। अगर सादगी अच्छी चीज है तो उसे कल पर उठा कर नहीं रखा जा सकता। आज ही अमल करना होगा बल्कि आज भी नहीं – बल्कि अभी, इसी क्षण, नहीं तो यह भी हो सकता है कि आप सादगी का मंत्र जपते हुए, गांधी का नाम ले कर दूसरों को बेवकूफ बनाना चाहें। ऐसा आजकल बहुत ज्यादा हो रहा है। इसी का प्रताप है कि 'रास्ता तो गांधी के ही पास है', 'गांधीवाद आज पहले से कहीं ज्यादा प्रासंगिक है', 'गांधीवाद ही भविष्य की विचारधारा बनेगी', 'आइए गांधी की ओर लौटें' आदि-आदि कहते रहनेवालों की संख्या लगातार बढ़ती जा रही है, लेकिन वातावरण में गांधी का कोई असर दिखाई नहीं देता। यह स्वाभाविक ही है। बार-बार कुनैन का नाम लेने से मलेरिया का बुखार नहीं चल जाता; इसके लिए कुनैन खाना पड़ता है। गांधी का नाम लेनेवाले अगर यह दिखा सकें कि आज की परिस्थिति में गांधी को मानना इस हद तक संभव है, तो आगे का रास्ता अपने आप खुलता जाएगा।

कोई कह सकता है कि आज की परिस्थितियाँ कितनी कठिन हैं। इसका प्रतिप्रश्न यह है : जिन परिस्थितियों में गांधी गांधी बने थे, आज की परिस्थितियाँ क्या उनसे भी ज्यादा कठिन हैं?

□□□